国家职业技能鉴定考试指导
国家职业资格培训教程配套辅导练习

汽车修理工

（基础知识）

第2版

主　编　祁　山
副主编　方瑞学
编　者　段亚力　王天宝　高国天　韩慧芝
　　　　王淑新　王建军
主　审　刘力山

中国劳动社会保障出版社

图书在版编目(CIP)数据

汽车修理工：基础知识/人力资源和社会保障部教材办公室组织编写．—2版．—北京：中国劳动社会保障出版社，2008
国家职业资格培训教程配套辅导练习
ISBN 978-7-5045-7480-0

Ⅰ．汽… Ⅱ．人… Ⅲ．汽车-车辆修理-技术培训-习题 Ⅳ．U472.4-44

中国版本图书馆 CIP 数据核字(2008)第 204945 号

中国劳动社会保障出版社出版发行
(北京市惠新东街1号 邮政编码：100029)
出 版 人：张梦欣

*

三河市华骏印务包装有限公司印刷装订 新华书店经销
787毫米×1092毫米 16开本 15印张 287千字
2009年1月第2版 2021年1月第14次印刷
定价：27.00元

读者服务部电话：(010)64929211/84209101/64921644
营销中心电话：(010)64962347
出版社网址：http://www.class.com.cn

版权专有 侵权必究

如有印装差错，请与本社联系调换：(010)81211666
我社将与版权执法机关配合，大力打击盗印、销售和使用盗版图书活动，敬请广大读者协助举报，经查实将给予举报者奖励。
举报电话：(010)64954652

编写说明

《国家职业资格培训教程配套辅导练习》(以下简称《辅导练习》)是《国家职业资格培训教程》(以下简称《教程》)的配套辅助教材,每本《教程》对应配套编写一册《辅导练习》。《辅导练习》共包括三部分:

第一部分:理论知识鉴定指导。此部分内容按照《教程》章的顺序,对照《教程》各章理论知识内容编写。每章包括四项内容:考核要点、重点复习提示、辅导练习题、参考答案及说明。

——理论知识考核要点是依据国家职业标准、结合《教程》内容归纳出的该职业从基础知识到《教程》各章内容的考核要点,以表格形式叙述。表格由理论知识考核范围、考核要点及重要程度三部分组成。

——理论知识重点复习提示为《教程》各章内容的重点提炼,使读者在全面了解《教程》知识内容基础上重点掌握核心内容,达到更好地把握考核要点的目的。

——理论知识辅导练习题题型采用两种客观性命题方式,即单选题和判断题,题目内容、题目数量严格依据理论知识考核要点,并结合《教程》内容设置。

——理论知识辅导练习题参考答案中,除答案外,对题目还配有简要说明,重点解读出题思路、答题要点等易出错的地方,目的是在完成解题的同时使读者能够对学过的内容重新进行梳理。

第二部分:操作技能鉴定指导。此部分内容包括三项内容:考核要点、重点复习提示、辅导练习题。

——操作技能考核要点是依据国家职业标准、结合《教程》内容归纳出的该职业在该级别总体操作技能考核要点,以表格形式叙述。表格由操作技能考核范围、考核要点及重要程度三部分组成。

——操作技能重点复习提示根据职业实际情况编写,对于操作技能考试以笔试为主的职业,通过案例分析强化操作技能重点复习内容;对于操作技能考试以实际操作考核形式为主的职业,则通过实操内容进行重点分析与实战演练。

——操作技能辅导练习题题型按职业实际情况安排了实际操作题、模拟操作题、案例选择题、案例分析题、情景题、写作题等，部分职业还依据职业特点及实际考核情况采用了其他题型。操作技能题目针对不同题型均给出了答案。

第三部分：模拟试卷。包括该级别理论知识考核模拟试卷、操作技能考核模拟试卷若干套，并附有参考答案。理论知识考核模拟试卷体现了本职业该级别大部分理论知识考核要点的内容，操作技能考核模拟试卷完全涵盖了操作技能考核范围，体现了操作技能考核要点的内容。

本职业《辅导练习》共包括5本，即基础知识、初级、中级、高级、技师和高级技师。《国家职业资格培训教程配套辅导练习——汽车修理工（基础知识）（第2版）》是汽车修理工国家职业资格培训教程配套辅导练习中的一本，适用于对汽车修理工的职业技能培训和鉴定考核。本书无操作技能鉴定指导和操作技能考核模拟试卷，仅包括基础知识鉴定指导和模拟试卷两部分。

《国家职业资格培训教程配套辅导练习——汽车修理工（基础知识）（第2版）》由祁山、方瑞学、段亚力、王天宝、高国天、韩慧芝、王淑新、王建军、刘力山编写。本书在编写过程中得到了吉林大学、沈阳大学、内蒙古自治区劳动和社会保障厅、内蒙古自治区交通厅、内蒙古交通职业技术学院、沈阳交通技术学校等单位的大力支持与协助，在此一并表示衷心的感谢。

编写《辅导练习》有相当的难度，是一项探索性工作。由于时间仓促，缺乏经验，不足之处在所难免，恳切欢迎各使用单位和个人提出宝贵意见和建议。

目 录

第一部分 基础知识鉴定指导

第一章 钳工基础知识 …………………………………………（1）
    考核要点 ……………………………………………………（1）
    重点复习提示 ………………………………………………（2）
    辅导练习题 …………………………………………………（7）
    参考答案及说明 ……………………………………………（10）

第二章 汽车常用材料 …………………………………………（13）
    考核要点 ……………………………………………………（13）
    重点复习提示 ………………………………………………（14）
    辅导练习题 …………………………………………………（24）
    参考答案及说明 ……………………………………………（35）

第三章 机械识图 ………………………………………………（42）
    考核要点 ……………………………………………………（42）
    重点复习提示 ………………………………………………（42）
    辅导练习题 …………………………………………………（48）
    参考答案及说明 ……………………………………………（54）

第四章 电工与电子基本常识 …………………………………（58）
    考核要点 ……………………………………………………（58）
    重点复习提示 ………………………………………………（59）
    辅导练习题 …………………………………………………（72）
    参考答案及说明 ……………………………………………（82）

第五章 液压传动 ………………………………………………（89）
    考核要点 ……………………………………………………（89）
    重点复习提示 ………………………………………………（89）

辅导练习题…………………………………………………………………………（92）
　　参考答案及说明……………………………………………………………………（96）
第六章　汽车维修机具的性能和使用………………………………………………（99）
　　考核要点……………………………………………………………………………（99）
　　重点复习提示………………………………………………………………………（99）
　　辅导练习题………………………………………………………………………（103）
　　参考答案及说明…………………………………………………………………（106）
第七章　汽车构造……………………………………………………………………（108）
　　考核要点…………………………………………………………………………（108）
　　重点复习提示……………………………………………………………………（108）
　　辅导练习题………………………………………………………………………（113）
　　参考答案及说明…………………………………………………………………（116）
第八章　汽车发动机…………………………………………………………………（118）
　　考核要点…………………………………………………………………………（118）
　　重点复习提示……………………………………………………………………（118）
　　辅导练习题………………………………………………………………………（125）
　　参考答案及说明…………………………………………………………………（133）
第九章　汽车底盘……………………………………………………………………（138）
　　考核要点…………………………………………………………………………（138）
　　重点复习提示……………………………………………………………………（138）
　　辅导练习题………………………………………………………………………（144）
　　参考答案及说明…………………………………………………………………（153）
第十章　汽车电气设备………………………………………………………………（160）
　　考核要点…………………………………………………………………………（160）
　　重点复习提示……………………………………………………………………（160）
　　辅导练习题………………………………………………………………………（165）
　　参考答案及说明…………………………………………………………………（170）
第十一章　汽车电子控制装置………………………………………………………（174）
　　考核要点…………………………………………………………………………（174）
　　重点复习提示……………………………………………………………………（174）
　　辅导练习题………………………………………………………………………（178）
　　参考答案及说明…………………………………………………………………（183）

第十二章 安全生产与环保知识 ……………………………………………………… (187)
　　考核要点 …………………………………………………………………………… (187)
　　重点复习提示 ……………………………………………………………………… (187)
　　辅导练习题 ………………………………………………………………………… (193)
　　参考答案及说明 …………………………………………………………………… (197)

第十三章 质量管理知识 …………………………………………………………… (200)
　　考核要点 …………………………………………………………………………… (200)
　　重点复习提示 ……………………………………………………………………… (200)
　　辅导练习题 ………………………………………………………………………… (202)
　　参考答案及说明 …………………………………………………………………… (204)

第十四章 相关法律法规知识 ……………………………………………………… (207)
　　考核要点 …………………………………………………………………………… (207)
　　重点复习提示 ……………………………………………………………………… (207)
　　辅导练习题 ………………………………………………………………………… (212)
　　参考答案及说明 …………………………………………………………………… (214)

第二部分　模　拟　试　卷

基础知识考核模拟试卷 ………………………………………………………………… (216)
基础知识考核模拟试卷参考答案及说明 ……………………………………………… (225)

第一部分　基础知识鉴定指导

第一章　钳工基础知识

考核要点

基础知识考核范围	考核要点	重要程度
钳工常用量具	游标卡尺的规格与使用	掌握
	千分尺的规格与使用	掌握
	百分表的规格与使用	掌握
	内径百分表的规格与使用	掌握
钳工常用工具与设备	台虎钳的使用	了解
	螺钉旋具的种类及使用	熟悉
	扳手的类型	熟悉
	砂轮机的用途	熟悉
钳工作业	划线的工具及方法	熟悉
	錾削的工具及方法	掌握
	锯削的工具及方法	掌握
	锉削的工具及方法	掌握
	钻孔	熟悉
	铰刀及铰削方法	掌握
	刮刀及刮削方法	熟悉
	研具与研磨方法	熟悉

重点复习提示

一、游标卡尺

游标卡尺是一种能直接测量工件内、外直径，宽度，长度或深度的中等精度量具。

游标卡尺按照功能不同可以分为普通游标卡尺、游标深度尺等；按照分度值可以分为 0.10，0.02 和 0.05 mm 等几种。

用游标卡尺测量工件后需要准确读出读数。读数时要读出游标零刻线所指示尺身上左边刻线的整毫米数。观察游标上零刻线右边第几条刻线与尺身某一刻线对准，将游标卡尺上的格数乘以分度值，即得到毫米小数值。将尺身上的整毫米数和从游标上读出的毫米小数值相加，即得被测工件的尺寸。

二、千分尺

千分尺按照测量范围不同可以分为 0~25，25~50，50~75，75~100，100~125 mm 等多种不同规格，但每一种千分尺的测量范围均为 25 mm。

千分尺在使用前要检查误差，检查时要注意检查要点。

千分尺在读数时从固定套筒上露出的刻线读出工件的整毫米数和半毫米数；从固定套筒纵向线对准的微分筒刻线上读出工件的小数部分（百分之几毫米），不足一格的数（千分之几毫米）可用估算读法确定。将两个读数相加就是被测工件的尺寸。

三、百分表

百分表是一种比较性测量仪器，主要用于测量工件的偏差值。百分表的表盘刻度一圈分为 100 格，当测头每移动 0.01 mm 时，大指针就偏转 1 格（表示 0.01 mm）；指针的摆动量就是被测零件的实际偏差或间隙值。

使用百分表时，其测杆轴线应与被测工件表面垂直。

四、内径百分表

内径百分表又称量缸表，是一种用于测量孔径的比较性量具。在汽车维修中，主要用于测量发动机汽缸和轴承座孔的圆度误差、圆柱度误差或零件磨损情况。

内径百分表的读数方法与百分表相同。

五、台虎钳

台虎钳是一种夹持工件的夹具,分为固定式和回转式两种。台虎钳的规格用钳口的宽度表示,常用尺寸为 100~150 mm。

六、螺钉旋具

一字旋具常用的规格有 50,75,125 和 150 mm 等几种,主要用于拆装一字槽的螺钉和木螺钉等。

十字旋具按十字口的直径可分为 2~2.5,3~5,5.5~8 和 10~12 mm 四种规格,专用于拆装十字槽口的螺钉。

花键头旋具是一种使用简便的旋具与较高夹紧力的套筒相结合的工具,常用于在空间受到限制的位置处拆装小螺母或螺钉。

七、扳手

扳手一般有开口扳手、梅花扳手、套筒扳手、活扳手、管子扳手和扭力扳手等。

开口扳手的适用范围在 6~24 mm 之间。按其结构形式可分为双头扳手和单头扳手两种;按其开口角度又可分为 15°,45° 和 90° 三种。开口扳手主要用于拆装标准规格的螺栓或螺母。

梅花扳手的适用范围在 5.5~27 mm 之间,使用时应选择合适的规格。

套筒扳手是一种组合型工具,使用时常由套筒、接杆、摇柄等共同组合成一把扳手。常用的套筒扳手有 13 件套、17 件套和 24 件套等多种规格。

活扳手主要用于拆装不规则的带有棱角的螺栓或螺母。

管子扳手是一种专门用于扭转管子、圆棒以及用其他扳手难以夹持的表面光滑的圆柱形工件的工具。

扭力扳手是一种与套筒扳手中的套筒配合使用,能显示扭转力矩大小的专用工具。

八、砂轮机

砂轮机用来磨削各种工件或材料的毛刺、锐边等。砂轮机主要由砂轮、电动机和机体等组成。使用砂轮机时,砂轮的旋转方向应使磨屑向下方飞离砂轮。

九、划线

划线分为平面划线和立体划线两种。

划线时常用的工具有基准工具（常用的基准工具有划线平板、方箱、直角铁和 V 形架等）、划线工具和辅助工具（常用的辅助工具有千斤顶、C 形夹钳和各种垫铁等）。

十、錾削

用锤子锤击錾子，对金属工件进行切削加工的方法叫做錾削。錾削的主要工具是錾子和锤子。錾削时常用的锤子规格有 0.25、0.5、0.75 和 1.00 kg 等几种。

錾削方法：

1. 平面錾削

錾削时錾子的切削刃应与錾削方向倾斜一个角度，大约为 25°～40°，使切削刃与工件有较多的接触面，这样錾出的平面较平整。每次錾削的厚度约为 0.5～1 mm。如果一次錾削过厚，则錾削费力，且不易錾平；若錾削过薄，易使錾子从工件表面滑脱。当快要錾削到工件尽头时，为避免使工件边缘崩裂，应将工件掉头，从另一端錾去多余部分。錾削较宽的平面时，应先用尖錾在平面上开槽，然后用扁錾錾去剩余部分。

2. 槽錾削

槽錾削一般分为錾削油槽和錾削键槽。

在平面上錾削油槽的方法与錾削平面基本一致，但錾削的油槽必须光滑且深度均匀，以便输油和存油。在曲面上錾削油槽时，錾削方向应随工件的曲面及油槽的圆弧而变动，使錾子的倾斜角度不变。錾削键槽时，应先划出加工线，再在錾削部位钻孔，用窄錾磨成合适尺寸后进行錾削。

十一、锯削

钳工主要用手锯进行锯削，手锯由锯弓和锯条组成。

锯条的规格用其两端安装孔距表示，常用的是 300 mm 锯条。锯齿的大小以 25.4 mm（1 in）长度内所包含的锯齿数表示，规定长度内包含的齿数越多，锯齿就越细。细齿锯条适用于锯削硬材料或小而薄的工件。

安装锯条时，锯齿的齿尖要朝前。不要装歪斜，其拉紧度以工作时锯条不弯曲为宜。

1. 扁钢锯削方法

为了得到整齐的断面，应从扁钢较宽的面下锯，这样锯缝的深度较浅，锯条不易被卡住。

2. 圆管锯削方法

锯削直径较大的薄壁管子时一般用细齿锯条。锯削时不要从一个方向锯到底，应在管壁被锯透时，将圆管向锯条方向转动，锯条仍然从原锯缝锯下。

锯削薄壁管子和精加工过的管子时，应将管子水平夹在两块 V 形木衬垫之间进行锯削，以防止夹扁和夹坏管子表面。

3. 槽钢锯削方法

槽钢的锯削方法与扁钢的锯削方法相同。槽钢从三面来锯，角钢从两面来锯。

4. 薄板锯削方法

锯削薄板时，工件易振动和变形，锯齿容易被钩住而崩坏。锯削薄板时，可将薄板工件夹持在两块木板之间，然后按线锯下。

5. 深缝锯削方法

锯削深缝时，先用正常安装的锯条一直锯到锯弓将要碰到工件为止，然后将锯条转过 90°重新安装后再锯，此时用力要轻，以防止锯条折断。锯削宽缝时，可用几根锯条拼装进行锯削。

十二、锉削

锉削是用锉刀切削及修整金属表面尺寸和形状的加工方法。锉刀可分为钳工锉、特种锉和整形锉三类。

锉削方法：

1. 平面锉削

（1）顺锉法

顺锉法是最常用的一种锉法。顺锉法可得到直的锉痕，锉削后表面粗糙度值较低，一般用于锉削不太大的工件和最后精锉。

（2）交叉锉法

粗锉时常用交叉锉法。这种方法不仅锉得快，而且可用锉痕来判断锉面的高低。

（3）推锉法

推锉法一般用于锉削狭长平面。这种锉削方法效率低，适宜在加工余量较小或修正尺寸时采用。

2. 曲面锉削

（1）外圆弧面锉削

锉削外圆弧面时，锉刀在做前进运动的同时，还应绕工件圆弧面中心线摆动。

（2）内圆弧面锉削

一般用圆锉或半圆锉锉削内圆弧面。锉削时，锉刀要同时完成三个运动，即前进运动、左右运动和绕锉刀中线转动。

（3）球面锉削

锉削球面时，锉刀在做外圆弧锉削运动的同时，还应绕球面中心线摆动。

锉削操作注意事项：不得用细锉刀锉削软金属，否则会粘塞锉齿；对于有氧化皮、硬皮和砂粒的铸件与锻件，应先用砂轮或旧锉刀打磨，再用新锉刀锉削；锉刀不可沾水、沾油，以防止锈蚀和锉削时打滑。

十三、钻孔

用钻头在实心工件上钻出孔眼的切削加工方法叫做钻孔。钻头有麻花钻、扁钻、深孔钻、中心钻等，其中麻花钻是最常用的钻头。

十四、铰孔

用铰刀对孔进行精加工的方法称为铰孔。它是在钻孔、扩孔后进行的一道精加工工序。

通常使用的铰刀分为固定式铰刀（外径尺寸固定）和活动式铰刀（外径尺寸可以在一定范围内调整，一般为 1~10 mm）两种。

铰削操作时，铰刀在孔中必须对正中心位置，不允许反向旋转铰刀，否则会使孔壁和刃带夹住切屑，损坏孔面或将铰刀折断。铰削进刀时，要随着铰刀的旋转轻轻地施加压力，两手用力要平衡，不能左右摇摆，以避免孔的进口处出现喇叭口或破坏表面质量。铰完孔后应沿顺时针方向退出铰刀。铰孔时，要不断地加注切削液。对于铸铁和青铜可以干铰。

十五、刮削

用刮刀在工件已加工表面刮去一层很薄的金属层的操作方法称为刮削。

刮刀按其用途可分为平面刮刀和曲面刮刀。平面刮刀用于刮削平面和外曲面；曲面刮刀用于刮削内曲面，如轴承、衬套等。

刮削余量的合理选择与工件表面积的大小有直接关系，一般应控制在 0.05~0.40 mm 之间。

平面刮削分为粗刮、细刮和精刮。

1. 粗刮

粗刮时用较宽的刮刀施加较大的压力并且行程较长，刮去较多的切削层。开始方向与刀痕方向成 45°角，然后交叉进行，到基本平整以后，再用研点法检查贴合点分布情况，并按贴合点修刮，一直刮到每 25 mm×25 mm 的面积内有 4~6 个贴合点为止。

2. 细刮

细刮时刀痕比粗刮时窄，行程比粗刮时短，并按一定方向依次刮削。当刮削到第二遍时，应与上一遍成 45°或 60°角的方向交叉进行，直到刮至每 25 mm×25 mm 的面积内出现

12~15个贴合点时,细刮完成。

3. 精刮

精刮时选用短刮刀,刮削时用力要小,刀痕要短(3~5 mm),反复刮削,一直达到要求为止。

十六、研磨

研磨是用研具和研磨剂从工件表面磨掉一层极薄的金属,使工件具有准确的形状、尺寸和表面粗糙度值的操作方法。常用研具有研磨平板、研磨环和研磨棒等。铸铁和软钢是较常用的研具材料。

辅导练习题

一、判断题 (下列判断正确的请在括号内打"√",错误的打"×")

1. 游标卡尺按其测量功能不同可分为 0.10,0.02 和 0.05 mm 三种。 (　　)
2. 工件尺寸是游标卡尺尺身读出的整毫米数+游标刻度。 (　　)
3. 每一种千分尺的测量范围均为 25 mm。 (　　)
4. 百分表的分度值为 0.1 mm。 (　　)
5. 百分表不仅能做比较测量,也能用做绝对测量。 (　　)
6. 十字旋具的规格常以杆部的长度来划分。 (　　)
7. 对于难以夹持的表面光滑的圆柱形工件可选用开口扳手。 (　　)
8. 划线时放置工件的工具称为辅助工具。 (　　)
9. 用錾子进行錾削时每次錾削的厚度约为 0.5 mm。 (　　)
10. 锯削直径较大的薄壁管子时一般用粗齿锯条。 (　　)
11. 用锉刀锉削内圆弧面时,锉刀要同时完成前进运动、左右运动、绕锉刀中线转动三个动作。 (　　)
12. 铰完孔后应沿逆时针方向退出铰刀。 (　　)

二、单项选择题 (下列每题有 4 个选项,其中只有 1 个是正确的,请将其代号填在横线空白处)

1. 游标卡尺常用的分度值是_____ mm。
   A. 0.10,0.20,0.50　　　　　B. 0.01,0.02,0.05
   C. 0.10,0.02,0.05　　　　　D. 0.10,0.20,0.05
2. 游标卡尺上游标的刻线数越多则游标的_____。

A. 结构越小　　　　　　　　B. 读数精度越高
C. 分度值越大　　　　　　　D. 长度越短

3. 工件尺寸是游标卡尺尺身读出的整毫米数＋_____的小数值。
   A. 分度值　　　　　　　　B. 游标刻度
   C. 游标刻度×分度值　　　D. 游标刻度＋分度值

4. 每一种千分尺的测量范围均为_____mm。
   A. 25　　　　　　　　　　B. 20
   C. 10　　　　　　　　　　D. 30

5. 用千分尺测量工件时，读完数后_____。
   A. 直接拿出工件　　　　　B. 同时放置一边
   C. 倒转微分套筒后再取出工件　　D. 正转微分套筒后再取出工件

6. 百分表是一种比较性测量仪器，主要用于测量工件的_____。
   A. 公差值　　　　　　　　B. 极值
   C. 实际值　　　　　　　　D. 偏差值

7. 百分表的分度值为_____mm。
   A. 0.001　　　　　　　　B. 0.002
   C. 0.01　　　　　　　　　D. 0.02

8. 百分表的表盘刻度为100格，大指针转动一圈为_____mm。
   A. 0.1　　　　　　　　　B. 0.2
   C. 1　　　　　　　　　　D. 2

9. 用百分表测量工件时，表的测杆轴线必须与被测工件表面_____。
   A. 成45°角　　　　　　　B. 倾斜
   C. 平行　　　　　　　　　D. 垂直

10. _____是一种用于测量孔径的比较性量具。
    A. 百分表　　　　　　　　B. 内径百分表
    C. 游标卡尺　　　　　　　D. 千分尺

11. 台虎钳的规格用钳口的_____表示。
    A. 宽度　　　　　　　　　B. 长度
    C. 花纹　　　　　　　　　D. 夹紧力

12. 十字旋具的规格按_____划分。
    A. 杆部的长度　　　　　　B. 杆部的粗细
    C. 十字口的直径　　　　　D. 十字口的半径

13. 开口扳手的适用范围是_____ mm。
    A. 6~12　　　　　　　　　　B. 12~24
    C. 6~24　　　　　　　　　　D. 24~48

14. 汽车维护中常用扭力扳手的规格为_____ N·m。
    A. 0~30　　　　　　　　　　B. 0~300
    C. 0~500　　　　　　　　　 D. 0~1 000

15. 使用砂轮机时，砂轮的旋转方向应使磨屑向_____飞离砂轮。
    A. 左侧　　　　　　　　　　B. 右侧
    C. 上方　　　　　　　　　　D. 下方

16. 常用的划线工具是_____。
    A. 划针、划规、划卡、样冲　　B. 划针、划规、方箱、样冲
    C. 划针、划规、划线平板、样冲　D. 划针、划规、划卡、方箱

17. 錾削的主要工具是_____。
    A. 錾子和扳手　　　　　　　B. 錾子和锤子
    C. 錾子和钳子　　　　　　　D. 錾子和样冲

18. 用錾子进行錾削时每次錾削的厚度约为_____ mm。
    A. 0.2~0.5　　　　　　　　　B. 0.5~1
    C. 1~1.5　　　　　　　　　　D. 1.5~2

19. 锯条锯齿的大小以_____ mm长度内所包含的锯齿数表示。
    A. 15　　　　　　　　　　　B. 15.4
    C. 25　　　　　　　　　　　D. 25.4

20. 平面锉削最常采用的锉削方法是_____。
    A. 顺锉法　　　　　　　　　B. 交叉锉法
    C. 推锉法　　　　　　　　　D. 平锉法

21. 铰完孔后应将铰刀沿_____方向退出。
    A. 垂直　　　　　　　　　　B. 倾斜45°
    C. 顺时针　　　　　　　　　D. 逆时针

22. 刮刀是刮削用的主要工具，一般用_____制成。
    A. 碳素工具钢　　　　　　　B. 碳素结构钢
    C. 合金工具钢　　　　　　　D. 合金结构钢

23. 细刮比粗刮时_____。
    A. 刀痕要窄，行程要长　　　B. 刀痕要宽，行程要长

  C. 刀痕要窄，行程要短   D. 刀痕要宽，行程要短

  24. 刮削余量的合理选择与工件表面积的大小有直接关系，一般应控制在_____ mm 之间。

   A. 0.01～0.05   B. 0.05～0.20

   C. 0.05～0.40   D. 0.20～0.50

三、多项选择题（下列每题的多个选项中，至少有2个是正确的，请将正确答案的代号填在横线空白处）

  1. 游标卡尺可以直接测量工件的_____。

   A. 角度   B. 直径

   C. 宽度   D. 长度

  2. 千分尺的测量规格有_____ mm。

   A. 0～20   B. 0～25

   C. 20～40   D. 25～50

  3. 下列选项中属于比较性测量仪器的是_____。

   A. 游标卡尺   B. 千分尺

   C. 百分表   D. 内径百分表

  4. 下列扳手中不属于组合型工具的是_____。

   A. 开口扳手   B. 梅花扳手

   C. 套筒扳手   D. 活扳手

  5. 划线时常用的工具有_____。

   A. 支撑工具   B. 基准工具

   C. 划线工具   D. 辅助工具

  6. 下列对錾削方法叙述正确的是_____。

   A. 錾子的切削刃应与錾削方向倾斜25°～40°

   B. 每次錾削厚度约为 0.5～1 mm

   C. 錾削时用左手握住錾身

   D. 錾削时用右手握住錾身

参考答案及说明

一、判断题

  1. ×。游标卡尺按照功能不同可以分为普通游标卡尺、游标深度尺等；按照分度值可

以分为 0.10，0.02 和 0.05 mm 等几种。

2. ×。将尺身上的整毫米数和从游标上读出的毫米小数值相加，即得被测工件的尺寸。

3. √。

4. ×。百分表的分度值为 0.01 mm。

5. √。

6. ×。一字旋具常以杆部的长度来区分；十字旋具按十字口的直径可分为 2~2.5，3~5，5.5~8 和 10~12 mm 四种规格。

7. ×。开口扳手主要用于拆装标准规格的螺栓或螺母。管子扳手是一种专门用于扭转管子、圆棒以及用其他扳手难以夹持的表面光滑的圆柱形工件的工具。

8. ×。划线时放置工件的工具称为基准工具。

9. ×。用錾子进行錾削时每次錾削的厚度约为 0.5~1 mm。

10. ×。锯削直径较大的薄壁管子时一般用细齿锯条。

11. √。

12. ×。铰完孔后应沿顺时针方向退出铰刀。

二、单项选择题

1. C。游标卡尺按照分度值可以分为 0.10，0.02 和 0.05 mm 等几种。

2. B。游标卡尺上游标的刻线数越多则游标的读数精度越高。

3. C。读数时要读出游标零刻线所指尺身上左边刻线的整毫米数。观察游标上零刻线右边第几条刻线与尺身某一刻线对准，将游标卡尺上的格数乘以分度值，即得到毫米小数值。将尺身上的整毫米数和从游标上读出的毫米小数值相加，即得被测工件的尺寸。

4. A。千分尺按照测量范围不同可以分为 0~25，25~50，50~75，75~100，100~125 mm 等多种不同规格，但每一种千分尺的测量范围均为 25 mm。

5. C。用千分尺测量工件时，读完数后应倒转微分套筒后再取出工件。

6. D。百分表是一种比较性测量仪器，主要用于测量工件的偏差值。

7. C。百分表的表盘刻度一圈分为 100 格，当测头每移动 0.01 mm 时，大指针就偏转 1 格（表示 0.01 mm）。

8. C。百分表的表盘刻度为 100 格，大指针转动一圈为 1 mm。

9. D。使用百分表时，其测杆轴线应与被测工件表面垂直。

10. B。内径百分表是一种用于测量孔径的比较性量具。

11. D。台虎钳是一种夹持工件的夹具，分为固定式和回转式两种。台虎钳的规格用钳口的宽度表示，常用尺寸为 100~150 mm。

12. C。十字旋具按十字口的直径可分为 2~2.5，3~5，5.5~8 和 10~12 mm 四种规格。

13. C。开口扳手的适用范围在 6~24 mm 之间。

14. B。汽车维护中常用扭力扳手的规格为 0~300 N·m。

15. D。使用砂轮机时,砂轮的旋转方向应使磨屑向下方飞离砂轮。

16. A。常用的划线工具是划针、划规、划卡、样冲。

17. B。用锤子锤击錾子对金属工件进行切削加工的方法叫做錾削。錾削的主要工具是錾子和锤子。

18. B。錾削时錾子的切削刃应与錾削方向倾斜一个角度,大约为 25°~40°,使切削刃与工件有较多的接触面,这样錾出的平面较平整。每次錾削的厚度约为 0.5~1 mm。

19. D。锯齿的大小以 25.4 mm(1 in)长度内所包含的锯齿数表示,规定长度内包含的齿数越多,锯齿就越细。

20. A。顺锉法是最常用的一种锉法。顺锉法可得到直的锉痕,锉削后表面粗糙度值较低,一般用于锉削不太大的工件和最后精锉。

21. C。铰完孔后应沿顺时针方向退出铰刀。

22. A。刮刀是刮削用的主要工具,一般用碳素工具钢制成。

23. C。细刮时刀痕比粗刮时窄,行程比粗刮时短,并按一定方向依次刮削。

24. C。刮削余量的合理选择与工件表面积的大小有直接关系,一般应控制在 0.05~0.40 mm 之间。

三、多项选择题

1. BCD。游标卡尺是一种能直接测量工件内、外直径,宽度,长度或深度的中等精度量具。

2. BD。千分尺按照测量范围不同可以分为 0~25,25~50,50~75,75~100,100~125 mm 等多种不同规格,但每一种千分尺的测量范围均为 25 mm。

3. CD。百分表是一种比较性测量仪器,主要用于测量工件的偏差值。内径百分表又称量缸表,是一种用于测量孔径的比较性量具。在汽车维修中,主要用于测量发动机汽缸和轴承座孔的圆度误差、圆柱度误差或零件磨损情况。

4. ABD。套筒扳手是一种组合型工具,使用时常由套筒、接杆、摇柄等共同组合成一把扳手。

5. BCD。划线时常用的工具有基准工具、划线工具和辅助工具。

6. ABC。錾削时錾子的切削刃应与錾削方向倾斜一个角度,大约为 25°~40°,使切削刃与工件有较多的接触面,这样錾出的平面较平整。每次錾削的厚度约为 0.5~1 mm。

第二章 汽车常用材料

考 核 要 点

基础知识考核范围	考核要点	重要程度
金属材料	金属材料的力学性能	掌握
	金属材料的工艺性能	掌握
	金属材料的分类	掌握
	碳素钢的牌号及应用	掌握
	合金钢的牌号与应用	熟悉
	铸铁的牌号及应用	熟悉
	铝及铝合金	熟悉
	铜及铜合金	熟悉
汽车燃料、润滑油与工作液	汽油的牌号、性能及选用	掌握
	柴油的牌号、性能及选用	掌握
	汽车用润滑油的牌号、性能及选用	熟悉
	汽车用润滑脂的性能、分类及选用	熟悉
	汽车常用工作液的性能、分类、牌号及选用	熟悉
汽车轮胎的规格、分类、组成及应用	轮胎的分类	熟悉
	充气轮胎的结构组成	掌握
	轮胎的规格	掌握
汽车用轴承与螺纹	轴承的类型	熟悉
	轴承的代号	了解
	螺纹的种类与代号	熟悉
	螺纹的加工	了解

重点复习提示

一、金属材料的力学性能

金属材料的力学性能包括强度、硬度、塑性、韧性和疲劳强度。

1. 强度

强度是指金属材料在外力作用下抵抗变形而不致破坏的能力,主要有抗拉强度和屈服强度。

2. 硬度

硬度是指金属材料抵抗局部变形、压痕或划痕的能力,一般以布氏硬度(HB)和洛氏硬度(HR)表示。

3. 塑性

塑性是指金属材料受到外力作用时产生显著的永久性变形而不断裂的能力,常用断后伸长率和断面收缩率表示。

4. 韧性

韧性是指金属材料抵抗冲击而不致断裂的能力。

5. 疲劳强度

疲劳强度是指金属材料在无限多次交变载荷作用下不至于发生断裂的最大应力。

二、金属材料的工艺性能

1. 可铸性

可铸性是指金属熔化后可以铸造成各种形状的能力,主要指金属熔化后的流动性和冷凝性。

2. 可锻性

可锻性是指金属材料在冷状态下承受锤锻或压力而发生塑性变形的能力。

3. 可焊性

可焊性是指金属材料是否容易焊接的性能。

4. 切削性

切削性是指金属材料是否容易被切削工具进行加工的性能。

5. 延展性

延展性是指金属材料能够拉拔成线或碾轧成板的性能。

6. 耐磨性

耐磨性是指金属材料抵抗磨损的性能。

7. 淬透性

淬透性是指金属材料在热处理中获得淬透层深度的能力。

三、金属材料的分类

金属材料分为黑色金属和有色金属两大类。

黑色金属包括钢和铸铁；有色金属包括轴承合金、铜和铜合金以及铝和铝合金。

四、碳素钢的牌号及应用

钢是含碳量小于 2.11% 的铁碳合金，是使用最广泛的金属材料。

钢的种类很多，分为碳素钢和合金钢两大类。按含碳量多少，钢又可分为低碳钢（w_C＜0.25%）、中碳钢（0.25%≤w_C≤0.6%）和高碳钢（w_C＞0.6%）三类。

在汽车上使用较多的碳素钢是碳素结构钢和优质碳素结构钢。

1. 碳素结构钢

碳素结构钢的牌号由代表屈服强度的字母、屈服强度的数值、质量等级代号、脱氧方法代号四个部分按顺序组成，如 Q235-A·F。牌号中的"Q"是钢材屈服强度"屈"字汉语拼音字首，"235"表示屈服强度为 235 MPa，"A"表示质量等级为 A，"F"表示沸腾钢。

2. 优质碳素结构钢

优质碳素结构钢的牌号由两位数字组成，表示钢平均含碳量的万分之几，如钢号"30"表示钢中含碳量为 0.30%。

五、合金钢的牌号与应用

在碳素钢中加入一种或多种合金元素，以改善钢的某种性能，称为合金钢。优质碳素钢中常加入的合金元素有 Si，Mn，Cr，Ni，W，V，Mo，Ti 等。

合金钢根据用途分为合金结构钢、合金工具钢和特殊性能钢三大类。合金结构钢具有较高的强度和良好的韧性，在汽车上主要用于制造受热、受磨损和冲击载荷较剧烈的零件。

合金结构钢的牌号用"两位数字＋元素符号＋数字"表示。合金工具钢的牌号与合金结构钢基本相同，区别在于：当含碳量小于 1.0% 时，首部只用一位数字表示平均含碳量的千分之几，当含碳量大于或等于 1.0% 时，则不标注含碳量。高速钢和其他一些高合金钢的含碳量小于 1.0% 时，也不标注含碳量。

特殊性能钢的牌号基本与合金工具钢相同，首部的阿拉伯数字表示平均含碳量的千分之几，当平均含碳量小于1.0‰时，用"0"表示。

六、铸铁的牌号与应用

铸铁分为白口铸铁、灰铸铁、球墨铸铁、可锻铸铁和合金铸铁等，其牌号、主要性能和用途见教材。

七、铝及铝合金

1. 纯铝

铝是银白色的金属，密度小（2.7 g/cm³），熔点低于660℃，具有良好的导电性和导热性，主要用于制造电线、电缆以及配制合金等。

我国工业纯铝的牌号是按其纯度来编制的，如L1，L2，L3等，"L"为"铝"字的汉语拼音字首，编号数字越大，纯度越低。

2. 铝合金

铝合金分为变形铝合金（或称压力加工铝合金）和铸造铝合金两类。

（1）变形铝合金

适用于压力加工的铝合金称为变形铝合金。

（2）铸造铝合金

用来制作铸件的铝合金称为铸造铝合金。在合金牌号前冠以字母"Z"（"铸"字的汉语拼音字首）表示属于铸造合金。

八、铜及铜合金

1. 纯铜

纯铜外观呈紫红色，又称紫铜，密度为8.9 g/cm³，熔点为1 083℃。纯铜的导电性、导热性、耐腐蚀性、塑性好，主要用于制造导电器材或配制各种铜合金。

工业纯铜的牌号为T1，T2，T3。"T"为"铜"字的汉语拼音字首，数字为编号，数字越大则纯度越低。

2. 铜合金

铜合金有黄铜、青铜和白铜三种。

（1）黄铜

黄铜是以锌为主要合金元素的铜合金。当铜中仅加入锌时，称为普通黄铜。

普通黄铜的牌号用"H"（"黄"字的汉语拼音字首）加数字来表示，数字代表平均含铜量，含锌量不标出，如H68。

(2) 青铜

青铜原指铜与锡的合金。现在除铜锌合金的黄铜与铜镍合金的白铜外，铜与其他元素所组成的合金均称为青铜。

青铜的牌号以字母"Q"（"青"字的汉语拼音字首）表示，后面加第一个主加元素的符号及除铜以外的各元素的百分含量，如 QSn4-3 和 QBe2 等。

九、汽油的牌号、性能及选用

1. 汽油的使用性能

汽油的使用性能包括汽油的蒸发性、抗爆性、安定性、防腐性和清洁性等。

(1) 蒸发性

汽油的蒸发性是指汽油从液体状态转化为气体状态的性能。汽油的蒸发性越好，就越容易汽化而形成品质良好的可燃混合气，保证发动机在低温条件下也能顺利起动和正常工作。蒸发性太好可能在油管中形成气泡，产生气阻，所以要求汽油的蒸发性要适当。

(2) 抗爆性

汽油的抗爆性是指汽油在汽缸内燃烧时避免爆燃的能力。爆燃是汽油的一种不正常燃烧现象。汽油抗爆性的好坏用辛烷值来表示。汽油的辛烷值越高，抗爆性能越好。

(3) 安定性

汽油的安定性是指在正常的储存和使用条件下避免氧化生胶的能力。

(4) 防腐性

汽油的防腐性是指防止汽油腐蚀金属的能力。

(5) 清洁性

汽油的清洁性是指汽油中是否含有机械杂质和水分。

2. 汽油的牌号和选用

(1) 汽油的牌号

国产汽油的牌号是按照辛烷值的高低来划分的。目前常见的汽油牌号按马达法有 90，93 和 97 三个牌号；按研究法汽油有 90，93 和 95 三个牌号。汽油牌号越高，其辛烷值越高；辛烷值相同，其抗爆性就相同。

(2) 汽油的选用

汽油牌号的选用应符合汽车说明书的要求。一般压缩比较高的发动机应选用高辛烷值汽油，压缩比较低的发动机应选用辛烷值较低的汽油。

3. 使用汽油的注意事项

(1) 不要使用长期存放或已变质的汽油。

（2）牌号相近的汽油可暂时代用。用低牌号汽油代替高牌号汽油时，应适当推迟点火提前角，以免发生爆燃；用高牌号汽油代替低牌号汽油时，应适当加大点火提前角，以提高发动机的输出功率。

十、柴油的牌号、性能及选用

1. 轻柴油的使用性能

轻柴油的使用性能包括柴油的发火性、蒸发性、低温流动性、黏度、安定性、防腐性和清洁性等。

（1）发火性

柴油的发火性是指柴油自燃的能力，用十六烷值来表示。

（2）蒸发性

柴油机的低温起动性、工作可靠性、燃料经济性均与柴油的蒸发性有关。

（3）低温流动性

柴油的低温流动性用凝点来表示。

（4）黏度

黏度是表示油料稀稠度的一项指标。黏度随温度的变化而变化。温度高时油料变稀，黏度变小；反之，温度低时油料变稠，黏度变大。

2. 轻柴油的牌号及选用

（1）轻柴油的牌号

国产轻柴油按凝点分为六种牌号，即10号、0号、-10号、-20号、-35号和-50号。

（2）轻柴油的选用

选用时，应根据地区气温选用不同牌号（即凝点）的轻柴油，并随季节变化而适时更换。使用地区气温低，应选用凝点较低的轻柴油；反之，则选用凝点较高的轻柴油。为保证车用柴油机能正常工作，选用轻柴油的凝点应低于季节最低温度3～5℃。

十一、汽车用润滑油的牌号、性能及选用

1. 发动机机油的性能、分类、牌号和选用

（1）性能

发动机机油的使用性能有黏度、黏温性能、清净分散性、安定性等。

（2）分类和牌号

目前润滑油的分类大多采用黏度分类法和性能分类法两种。性能分类法根据使用场合和

使用对象将汽油机油分为 S 类，其中包括 SC，SD，SE，SF，SG 和 SH 等。柴油机油分为 C 类，其中包括 CC，CD，CD—Ⅱ，CE，CF—4 等。黏度分类法根据所测定的黏度将机油分为 0W，5W，10W，15W，20W，25W，20，30，40，50 和 60 等级。

机油牌号中，在数字后面带字母"W"的表示低温系列，数字代表黏度等级，W 表示冬季用机油；不带字母的数字代表普通系列。牌号中 15W/30 这种形式称为多级油，表示这种机油黏温性能良好，可四季通用。

（3）选用
发动机机油主要依据汽车使用说明书的要求选用。
汽油机油性能等级的选择主要考虑发动机机型。汽缸的有效压力越高，发动机的转速越高，对发动机机油性能等级的要求也越高。
柴油机油性能等级的选择主要考虑柴油机的强化系数。
（4）使用注意事项
1）在能保证润滑的条件下，要尽量选取黏度低的机油。
2）性能等级较高的机油可以用于要求使用等级较低的发动机上，反之则不可。
3）汽油机油和柴油机油不能相互替代使用。

2. 齿轮油的性能、分类、牌号和选用
（1）性能
齿轮油的使用性能有极压抗磨性、低温流动性、热氧化安定性和抗泡沫性。
（2）分类和牌号
齿轮油按性能分类暂定为普通车辆齿轮油、中负荷车辆齿轮油和重负荷车辆齿轮油。
（3）选用
汽车齿轮油主要是根据汽车生产厂家的使用说明书的要求选用。
（4）使用注意事项
1）不能将齿轮油当做发动机机油使用。
2）不能用普通齿轮油代替双曲线齿轮油。
3）在换油时，应趁热放出旧油，将齿轮及齿轮箱洗净后方可加入新油。
4）不同产地的齿轮油不能混用，即使是同类、同牌号的齿轮油，产地不同，某些指标也不完全相同。

十二、汽车用润滑脂的性能、分类及选用

1. 润滑脂的性能
润滑脂的使用性能主要有稠度、低温性能、高温性能和抗水性等。

2. 润滑脂的分类

汽车常用润滑脂品种有钙基润滑脂、钠基润滑脂、通用锂基润滑脂、汽车通用锂基润滑脂、极压锂基润滑脂和石墨钙基润滑脂等。

3. 润滑脂的选用

选择润滑脂时应根据车辆和机械设备说明书的规定，选用与用脂部位操作条件相适应的润滑脂品种和稠度牌号。

十三、汽车常用工作液的性能、分类、牌号及选用

1. 制动液的性能、分类、牌号及选用

（1）制动液的性能

制动液的使用性能有抗气阻性、吸湿性、橡胶相溶性和溶水性等。

（2）制动液的分类

根据制动液的组成和特性，一般分为醇型、醇醚型、脂型、矿油型和硅油型五种。其中醇醚型和脂型统称为合成型，是目前广泛应用的主要品种。

（3）制动液的牌号

合成型制动液常用的有 HZY2，HZY3 和 HZY4 三个牌号（GB 12981—2003）。

（4）制动液的选用

选用制动液时，要求其性能与工作条件相适应，以确保汽车的运行安全。

1）根据气温、湿度和道路条件选用制动液。如炎热夏季，在山区或高速公路上行驶，车辆制动强度大，制动液工作温度高，特别是在湿热条件下，一般要求选用 JG3 或 JG4 级（HZY3，HZY4 等合成制动液）；非湿热条件可选用 JG2 级（HZY2 等合成制动液）。在车速不高的平原地区，除冬季外，可使用 JG1 级制动液；而在严寒冬季，应选用 JG0 级制动液。

2）根据车辆的速度性能，依据其使用说明书选用制动液。

（5）制动液使用的注意事项

1）各种制动液不能混用。

2）按车辆使用说明书的要求定期更换制动液，更换期一般为车辆行驶 20 000～40 000 km 或 1 年。更换制动液时必须将制动系统清洗干净。

3）制动液属易燃品，应注意防火，存放时避免阳光直射。

2. 发动机冷却液的性能、牌号及选用

（1）性能

汽车发动机冷却液的使用性能要求黏度小，流动性好；冰点低，沸点高，冬、夏季均能

使用；良好的抗腐蚀性，不损坏汽车的有机涂层；不易产生水垢，也不易产生泡沫，以免降低传热效率。

目前发动机主要使用乙二醇型发动机冷却液，这是目前最好的冷却液。

（2）乙二醇型冷却液的牌号

按石化行业标准 SH 0521—92 生产的乙二醇型冷却液按冰点不同，有－25，－30，－35，－40，－45 和－50 六个牌号。

（3）乙二醇型冷却液的使用方法

1）根据当地冬季最低气温选用适当冰点牌号的冷却液，冰点至少应比最低气温低 5℃。

2）乙二醇型冷却液一般可使用 2~3 年。入冬前，如有必要可检查、调整冷却液的密度，加防腐剂，并将冷却液的冰点调到该牌号的最高冰点。

3）乙二醇型冷却液不仅有较低的冰点，可防止冬季冻结，而且可提高沸点，防止在夏季沸腾，因此可四季使用。

4）使用冷却液前应检查冷却系，保证无渗漏。加注时不要过满，一般只加到冷却系统总容量的 95%，以免温度升高后膨胀溢出。

5）乙二醇有毒，使用中严禁用嘴吮吸，手接触后要洗净。

3. 液力传动油的性能、牌号及选用

（1）性能

液力传动油的使用性能要求有适当的黏度和良好的低温流动性、黏温性；良好的抗磨性、热氧化安定性、抗泡沫性和橡胶相溶性等。

（2）国产液力传动油的品种和牌号

我国现有产品按中国石油化工总公司制定的企业标准，有 6 号普通液力传动油和 8 号液力传动油两种；另有一种拖拉机传动、液压两用油（相当于 PTF—3）。

（3）液力传动油的选用

按车辆使用说明书的规定，应选用适当品种的液力传动油。轿车和轻型货车应选用 8 号油，进口轿车要求用 GM—A 型、A—A 型或 Dexron 型自动变速器油的均可用 8 号油代替；重型货车、工程机械的液力传动系统应选用 6 号油；拖拉机、工程机械选用拖拉机传动、液压两用油。

十四、轮胎

1. 轮胎的分类

充气轮胎按胎内气压大小可分为高压胎（0.5~0.7 MPa）、低压胎（0.15~0.45 MPa）和超低压胎（0.15 MPa 以下）。按胎面花纹的不同又可分为普通花纹轮胎、越野花纹轮胎和混合花纹轮胎。

2. 充气轮胎的结构组成及应用

充气轮胎按结构组成不同可分为有内胎充气轮胎和无内胎充气轮胎。有内胎充气轮胎由于外胎帘布层结构不同，可分为普通斜交轮胎和子午线轮胎。

（1）有内胎充气轮胎

有内胎充气轮胎由外胎、内胎和垫带组成。

1）外胎。外胎由胎面、帘布层、缓冲层及胎圈组成。

胎面是外胎的外表面，由胎冠、胎肩和胎侧组成。

帘布层（也称胎体）是外胎的骨架。

缓冲层位于胎面和帘布层之间，由两层或数层较稀疏的帘布和橡胶制成，弹性较大，其作用是加强胎面与帘布层之间的结合，能有效地防止汽车紧急制动时胎面与帘布层脱离，并缓和汽车行驶时所受到的不平路面的冲击。

胎圈是帘布层的根基，由钢丝圈、帘布层包边和胎圈包布组成，有较高的刚度和强度，轮胎靠胎圈固装在轮辋上。

2）内胎。内胎是一个环形的橡胶管，其上有气门嘴，以便充气和放气，为使内胎在充气状态下不产生褶皱，其尺寸应稍小于外胎内壁尺寸。

3）垫带。垫带是一个环形的橡胶带，它垫在内胎和轮辋之间，保护内胎不被轮辋和胎圈磨伤，并防止尘土及水汽侵入胎内。

（2）无内胎充气轮胎

无内胎充气轮胎虽然没有充气内胎，但在外胎内壁有一层很薄的专门用来封气的橡胶密封层，胎缘部位留有余量，密封层被固定在轮辋上。它的特点是尖物刺破轮胎后其内部空气不会立即泄掉，安全性好。目前这种轮胎在轿车上应用较多。

3. 轮胎的规格

高压胎的规格一般用 $D \times B$ 表示。D 为轮胎的外径，B 为轮胎断面宽度，单位均为 in，"×"为高压胎。高压胎在汽车上已很少使用。

低压胎一般用 $B-d$ 表示，B 为轮胎断面宽度，d 为轮辋直径，单位均为 in，"—"表示低压胎，如 9.00—20 表示轮胎断面宽度为 9 in，轮辋直径为 20 in。如果中间为"R"，则表示子午线轮胎。

超低压胎的表示方法与低压胎相同。一般情况下，轮辋直径 d 在 15 in 以下的为超低压胎，如 7.00—14。

十五、轴承的类型、结构与代号

轴承按照工作时的摩擦性质不同分为滑动轴承和滚动轴承两类。

1. 滑动轴承

滑动轴承通常由轴承体、轴瓦及轴承衬、润滑和密封装置等组成。

滑动轴承按承受载荷的方向不同可分为径向滑动轴承和推力滑动轴承两类。

2. 滚动轴承

（1）滚动轴承的构造

滚动轴承一般由外圈、内圈、滚动体、隔离圈（保持架）等零件组成。滚动体是滚动轴承的重要元件，其形状有球形、短圆柱形、圆锥形、鼓形和滚针等。

（2）滚动轴承的种类

滚动轴承按所受载荷不同分为三类：

1）径向轴承。主要承受径向载荷。

2）止推轴承。主要承受轴向载荷。

3）径向止推轴承。同时承受径向和轴向载荷。

（3）滚动轴承的代号

滚动轴承的代号由基本代号、前置代号和后置代号构成。

1）基本代号。基本代号表示轴承的基本类型、结构和尺寸，是轴承代号的基础。基本代号由轴承类型代号、尺寸系列代号、内径代号构成。

2）前置、后置代号。前置代号用字母表示，后置代号用字母（或加数字）表示。

十六、螺纹

1. 螺纹的种类

螺纹的种类较多。在圆柱或圆锥外表面上所形成的螺纹称为外螺纹；在圆柱或圆锥内表面上所形成的螺纹称为内螺纹。按螺纹的旋向不同，顺时针旋转时旋入的螺纹称为右旋螺纹；逆时针旋转时旋入的螺纹称为左旋螺纹。螺纹的旋向可以用右手来判定。一般常采用右旋螺纹。

按螺旋线的数目不同，又可分为单线螺纹（沿一条螺旋线所形成的螺纹）和多线螺纹（沿两条或两条以上的螺旋线所形成的螺纹，该螺旋线在轴向等距分布）。

在通过螺纹轴线的剖面上，螺纹的轮廓形状称为螺纹牙型。按螺纹牙型不同，常用的螺纹可分为三角形螺纹、矩形螺纹、梯形螺纹和锯齿形螺纹。

2. 螺纹代号与标记

粗牙普通螺纹用字母 M 及公称直径表示；细牙普通螺纹用字母 M 及公称直径×螺距表示。当螺纹为左旋时，在螺纹代号之后加"LH"。例如，M24×1.5 表示公称直径为 24 mm、螺距为 1.5 mm 的细牙普通螺纹；M24×1.5—LH 表示公称直径为 24 mm、螺距为 1.5 mm、方向为左旋的细牙普通螺纹。

十七、螺纹的加工

1. 丝锥

用丝锥加工工件内螺纹的方法称为攻螺纹。

丝锥是加工内螺纹的刀具，分为手用丝锥和机用丝锥两种。按其牙型可分为普通螺纹丝锥、圆柱管螺纹丝锥和圆锥螺纹丝锥等。普通螺纹丝锥又分为粗牙和细牙两种。

丝锥因其切削量分布不同，可分为三支一组和两支一组的简单类型。一般 M6~M24 的丝锥均为两支一组；小于 M6 的丝锥，因螺纹底孔直径较小，丝锥细，刚度和强度低，攻螺纹时丝锥容易折断，因此所用丝锥均为三支一组；大于 M24 的丝锥，攻螺纹时切削力较大，转矩大，此时所用的丝锥均为三支一组，这样每支丝锥的切削量较小，切削省力，丝锥也不易扭断。各种规格的圆锥螺纹丝锥和圆锥管螺纹丝锥均为单支。

2. 铰杠

铰杠是用手工攻螺纹时用来夹持丝锥进行工作的工具。它分为普通铰杠和丁字形铰杠两种。各种铰杠又分为固定式和活络式两种。

3. 套螺纹

套螺纹是用圆板牙或螺纹切头加工螺纹的方法。

圆板牙是加工外螺纹的工具，由切削部分、校准部分和排屑孔组成。排屑孔使圆板牙的工作部分形成切削刃和前角。切削部分在圆板牙两端，有切削锥，可以两面使用，圆板牙的中间是校准部分。

辅导练习题

一、**判断题**（下列判断正确的请在括号内打"√"，错误的打"×"）

1. 硬度是指金属材料在外力作用下抵抗变形而不致破坏的能力。　　　　　　　　（　　）
2. 金属材料的硬度一般用布氏硬度（HR）和洛氏硬度（HB）表示。　　　　　　（　　）
3. 韧性是指金属材料抵抗冲击而不致断裂的能力。　　　　　　　　　　　　　（　　）
4. 可焊性主要是指金属熔化后的流动性和冷凝性。　　　　　　　　　　　　　（　　）

5. 延展性是指金属材料能够拉拔成线或碾轧成板的性能。（   ）
6. 钢和铸铁属于有色金属。（   ）
7. 碳素结构钢常用于制造受力不大、不重要也不复杂的零件。（   ）
8. 低碳钢的含碳量大于0.25%。（   ）
9. 在碳钢中加入一种或多种适量合金元素，以改善钢的某种性能，称为合金结构钢。
（   ）
10. 合金钢根据成分不同可分为合金结构钢、合金工具钢和特殊性能钢三大类。（   ）
11. 铸铁具有良好的可铸性、耐磨性和锻造性。（   ）
12. 可锻铸铁能承受一定的冲击载荷。（   ）
13. 我国工业纯铝的牌号是按其纯度来编制的，且编号数字越大，纯度就越高。（   ）
14. 铝合金可分为变形铝合金和铸造铝合金两类。（   ）
15. 黄铜是以锡为主要合金元素的铜合金。（   ）
16. 纯铜又称为白铜。（   ）
17. 一般压缩比较高的发动机应选用辛烷值较高的汽油。（   ）
18. 汽油的辛烷值越低，抗爆性能越好。（   ）
19. 使用轻柴油的地区气温低时，应选用凝点较高的轻柴油。（   ）
20. 黏度是指在规定条件下柴油失去流动能力时的温度值。（   ）
21. 汽油机油性能等级的选择主要考虑发动机机型。汽缸的有效压力越高，发动机的转速越高，对发动机机油性能等级的要求也越高。（   ）
22. 汽油机油和柴油机油有时可以相互替代使用。（   ）
23. 润滑脂的使用性能主要有稠度、低温性能、高温性能和安定性等。（   ）
24. 一般情况下润滑脂的稠度等级多选用2号。（   ）
25. 各种制动液不能混用。（   ）
26. 在湿热条件下高速行驶的车辆可以选用JG2级制动液。（   ）
27. 超低压胎的胎压小于0.5 MPa。（   ）
28. 充气轮胎按胎面花纹的不同可分为普通花纹轮胎、越野花纹轮胎和混合花纹轮胎。
（   ）
29. 子午线轮胎与普通斜交轮胎相比，具有外胎面刚度高、低速时易产生冲击等缺点。
（   ）
30. 帘布层是有内胎充气轮胎的根基。（   ）
31. 深沟球轴承属于径向滚动轴承。（   ）
32. 推力球轴承是滑动轴承的一种。（   ）

33. 右旋螺纹用右手来判断,左旋螺纹用左手来判断。（　　）
34. 代号 M24×1.5 表示公称直径为 24 mm、螺距为 1.5 mm 的细牙普通螺纹。（　　）

二、单项选择题（下列每题有 4 个选项,其中只有 1 个是正确的,请将其代号填在横线空白处）

1. _____是指金属材料在无限多次交变载荷作用下不至于发生断裂的最大应力。
   A. 抗拉强度　　　　　　　　B. 屈服强度
   C. 疲劳强度　　　　　　　　D. 塑性

2. 下列选项中不属于金属材料力学性能的是_____。
   A. 塑性　　　　　　　　　　B. 韧性
   C. 硬度　　　　　　　　　　D. 延展性

3. _____是指金属材料在受拉时抵抗产生明显的永久性变形的能力。
   A. 韧性　　　　　　　　　　B. 塑性
   C. 抗拉强度　　　　　　　　D. 屈服强度

4. _____是指金属材料在外力作用下抵抗变形而不致破坏的能力。
   A. 硬度　　　　　　　　　　B. 强度
   C. 塑性　　　　　　　　　　D. 韧性

5. 可锻性是指金属材料在_____状态下承受锤锻或压力而发生塑性变形的能力。
   A. 冷　　　　　　　　　　　B. 热
   C. 自然　　　　　　　　　　D. 任意

6. _____是指金属材料是否容易被切削工具进行加工的性能。
   A. 可焊性　　　　　　　　　B. 延展性
   C. 切削性　　　　　　　　　D. 淬透性

7. 下列选项中属于金属材料工艺性能的是_____。
   A. 韧性　　　　　　　　　　B. 塑性
   C. 淬透性　　　　　　　　　D. 强度

8. 下列选项中不属于金属材料工艺性能的是_____。
   A. 可锻性　　　　　　　　　B. 可焊性
   C. 耐磨性　　　　　　　　　D. 韧性

9. 黑色金属包括_____。
   A. 铜和铜合金　　　　　　　B. 铝和铝合金
   C. 轴承合金　　　　　　　　D. 合金钢

10. 下列选项中属于有色金属的是_____。

A. 碳素钢 B. 合金钢
C. 铸铁 D. 轴承合金

11. 特殊性能钢属于_____。
 A. 碳素钢 B. 合金钢
 C. 轴承合金 D. 有色金属

12. 下列选项中属于有色金属的是_____。
 A. 碳素钢和轴承合金 B. 碳素钢和铸铁
 C. 轴承钢和铸铁 D. 轴承钢和铝合金

13. 钢是一种含碳量小于_____的铁碳合金。
 A. 2% B. 2.11%
 C. 3% D. 3.11%

14. 钢是含碳量_____2.11%的铁碳合金。
 A. 大于 B. 小于
 C. 等于 D. 偏离

15. 高碳钢的含碳量为_____。
 A. <0.25% B. 0.25%～0.6%
 C. >0.6% D. >0.7%

16. 中碳钢的含碳量为_____。
 A. <0.25% B. 0.25%～0.6%
 C. >0.6% D. >0.7%

17. 合金钢根据用途分为合金结构钢、合金工具钢和_____三大类。
 A. 碳素结构钢 B. 碳素工具钢
 C. 特殊性能钢 D. 轴承合金

18. _____具有较高的强度和良好的韧性，在汽车上主要用于制造受热、受磨损和冲击载荷较剧烈的零件。
 A. 合金结构钢 B. 合金工具钢
 C. 特殊性能钢 D. 碳素钢

19. 常用做重要调质件，如气门、汽缸盖螺栓等的合金钢是_____。
 A. 40MnB B. 40Cr
 C. 18CrMnTi D. 60Si2Mn

20. 合金结构钢牌号中的前面两位数字用来表示钢中平均含碳量的_____。
 A. 十分之几 B. 百分之几

C. 千分之几   D. 万分之几

21. 适宜用来制造曲轴、凸轮轴的铸铁是_____。
    A. 白口铸铁   B. 灰铸铁
    C. 球墨铸铁   D. 可锻铸铁

22. 下列选项中_____具有脆性大、塑性差、可焊性差等特点。
    A. 灰铸铁   B. 球墨铸铁
    C. 可锻铸铁   D. 合金铸铁

23. 下列选项中_____具有较好的塑性和韧性，强度较高。
    A. 白口铸铁   B. 灰铸铁
    C. 球墨铸铁   D. 可锻铸铁

24. 适宜用来制造汽缸体、汽缸盖和飞轮的铸铁是_____。
    A. 灰铸铁   B. 球墨铸铁
    C. 可锻铸铁   D. 合金铸铁

25. 用来制作铸件的铝合金称为_____。
    A. 锻铝合金   B. 硬铝合金
    C. 变形铝合金   D. 铸造铝合金

26. 我国工业纯铝的牌号是按其_____来编制的。
    A. 密度   B. 熔点
    C. 纯度   D. 导电性

27. 铝合金一般分为变形铝合金和_____。
    A. 防锈铝合金   B. 铸造铝合金
    C. 硬铝合金   D. 锻铝合金

28. 下列工业纯铝的牌号中纯度最高的是_____。
    A. L1   B. L2
    C. L3   D. L4

29. 纯铜又称为_____。
    A. 白铜   B. 黄铜
    C. 青铜   D. 紫铜

30. 下列工业纯铜的编号中纯度最低的是_____。
    A. T1   B. T2
    C. T3   D. H68

31. 黄铜是以_____为主要合金元素的铜合金。

A. 锡　　　　　　　　　　　　B. 锌
C. 镍　　　　　　　　　　　　D. 铝

32. 青铜原指铜与_____的合金。
    A. 锡　　　　　　　　　　　　B. 锌
    C. 镍　　　　　　　　　　　　D. 铝

33. 汽油的辛烷值越高，_____性能就越好。
    A. 清洁　　　　　　　　　　　B. 抗爆
    C. 安定　　　　　　　　　　　D. 防腐

34. 汽油的_____是指在正常的储存和使用条件下避免氧化生胶的能力。
    A. 蒸发性　　　　　　　　　　B. 抗爆性
    C. 安定性　　　　　　　　　　D. 防腐性

35. 国产汽油的牌号是按照_____的高低来划分的。
    A. 凝点　　　　　　　　　　　B. 熔点
    C. 辛烷值　　　　　　　　　　D. 密度

36. 汽油的牌号越高，说明其_____也越高。
    A. 密度　　　　　　　　　　　B. 凝点
    C. 熔点　　　　　　　　　　　D. 辛烷值

37. 柴油的_____用十六烷值表示。
    A. 黏性　　　　　　　　　　　B. 蒸发性
    C. 发火性　　　　　　　　　　D. 安定性

38. 柴油机的低温起动性、工作可靠性、燃料经济性均与柴油的_____有关。
    A. 黏性　　　　　　　　　　　B. 蒸发性
    C. 发火性　　　　　　　　　　D. 安定性

39. 国产轻柴油的牌号按_____分类。
    A. 密度　　　　　　　　　　　B. 凝点
    C. 熔点　　　　　　　　　　　D. 十六辛烷值

40. _____轻柴油适合于有预热设备的高速柴油机使用。
    A. －50号　　　　　　　　　　B. －10号
    C. 0号　　　　　　　　　　　 D. 10号

41. 目前润滑油的分类大多采用_____分类法和性能分类法两种。
    A. 黏度　　　　　　　　　　　B. 安定性
    C. 清净分散性　　　　　　　　D. 黏温性能

42. _____是指发动机机油能抑制积炭、涂膜和油泥生成或将这些沉淀物清除的性能。
    A. 黏度   B. 黏温性能
    C. 清净分散性   D. 安定性

43. 机油牌号中,在数字后面带有字母"W"的表示_____系列。
    A. 普通   B. 一般
    C. 低温   D. 高温

44. 机油牌号中,在数字后面的字母"W"表示_____。
    A. 春季用机油   B. 夏季用机油
    C. 秋季用机油   D. 冬季用机油

45. 润滑脂的使用性能主要有_____、低温性能、高温性能和抗水性等。
    A. 黏性   B. 凝点
    C. 稠度   D. 安定性

46. _____是指润滑脂受外力作用时抵抗变形的程度。
    A. 黏性   B. 凝点
    C. 强度   D. 稠度

47. _____是以动植物脂肪酸钠皂稠化矿物润滑油制成的耐高温但不耐水的普通润滑脂。
    A. 钙基润滑脂   B. 钠基润滑脂
    C. 通用锂基润滑脂   D. 石墨钙基润滑脂

48. 国家标准把润滑脂的稠度规定为_____个等级。
    A. 7   B. 8
    C. 9   D. 10

49. _____是汽车液压制动系统中传递压力的工作介质。
    A. 燃油   B. 机油
    C. 润滑油   D. 制动液

50. 在严冬季节应选用_____级制动液。
    A. JG0   B. JG1
    C. JG2   D. JG3

51. 在车速不高的平原地区,除冬季外,可使用_____级制动液。
    A. JG0   B. JG1
    C. JG2   D. JG3

52. 制动液的更换期一般为车辆行驶_____ km。
    A. 10 000～20 000	B. 20 000～30 000
    C. 10 000～30 000	D. 20 000～40 000

53. 高压充气轮胎的胎压是_____ MPa。
    A. >0.5	B. 0.5～0.7
    C. 0.15～0.45	D. >0.15

54. 低压充气轮胎的胎压是_____ MPa。
    A. >0.5	B. 0.5～0.7
    C. 0.15～0.45	D. <0.15

55. 充气轮胎按其结构组成不同可分为_____。
    A. 有内胎轮胎和无内胎轮胎	B. 高压轮胎和低压轮胎
    C. 子午线轮胎和普通斜交轮胎	D. 普通花纹轮胎和混合花纹轮胎

56. 有内胎充气轮胎由于帘布层的结构不同可分为_____。
    A. 有内胎轮胎和无内胎轮胎	B. 高压轮胎和低压轮胎
    C. 子午线轮胎和普通斜交轮胎	D. 普通花纹轮胎和混合花纹轮胎

57. 有内胎充气轮胎是由外胎、内胎和_____组成的。
    A. 胎圈	B. 胎面
    C. 垫带	D. 缓冲层

58. _____是外胎帘布层的根基。
    A. 胎圈	B. 胎面
    C. 胎肩	D. 缓冲层

59. _____是外胎的骨架。
    A. 胎面	B. 帘布层
    C. 缓冲层	D. 胎圈

60. 充气轮胎的内胎尺寸应比外胎内壁尺寸_____。
    A. 稍大	B. 稍小
    C. 相等	D. 无规定

61. _____是支撑转动零件或摆动零件的一种标准组件。
    A. 径向滑动轴承	B. 推力滑动轴承
    C. 滑动轴承	D. 滚动轴承

62. 轴承按照工作时的_____不同分为滑动轴承和滚动轴承两类。
    A. 载荷方向	B. 载荷大小

C. 摩擦性质 D. 润滑形式

63. 滑动轴承按_____不同可分为径向滑动轴承和推力滑动轴承两类。
   A. 承受载荷的方向 B. 承受载荷的大小
   C. 摩擦性质 D. 润滑形式

64. 圆锥滚子轴承属于_____轴承。
   A. 径向 B. 止推
   C. 径向止推 D. 滑动

65. 代号 M24 表示_____。
   A. 细牙普通螺纹 B. 粗牙普通螺纹
   C. 左旋粗牙螺纹 D. 右旋细牙螺纹

66. 螺纹代号后加"LH"表示_____。
   A. 粗牙螺纹 B. 细牙螺纹
   C. 左旋螺纹 D. 右旋螺纹

67. 在圆柱或圆锥外表面上所形成的螺纹是_____。
   A. 粗牙螺纹 B. 细牙螺纹
   C. 外螺纹 D. 内螺纹

68. 三角形螺纹、矩形螺纹及梯形螺纹等是按_____对螺纹进行分类的。
   A. 线数 B. 牙型
   C. 旋向 D. 形成螺纹的表面

三、多项选择题（下列每题的多个选项中，至少有 2 个是正确的，请将正确答案的代号填在横线空白处）

1. 金属材料的力学性能包括_____。
   A. 强度、硬度 B. 延展性、塑性
   C. 塑性、韧性 D. 疲劳强度

2. 金属材料的硬度一般用_____表示。
   A. 抗拉强度 B. 屈服强度
   C. 布氏硬度 D. 洛氏硬度

3. 金属材料包括_____。
   A. 硬质合金 B. 陶瓷
   C. 黑色金属 D. 有色金属

4. 下列选项中属于黑色金属的是_____。
   A. 合金钢 B. 铸铁

C. 轴承合金　　　　　　　　　D. 碳素钢

5. 钢按含碳量多少可分为_____。
   A. 碳素钢　　　　　　　　　B. 高碳钢
   C. 低碳钢　　　　　　　　　D. 中碳钢

6. 钢的种类很多，可分为_____两大类。
   A. 碳素钢　　　　　　　　　B. 合金钢
   C. 特殊性能钢　　　　　　　D. 碳素工具钢

7. 合金钢根据用途可分为_____三种。
   A. 合金结构钢　　　　　　　B. 合金工具钢
   C. 优质碳素钢　　　　　　　D. 特殊性能钢

8. 合金钢中常加入的合金元素是_____。
   A. Si　　　　　　　　　　　B. Mn
   C. W　　　　　　　　　　　D. Cr

9. 铸铁具有良好的_____。
   A. 可铸性　　　　　　　　　B. 可焊性
   C. 耐磨性　　　　　　　　　D. 切削性

10. 适宜用铸铁制造的零部件有_____。
    A. 齿轮轴　　　　　　　　　B. 飞轮
    C. 制动鼓　　　　　　　　　D. 汽缸套

11. 纯铝具有良好的_____。
    A. 导电性　　　　　　　　　B. 导热性
    C. 耐腐蚀性　　　　　　　　D. 强度

12. 铝合金分为_____两类。
    A. 硬铝合金　　　　　　　　B. 锻铝合金
    C. 变形铝合金　　　　　　　D. 铸造铝合金

13. 铜合金有_____三种。
    A. 白铜　　　　　　　　　　B. 黄铜
    C. 紫铜　　　　　　　　　　D. 青铜

14. 纯铜具有较好的_____。
    A. 导电性　　　　　　　　　B. 导热性
    C. 耐腐蚀性　　　　　　　　D. 塑性

15. 目前常见的汽油牌号按马达法有_____号。

A. 90 B. 93
C. 95 D. 97

16. 汽油的使用性能包括_____。
    A. 蒸发性 B. 抗爆性
    C. 安定性 D. 防腐性

17. 国产轻柴油的牌号有_____。
    A. 0号和10号 B. 20号和35号
    C. －10号和－20号 D. －35号和－50号

18. 轻柴油的使用性能有_____。
    A. 发火性和防腐性 B. 蒸发性和安定性
    C. 低温流动性和清洁性 D. 抗爆性

19. 目前润滑油的分类大多采用_____。
    A. 温度分类法 B. 黏度分类法
    C. 性能分类法 D. 辛烷值分类法

20. 机油牌号中,在数字后面带字母"W"表示_____。
    A. 高温系列 B. 低温系列
    C. 夏季用机油 D. 冬季用机油

21. 润滑脂的使用性能主要有_____。
    A. 稠度 B. 低温性能
    C. 高温性能 D. 抗水性

22. 在车辆和机械没有润滑脂选用说明书的情况下,通常根据_____选择润滑脂。
    A. 工作温度 B. 转速
    C. 负荷 D. 工作环境

23. 下列选项中关于制动液使用叙述正确的是_____。
    A. 各种制动液可混用
    B. 一般车辆行驶20 000～40 000 km进行更换
    C. 一般行车1年进行更换
    D. 宜放置在温度较高的地方

24. 选择制动液主要根据_____。
    A. 黏度 B. 气温
    C. 湿度 D. 道路条件

25. 充气轮胎按胎内气压可分为_____。

A. 超低压胎 B. 低压胎
C. 中压胎 D. 高压胎

26. 有内胎充气轮胎由于外胎帘布层结构不同可分为_____。
    A. 混合花纹轮胎 B. 纵向花纹轮胎
    C. 普通斜交轮胎 D. 子午线轮胎

27. 有内胎充气轮胎主要由_____组成。
    A. 外胎 B. 内胎
    C. 垫带 D. 橡胶密封层

28. 子午线轮胎与普通斜交轮胎相比具有_____优点。
    A. 弹性大 B. 耐磨性好
    C. 刚度高 D. 滚动阻力小

29. 轴承按照工作时的摩擦性质不同可分为_____。
    A. 滑动轴承 B. 滚动轴承
    C. 向心轴承 D. 推力轴承

30. 滚动轴承一般由_____组成。
    A. 外圈 B. 内圈
    C. 滚动体 D. 保持架

31. 按螺纹牙型不同，常用的螺纹可分为_____。
    A. 三角形螺纹 B. 矩形螺纹
    C. 梯形螺纹 D. 锯齿形螺纹

32. 螺纹按旋向不同可分为_____。
    A. 左旋螺纹 B. 右旋螺纹
    C. 粗牙螺纹 D. 细牙螺纹

参考答案及说明

一、判断题

1. ×。强度是指金属材料在外力作用下抵抗变形而不致破坏的能力，主要有抗拉强度和屈服强度。硬度是指金属材料抵抗局部变形、压痕或划痕的能力。

2. ×。硬度是指金属材料抵抗局部变形、压痕或划痕的能力，一般以布氏硬度（HB）和洛氏硬度（HR）表示。

3. √。

4. ×。可焊性是指金属材料是否容易焊接的性能。可铸性是指金属熔化后可以铸造成各种形状的能力，主要指金属熔化后的流动性和冷凝性。

5. √。

6. ×。黑色金属包括钢和铸铁；有色金属包括轴承合金、铜和铜合金以及铝和铝合金。

7. √。

8. ×。低碳钢的含碳量小于0.25%。

9. ×。在碳素钢中加入一种或多种合金元素，以改善钢的某种性能，称为合金钢。

10. ×。合金钢根据用途分为合金结构钢、合金工具钢和特殊性能钢三大类。

11. ×。铸铁具有良好的可铸性、耐磨性和切削性。

12. √。

13. ×。我国工业纯铝的牌号是按其纯度来编制的，如L1，L2，L3等，"L"为"铝"字的汉语拼音字首，编号数字越大，纯度越低。

14. √。

15. ×。黄铜是以锌为主要合金元素的铜合金。

16. ×。纯铜外观呈紫红色，又称紫铜。

17. √。

18. ×。汽油的辛烷值越高，抗爆性能越好。

19. ×。使用地区气温低，应选用凝点较低的轻柴油。

20. ×。柴油的低温流动性用凝点来表示。凝点是指在规定条件下柴油失去流动能力时的最高温度。黏度是表示油料稀稠度的一项指标。黏度随温度的变化而变化。温度高时油料变稀，黏度变小；反之，温度低时油料变稠，黏度变大。

21. √。

22. ×。汽油机油和柴油机油不能相互替代使用。

23. ×。润滑脂的使用性能主要有稠度、低温性能、高温性能和抗水性等。

24. √。

25. √。

26. ×。如炎热夏季，在山区或高速公路上行驶，车辆制动强度大，制动液工作温度高，特别是在湿热条件下，一般要求选用JG3或JG4级（HZY3，HZY4等合成制动液）；非湿热条件可选用JG2级（HZY2等合成制动液）。

27. ×。超低压胎的胎压在0.15 MPa以下。

28. √。

29. √。

30. ×。帘布层是有内胎充气轮胎外胎的骨架。

31. √。

32. ×。推力球轴承是滚动轴承的一种。

33. ×。按螺纹的旋向不同，顺时针旋转时旋入的螺纹称为右旋螺纹；逆时针旋转时旋入的螺纹称为左旋螺纹。螺纹的旋向可以用右手来判定。

34. √。

二、单项选择题

1. C。疲劳强度是指金属材料在无限多次交变载荷作用下不至于发生断裂的最大应力。

2. D。金属材料的力学性能包括强度、硬度、塑性、韧性和疲劳强度。

3. D。屈服强度是指金属材料在受拉时抵抗产生明显的永久性变形的能力。

4. B。强度是指金属材料在外力作用下抵抗变形而不致破坏的能力，主要有抗拉强度和屈服强度。

5. A。可锻性是指金属材料在冷状态下承受锤锻或压力而发生塑性变形的能力。

6. C。切削性是指金属材料是否容易被切削工具进行加工的性能。

7. C。金属材料的工艺性能包括可铸性、可锻性、可焊性、切削性、延展性、耐磨性和淬透性。

8. D。金属材料的工艺性能包括可铸性、可锻性、可焊性、切削性、延展性、耐磨性和淬透性。

9. D。黑色金属包括钢和铸铁；有色金属包括轴承合金、铜和铜合金以及铝和铝合金。

10. D。有色金属包括轴承合金、铜和铜合金以及铝和铝合金。

11. B。合金钢包括合金结构钢、合金工具钢和特殊性能钢。

12. D。有色金属包括轴承合金、铜和铜合金以及铝和铝合金。

13. B。钢是含碳量小于2.11%的铁碳合金，是使用最广泛的金属材料。

14. B。钢是含碳量小于2.11%的铁碳合金。

15. C。按含碳量多少，钢可分为低碳钢（$w_C<0.25\%$）、中碳钢（$0.25\%\leqslant w_C \leqslant 0.6\%$）和高碳钢（$w_C>0.6\%$）三类。

16. B。中碳钢的含碳量为0.25%~0.6%。

17. C。合金钢根据用途分为合金结构钢、合金工具钢和特殊性能钢三大类。

18. A。合金结构钢具有较高的强度和良好的韧性，在汽车上主要用于制造受热、受磨损和冲击载荷较剧烈的零件。

19. B。40Cr钢常用来制作气门、汽缸盖螺栓、车轮螺栓、半轴和重要齿轮等。

20. D。合金结构钢的牌号用"两位数字＋元素符号＋数字"表示，前面两位数字表示钢中平均含碳量的万分之几。

21. C。球墨铸铁（QT）强度较高，韧性比灰铸铁有较大改善。有良好的铸造性、耐磨性、减振性和切削性。适宜制造曲轴、凸轮轴和前、后桥壳。

22. A。灰铸铁（HT）脆性大，塑性差，可焊性差；铸造性好，易切削。具有消振和润滑作用。

23. D。可锻铸铁（KT）具有较好的塑性和韧性，强度较高，能承受一定的冲击载荷，但铸造工艺较复杂。

24. A。灰铸铁（HT）脆性大，塑性差，可焊性差；铸造性好，易切削。具有消振和润滑作用。适宜制造汽缸体、汽缸盖、飞轮和制动鼓等。

25. D。用来制作铸件的铝合金称为铸造铝合金。

26. C。我国工业纯铝的牌号是按其纯度来编制的。

27. B。纯铝中加入 Si，Cu，Mg，Mn 等合金元素后，可得到强度较高、耐腐蚀性较好的铝合金。铝合金分为变形铝合金（或称压力加工铝合金）和铸造铝合金两类。

28. A。我国工业纯铝的牌号是按其纯度来编制的，如 L1，L2，L3 等，"L"为"铝"字的汉语拼音字首，编号数字越大，纯度越低。

29. D。纯铜外观呈紫红色，又称紫铜，密度为 8.9 g/cm^3，熔点为 1 083℃。

30. C。工业纯铜的牌号为 T1，T2，T3。"T"为"铜"字的汉语拼音字首，数字为编号，数字越大则纯度越低。

31. B。黄铜是以锌为主要合金元素的铜合金。当铜中仅加入锌时，称为普通黄铜。

32. A。青铜原指铜与锡的合金。现在除铜锌合金的黄铜与铜镍合金的白铜外，铜与其他元素所组成的合金均称为青铜。

33. B。汽油抗爆性的好坏用辛烷值来表示。汽油的辛烷值越高，抗爆性能越好。

34. C。汽油的安定性是指在正常的储存和使用条件下避免氧化生胶的能力。

35. C。国产汽油的牌号是按照辛烷值的高低来划分的。

36. D。目前常见的汽油牌号按马达法有 90，93 和 97 三个牌号；按研究法汽油有 90，93 和 95 三个牌号。汽油牌号越高，其辛烷值越高；辛烷值相同，其抗爆性就相同。

37. C。柴油的发火性是指柴油自燃的能力，用十六烷值来表示。

38. B。柴油机的低温起动性、工作可靠性、燃料经济性均与柴油的蒸发性有关。

39. B。国产轻柴油按凝点分为六种牌号。

40. D。10 号轻柴油适合于有预热设备的高速柴油机使用。

41. A。目前润滑油的分类大多采用黏度分类法和性能分类法两种。

42. C。清净分散性是指发动机机油能抑制积炭、涂膜和油泥生成或将这些沉淀物清除的性能。

43. C。机油牌号中,在数字后面带字母"W"的表示低温系列。

44. D。机油牌号中,在数字后面带字母"W"的表示低温系列,数字代表黏度等级,W 表示冬季用机油;不带字母的数字代表普通系列。

45. C。润滑脂的使用性能主要有稠度、低温性能、高温性能和抗水性等。

46. D。稠度是指润滑脂受外力作用时抵抗变形的程度。

47. B。钠基润滑脂是以动植物脂肪酸钠皂稠化矿物润滑油制成的耐高温但不耐水的普通润滑脂,有 2 号和 3 号两个稠度牌号。

48. C。按 GB 7631.1—1990 的规定把润滑脂的稠度分为 000,00,0,1,2,3,4,5,6 九个等级。

49. D。制动液是汽车液压制动系统中传递压力的工作介质。

50. A。在严寒冬季,应选用 JG0 级制动液。

51. B。在车速不高的平原地区,除冬季外,可使用 JG1 级制动液。

52. D。按车辆使用说明书的要求定期更换制动液,更换期一般为车辆行驶 20 000~40 000 km 或 1 年。

53. B。充气轮胎按胎内气压大小可分为高压胎(0.5~0.7 MPa)、低压胎(0.15~0.45 MPa)和超低压胎(0.15 MPa 以下)。

54. C。充气轮胎按胎内气压大小可分为高压胎(0.5~0.7 MPa)、低压胎(0.15~0.45 MPa)和超低压胎(0.15 MPa 以下)。

55. A。充气轮胎按结构组成不同可分为有内胎充气轮胎和无内胎充气轮胎。

56. C。有内胎充气轮胎由于外胎帘布层结构不同,可分为普通斜交轮胎和子午线轮胎。

57. C。有内胎充气轮胎由外胎、内胎和垫带组成。

58. A。胎圈是帘布层的根基,由钢丝圈、帘布层包边和胎圈包布组成,有较高的刚度和强度,轮胎靠胎圈固装在轮辋上。

59. B。帘布层(也称胎体)是外胎的骨架,用以保持外胎的形状和尺寸,并使其具有足够的强度,通常由多层胶化的棉线或其他纤维组成。

60. B。内胎是一个环形的橡胶管,其上有气门嘴,以便充气和放气,为使内胎在充气状态下不产生褶皱,其尺寸应稍小于外胎内壁尺寸。

61. D。滚动轴承是支撑转动零件或摆动零件的一种标准组件。

62. C。轴承按照工作时的摩擦性质不同分为滑动轴承和滚动轴承两类。

63. A。滑动轴承按承受载荷的方向不同可分为径向滑动轴承和推力滑动轴承两类。

64. C。径向止推轴承同时承受径向和轴向载荷,如圆锥滚子轴承。

65. B。粗牙普通螺纹用字母 M 及公称直径表示。

66. C。当螺纹为左旋时，在螺纹代号之后加"LH"。

67. C。在圆柱或圆锥外表面上所形成的螺纹称为外螺纹。

68. B。按螺纹牙型不同，常用的螺纹可分为三角形螺纹、矩形螺纹、梯形螺纹和锯齿形螺纹。

三、多项选择题

1. ACD。金属材料的力学性能包括强度、硬度、塑性、韧性和疲劳强度。

2. CD。硬度是指金属材料抵抗局部变形、压痕或划痕的能力，一般以布氏硬度（HB）和洛氏硬度（HR）表示。

3. CD。金属材料分为黑色金属和有色金属两大类。

4. ABD。金属材料分为黑色金属和有色金属两大类。黑色金属包括钢和铸铁；有色金属包括轴承合金、铜和铜合金以及铝和铝合金。

5. BCD。按含碳量多少，钢可分为低碳钢（$w_C<0.25\%$）、中碳钢（$0.25\%\leqslant w_C\leqslant 0.6\%$）和高碳钢（$w_C>0.6\%$）三类。

6. AB。钢的种类很多，分为碳素钢和合金钢两大类。碳素钢又分为碳素结构钢和碳素工具钢；合金钢分为合金结构钢、合金工具钢和特殊性能钢。

7. ABD。合金钢根据用途分为合金结构钢、合金工具钢和特殊性能钢三大类。

8. ABCD。在碳素钢中加入一种或多种合金元素，以改善钢的某种性能，称为合金钢。优质碳素钢中常加入的合金元素有 Si，Mn，Cr，Ni，W，V，Mo，Ti 等。

9. ACD。铸铁具有良好的可铸性、耐磨性和切削性。

10. BCD。铸铁具有良好的可铸性、耐磨性和切削性。凡力学性能要求不高、形状复杂、锻制困难的零件，多用铸铁制造，如汽缸体、汽缸套、后桥壳、飞轮、制动鼓等。

11. AB。铝是银白色的金属，密度小（$2.7\ g/cm^3$），熔点低于 660℃，具有良好的导电性和导热性。

12. CD。纯铝中加入 Si，Cu，Mg，Mn 等合金元素后，可得到强度较高、耐腐蚀性较好的铝合金。铝合金分为变形铝合金（或称压力加工铝合金）和铸造铝合金两类。

13. ABD。铜合金有黄铜、青铜和白铜三种。

14. ABCD。纯铜的导电性、导热性、耐腐蚀性、塑性好，主要用于制造导电器材或配制各种铜合金。

15. ABD。目前常见的汽油牌号按马达法有 90，93 和 97 三个牌号；按研究法汽油有 90，93 和 95 三个牌号。

16. ABCD。汽油的使用性能包括汽油的蒸发性、抗爆性、安定性、防腐性和清洁性等。

17. ACD。国产轻柴油按凝点分为六种牌号，即 10 号、0 号、-10 号、-20 号、-35 号和-50 号。

18. ABC。轻柴油的使用性能包括柴油的发火性、蒸发性、低温流动性、黏度、安定性、防腐性和清洁性等。

19. BC。目前润滑油的分类大多采用黏度分类法和性能分类法两种。

20. BD。机油牌号中，在数字后面带字母"W"的表示低温系列，数字代表黏度等级，W 表示冬季用机油。

21. ABCD。润滑脂的使用性能主要有稠度、低温性能、高温性能和抗水性等。

22. ABCD。选择润滑脂时应根据车辆和机械设备说明书的规定，选用与用脂部位操作条件相适应的润滑脂品种和稠度牌号。在没有说明书的情况下，通常根据工作温度、转速、负荷和工作环境选择润滑脂。

23. BC。制动液使用的注意事项是：各种制动液不能混用；按车辆使用说明书的要求定期更换制动液，更换期一般为车辆行驶 20 000~40 000 km 或 1 年；更换制动液时必须将制动系统清洗干净；制动液属易燃品，应注意防火，存放时避免阳光直射。

24. BCD。根据气温、湿度和道路条件选用制动液。

25. ABD。充气轮胎按胎内气压大小可分为高压胎（0.5~0.7 MPa）、低压胎（0.15~0.45 MPa）和超低压胎（0.15 MPa 以下）。

26. CD。有内胎充气轮胎由于外胎帘布层结构不同，可分为普通斜交轮胎和子午线轮胎。

27. ABC。有内胎充气轮胎由外胎、内胎和垫带组成。

28. ABD。子午线轮胎与普通斜交轮胎相比具有更多的优越性：弹性大、耐磨性好、滚动阻力小、附着性能强、缓冲性能好、承载能力大、不易穿刺。其缺点是外胎面刚度高，不容易吸收路面因凹凸及接缝而产生的冲击（主要是低速时）。

29. AB。轴承按照工作时的摩擦性质不同分为滑动轴承和滚动轴承两类。

30. ABCD。滚动轴承一般由外圈、内圈、滚动体、隔离圈（保持架）等零件组成。

31. ABCD。按螺纹牙型不同，常用的螺纹可分为三角形螺纹、矩形螺纹、梯形螺纹和锯齿形螺纹。

32. AB。按螺纹的旋向不同，顺时针旋转时旋入的螺纹称为右旋螺纹；逆时针旋转时旋入的螺纹称为左旋螺纹。

第三章 机械识图

考核要点

基础知识考核范围	考核要点	重要程度
图样知识	《机械制图》国家标准的基础知识	掌握
	三视图及其投影规律	掌握
	零件的表达方法	熟悉
公差与配合的基础知识	公差与配合的基本概念	熟悉
	形状公差和位置公差的概念	熟悉
	表面粗糙度的概念	掌握

重点复习提示

一、图样知识

图样是指准确地表达物体的形状、大小及其技术要求的图。图样是技术文件，它表达设计者的意图，是生产的依据。常用的图样有立体图和视图两种。

1. 立体图

立体图富有立体感，给人一种直观的感觉，但不能反映物体的真实形状，不能用于生产上。

2. 视图

视图是"正对着"物体的几个方面去看，而分别按正投影方法绘制的图形。一般分为三个视图：主视图是从前向后观察物体所得到的图形；俯视图是从上向下观察物体所得到的图形；左视图是从左向右观察物体所得到的图形。

二、《机械制图》国家标准的基础知识

1. 图线

物体的形状在图样上是用各种不同的图线画成的。为了使图样清晰和便于读图，绘制图

样时应按国家标准的规定选取图线。

2. 图纸幅面、格式及比例

图纸幅面应采用国家标准规定的图纸幅面尺寸。

3. 标题栏

在图框的右下角应画出标题栏。

4. 字体

为了提高图样和技术文件上字体的清晰、美观程度，国家标准规定汉字应写成长仿宋体。

5. 尺寸标注

图样中，图形只能表达物体的形状，不能确定它的真实大小，因此在图样上必须标注尺寸。国家标准中有关尺寸标注方法的规定如下：

（1）机件的真实大小应以图样上所标注的尺寸数值为依据，与图形的大小及绘制的准确度无关。

（2）图样中的尺寸以毫米为单位时，不需标注计量单位的代号或名称，如采用其他单位，则必须标明相应计量单位的代号或名称。

（3）图样中所标注的尺寸为该图样所示机件的最后完工尺寸，否则应另加说明。

（4）机件的每一尺寸一般只标注一次，并应标注在反映该结构最清晰的图形上。

三、三视图及其投影规律

1. 正投影法

投影线与投影面垂直时得到的投影简称正投影。由于正投影法能真实地表达物体的大小和形状，画图也比较方便，所以广泛应用于机械制图。习惯上将正投影简称为视图。

2. 三视图的形成

将物体放在三投影面体系中，用正投影方法，分别得到三个投影，即物体的三视图。V面上的投影称为主视图；H面上的投影称为俯视图；W面上的投影称为左视图。

3. 投影规律

主视图反映了物体的长度、高度，以及物体正面的形状；左视图反映了物体的高度、宽度，以及物体侧面的形状；俯视图反映了物体的宽度、长度和俯视形状。由此可得出三视图的投影规律：主、俯视图长对正；主、左视图高平齐；俯、左视图宽相等。简称"长对正、高平齐、宽相等"。

四、零件的表达方法

1. 零件视图

零件视图为零件向投影面投影所得到的图形。它一般只画零件的可见部分,必要时才画出其不可见部分。零件视图有基本视图、局部视图、斜视图和旋转视图四种。

(1) 基本视图

零件向基本投影面投影所得到的图形称为基本视图。

国家标准规定,采用正六面体的六个面为基本投影面。将零件放在正六面体中,由前、后、左、右、上和下六个方向分别向六个基本投影面投影。

六个基本视图的名称为主视图、俯视图、左视图、右视图、仰视图和后视图。

六个基本视图中,最常用的是主、俯、左三个视图,视图的选用应根据零件的形状特征而定。

(2) 局部视图

零件的某一部分向基本投影面投影而得到的视图称为局部视图。局部视图是不完整的基本视图。利用局部视图可以减少基本视图的数量,补充基本视图尚未表达清楚的部分。

(3) 斜视图

将零件向不平行于任何基本投影面的平面投影所得到的视图称为斜视图。

(4) 旋转视图

假想将零件的倾斜部分旋转到与某一选定的基本投影面平行后再向该投影面投影所得到的视图称为旋转视图。

2. 剖视图

用零件视图表达零件时,零件内部的结构及形状都用虚线表示。如果视图中虚线过多,就会使图形不够清晰,而且标注尺寸也不方便。为此,表达零件内部结构时常采用剖视图的方法,简称剖视。

假想用剖切面剖开零件,将处在观察者和剖切面之间的部分移去,而将其余部分向投影面投影所得到的图形称为剖视图。剖视图按剖切范围的大小可分为全剖视图、半剖视图和局部剖视图。

3. 剖面图

(1) 剖面图的概念

假想用剖切面将零件的某处切断,仅画出断面的图形称为剖面图。

剖面图与剖视图的区别在于:剖面图仅画出切断面的图形;剖视图除了画出切断处断面的图形外,还要画出剖面后其余部分的投影。

(2) 剖面图的种类

剖面图的种类有移出剖面和重合剖面两种图形形式。

五、公差与配合的基本概念

允许尺寸的变动量称为尺寸公差（简称公差）。公差是反映零件制造精确程度的技术指标。配合是指零件装配在一起后松紧程度的技术指标。

1. 有关孔与轴的定义

(1) 孔

孔主要是指圆柱形的内表面，也包括其他内表面中由单一尺寸确定的部分。

(2) 轴

轴主要是指圆柱形的外表面，也包括其他外表面中由单一尺寸确定的部分。

从装配关系看，孔是包容面，轴是被包容面。

2. 尺寸的概念

(1) 尺寸

用特定单位表示长度值的数字称为尺寸，尺寸表示长度的大小，如直径、半径、长、宽、高、中心距等。

(2) 基本尺寸（D，d）

设计给定的尺寸称为基本尺寸。

(3) 实际尺寸（D_a，d_a）

通过测量所得到的尺寸称为实际尺寸。由于存在测量误差，所以实际尺寸并非尺寸的真值。

(4) 极限尺寸

允许零件尺寸变化的两个界限值称为极限尺寸，它以基本尺寸为基数来确定。两个界限值中较大的一个称为最大极限尺寸（D_{max}，d_{max}），较小的一个称为最小极限尺寸（D_{min}，d_{min}）。

3. 公差与偏差的概念

(1) 尺寸偏差

尺寸偏差是指某一尺寸减去其基本尺寸所得到的代数差。

(2) 实际偏差

实际偏差是指实际尺寸减去其基本尺寸所得到的代数差。

(3) 极限偏差

极限偏差是指极限尺寸减去其基本尺寸所得到的代数差。极限偏差包括上偏差和下偏差。

上偏差是指最大极限尺寸减去其基本尺寸所得到的代数差。孔的上偏差代号为 ES，轴为 es。

下偏差是指最小极限尺寸减去其基本尺寸所得到的代数差。孔的下偏差代号为 EI，轴为 ei。上、下偏差统称为极限偏差。

偏差可以为正值、负值或零，分别表示大于、小于或等于基本尺寸。所以偏差前面要标明"+"或"－"号，偏差为零也要写上。

(4) 尺寸公差

允许尺寸的变动量称为尺寸公差，用 T 表示。其值等于最大极限尺寸与最小极限尺寸代数差的绝对值，也等于上偏差与下偏差代数差的绝对值。由此可见，公差是指允许尺寸的变动范围，偏差是指相对于基本尺寸的偏离量。从数值上看，公差是一个没有正、负号的数值，而且不能为零；偏差是一个有正、负号或可能为零的代数差。

4. 尺寸公差带

(1) 零线

在公差带图中，确定偏差的一条基准直线称为零线，即零偏差线。通常零线表示基本尺寸。正偏差位于零线上方，负偏差位于零线下方。

(2) 尺寸公差带（简称公差带）

在公差带图中，由代表上、下偏差的两条直线所限定的一个区域称为尺寸公差带。

(3) 标准公差

标准公差是指国家标准规定的、用以确定公差带大小的任一公差值。它由基本尺寸的分段和公差等级的高低两个因素决定。

国家标准规定，在每一个基本尺寸段内，有 IT01，IT0，IT1，…，IT18 共 20 个公差等级的标准公差。IT 表示标准公差，后面的数字表示标准公差的等级。例如，IT01 是最高级，即尺寸精度最高，公差值最小；IT18 是最低级，公差值最大。

(4) 基本偏差

基本偏差是指确定公差带相对于零线位置的上偏差或下偏差，一般指靠近零线的那个偏差。当公差带位于零线上方时，其基本偏差为下偏差；当公差带位于零线下方时，其基本偏差为上偏差。轴、孔各有 28 个基本偏差。大写英文字母代表孔，小写英文字母代表轴。

5. 配合

基本尺寸相同的、相互结合的孔和轴的公差带之间的关系称为配合。根据松紧程度不同，配合可分为以下三类：

(1) 间隙配合

间隙配合时，孔的公差带在轴的公差带之上。

(2) 过盈配合

过盈配合时,孔的公差带在轴的公差带之下。

(3) 过渡配合

过渡配合时,孔的公差带与轴的公差带相互交叠。

6. 配合的基准制

孔与轴的配合性质是通过改变与它们相配合的轴或孔的基本偏差而获得的。如果使其中一个件(孔或轴)的基本偏差一定,而改变另一个件(轴或孔)的基本偏差,就可得到不同的配合性质。在国家标准中规定了以下两种配合制度:

(1) 基孔制

基孔制是指基本偏差为一定的孔的公差带,与不同基本偏差的轴的公差带形成各种配合的一种制度。基孔制的孔称为基准孔,其基本偏差代号为 H,下偏差一律规定为零,上偏差均为正值。

(2) 基轴制

基轴制是指基本偏差为一定的轴的公差带,与不同基本偏差的孔的公差带形成各种配合的一种制度。基轴制的轴称为基准轴,其基本偏差代号为 h,上偏差一律规定为零,下偏差均为负值。

六、形状公差和位置公差的概念

零件表面的形状公差和位置公差简称形位公差。它是指零件的实际形状和实际位置相对于零件的理想形状和理想位置的允许变动量。

1. 形位公差的名称及符号

形位公差分为两大类:一类是形状公差,有六个项目;另一类是位置公差,有八个项目,其名称和符号参见《教程》形位公差项目符号表。

2. 形位公差的标注方法

(1) 形位公差代号

形位公差代号由形位公差框格和指引线、形位公差项目符号、形位公差和有关符号、基准代号字母和有关符号组成。

(2) 基准符号和基准代号

基准符号采用粗短横线表示,基准代号由粗短横线(基准符号)、连线和带大写字母的圆圈组成。无论基准代号的方向如何,其字母必须水平填写。

七、表面粗糙度的概念

1. 表面粗糙度的概念

国家标准规定,表面粗糙度就是指加工表面上具有的较小间距和峰谷所组成的微观几何形状特性,即表面微观的不平度。一般由所采用的加工方法或其他因素而形成。它与表面宏观形状误差以及表面波纹误差有所区别。它们从量上可以按相邻两波的峰间(或谷间)距离大小加以区别。波距一般在 1 mm 以下者属于表面粗糙度(微观形状误差);波距在 1~10 mm 之间者属于表面波纹度(或称中间形状误差);波距在 10 mm 以上者属于形状误差(宏观形状误差)。

2. 表面粗糙度的选用

表面粗糙度参数值的选择既要满足零件表面的功能要求,也要考虑零件制造的经济性。一般选择原则如下:

(1) 在满足零件表面功能要求的情况下,尽量选用较大的表面粗糙度值。

(2) 同一零件上,工作面表面粗糙度值小于非工作面表面粗糙度值。

(3) 摩擦表面比非摩擦表面和滑动表面的表面粗糙度值要小;滚动摩擦表面比滑动摩擦表面的表面粗糙度值要小;运动速度高、单位压力大的摩擦表面应比运动速度低、单位压力小的摩擦表面的表面粗糙度值要小。

(4) 受循环载荷的表面和容易引起应力集中的部分(如尖角、沟槽等)应取较小的表面粗糙度值。

(5) 配合性质要求高的结合表面,配合间隙小的配合表面以及要求连接可靠和受重载荷的过盈配合表面等,都应取较小的表面粗糙度值。

(6) 对有防腐或密封要求的零件的表面粗糙度值要小。

辅导练习题

一、判断题 (下列判断正确的请在括号内打"√",错误的打"×")

1. 断裂处的边界线可用波浪线。 ( )
2. 轮廓线必须用粗实线表示。 ( )
3. 图样中的尺寸均不需标注计量单位。 ( )
4. 工件的真实大小应以图样上所标注的尺寸数值为依据,与图形的大小及绘制的准确度无关。 ( )
5. 三视图中主视图反映了物体的长度和宽度。 ( )

6. 三视图的投影规律是：主、俯视图长对正；主、左视图高平齐；俯、左视图宽相等。
（   ）
7. 剖面图又称剖视图。（   ）
8. 局部视图是不完整的基本视图。（   ）
9. 偏差是一个代数量。（   ）
10. 基本偏差一般指远离零线的那个偏差。（   ）
11. 国家标准规定了基孔制和基轴制两种配合基准制。（   ）
12. 基本尺寸相同的一批孔和轴共有两种配合形式，即间隙配合和过盈配合。（   ）
13. 位置公差是对关联要素提出的。（   ）
14. 零件表面的形状偏差和位置偏差统称为形位公差。（   ）
15. 零件表面加工得越光滑越好。（   ）
16. 表面粗糙度属于宏观形状误差。（   ）

二、单项选择题（下列每题有4个选项，其中只有1个是正确的，请将其代号填在横线空白处）

1. 下列线型中用做可见轮廓线的是_____。
   A. 细实线　　　　　　　　　B. 粗实线
   C. 细双点画线　　　　　　　D. 虚线

2. 图样上用_____线型表示轴线或对称中心线。
   A. 细实线　　　　　　　　　B. 粗实线
   C. 细点画线　　　　　　　　D. 虚线

3. 尺寸线和尺寸界线所用的线型是_____。
   A. 细实线　　　　　　　　　B. 粗实线
   C. 细点画线　　　　　　　　D. 虚线

4. A4图纸幅面的宽度和长度是_____。
   A. 594 mm×841 mm　　　　　B. 420 mm×594 mm
   C. 297 mm×420 mm　　　　　D. 210 mm×297 mm

5. 标题栏应画在图框的_____。
   A. 左上角　　　　　　　　　B. 左下角
   C. 右上角　　　　　　　　　D. 右下角

6. 图样中的尺寸以_____为单位。
   A. 毫米　　　　　　　　　　B. 分米
   C. 厘米　　　　　　　　　　D. 英寸

7. 国家标准规定图样上的文字应采用_____。
   A. 黑体 B. 楷体
   C. 长仿宋体 D. 短仿宋体

8. 图样中所标注的尺寸是_____。
   A. 工件的实际尺寸 B. 工件的缩小尺寸
   C. 工件的放大尺寸 D. 图样尺寸

9. 正投影是投影线与投影面_____时得到的投影。
   A. 平行 B. 垂直
   C. 倾斜 30° D. 倾斜 45°

10. 通常所说的三视图不包括_____。
    A. 主视图 B. 俯视图
    C. 右视图 D. 左视图

11. _____反映了物体的高度和宽度。
    A. 主视图 B. 俯视图
    C. 左视图 D. 组合视图

12. 三视图投影规律"长对正、高平齐、宽相等"中的"宽相等"指的是_____。
    A. 主视图与俯视图 B. 主视图与左视图
    C. 俯视图与左视图 D. 左视图与右视图

13. 零件视图包括基本视图、局部视图、旋转视图和_____四种。
    A. 斜视图 B. 剖视图
    C. 主视图 D. 剖面图

14. 假想用剖切面将零件的某处切断,仅画出其断面的图形称为_____。
    A. 剖视图 B. 剖面图
    C. 局部剖视图 D. 半剖视图

15. 如果视图中的虚线过多且尺寸标注也不方便,在这种情况下常采用_____来表达零件。
    A. 剖视图 B. 剖面图
    C. 旋转视图 D. 局部视图

16. 将零件向不平行于任何基本投影面的平面投影所得到的视图称为_____。
    A. 旋转视图 B. 局部视图
    C. 斜视图 D. 剖视图

17. _____是允许尺寸的变动量。

A. 尺寸公差 B. 形状公差
C. 位置公差 D. 偏差

18. 相配合的孔和轴具有相同的_____。
    A. 尺寸公差 B. 形状公差
    C. 位置公差 D. 基本尺寸

19. 通过测量所得到的尺寸称为_____。
    A. 最大极限尺寸 B. 最小极限尺寸
    C. 基本尺寸 D. 实际尺寸

20. 国家标准规定共有_____个标准公差等级。
    A. 15 B. 20
    C. 28 D. 30

21. 对于基本尺寸相同的一批孔和轴,当孔的公差带与轴的公差带相互交叠时,其配合形式为_____。
    A. 间隙配合 B. 过盈配合
    C. 过渡配合 D. 无法配合

22. 基本尺寸相同的孔和轴共有_____种配合形式。
    A. 2 B. 3
    C. 4 D. 5

23. 国家标准规定了_____种配合基准制。
    A. 2 B. 3
    C. 4 D. 5

24. 当采用基轴制时,其基本偏差是_____。
    A. 上偏差 B. 下偏差
    C. 零偏差 D. 不能确定

25. 工件表面的_____简称形位公差。
    A. 形状公差和尺寸公差 B. 位置公差和尺寸公差
    C. 形状公差和位置公差 D. 形状偏差和位置偏差

26. 形状公差是指零件的实际形状相对于零件的_____的允许变动量。
    A. 理想位置 B. 理想形状
    C. 极限形状 D. 极限位置

27. 位置公差是指零件的实际位置相对于零件的_____的允许变动量。
    A. 理想位置 B. 理想形状

C. 极限形状　　　　　　　　D. 极限位置

28. 形状公差是对_____提出的。
   A. 理想要素　　　　　　　　B. 中心要素
   C. 单一要素　　　　　　　　D. 关联要素

29. 表面粗糙度属于_____。
   A. 宏观形状误差　　　　　　B. 微观形状误差
   C. 中间形状误差　　　　　　D. 位置误差

30. 在形状误差曲线上，当相邻两波峰（或波谷）间的距离为_____mm时表示表面粗糙度。
   A. <1　　　　　　　　　　　B. 1～10
   C. 10～20　　　　　　　　　D. >20

31. 表面粗糙度是一种_____。
   A. 尺寸误差　　　　　　　　B. 形状误差
   C. 位置误差　　　　　　　　D. 形状公差

32. 表面粗糙度一般是因_____而形成的。
   A. 使用　　　　　　　　　　B. 加工
   C. 测量　　　　　　　　　　D. 标注

三、多项选择题（下列每题的多个选项中，至少有2个是正确的，请将正确答案的代号填在横线空白处）

1. 在机械制图中波浪线一般用于表示_____。
   A. 断裂处的边界线　　　　　B. 视图和剖视图的分界线
   C. 对称中心线　　　　　　　D. 轮廓线

2. 图样中常用的图形有_____。
   A. 剖视图　　　　　　　　　B. 主视图
   C. 立体图　　　　　　　　　D. 视图

3. 下列表述正确的是_____。
   A. 当图样不装订时不需画出边框　　B. 无论图样是否装订，均需画出边框
   C. 标题栏应在图框的右下角　　　　D. 标题栏应在图框的左下角

4. 关于尺寸标注说法正确的是_____。
   A. 图样中的尺寸无论采用何种计量单位都需标出单位代号
   B. 不是所有的图样都需标注尺寸
   C. 在图样中必须标注尺寸

D. 图样中的尺寸以毫米为单位时不用注出单位代号

5. 通常所说的三视图指的是_____。
   A. 主视图　　　　　　　　　　B. 俯视图
   C. 右视图　　　　　　　　　　D. 左视图

6. 六个基本视图指的是_____。
   A. 主视图和俯视图　　　　　　B. 左视图和右视图
   C. 前视图和后视图　　　　　　D. 仰视图和后视图

7. 零件视图包括_____。
   A. 基本视图　　　　　　　　　B. 局部视图
   C. 斜视图　　　　　　　　　　D. 旋转视图

8. 剖视图按剖切范围的大小可分为_____。
   A. 剖面图　　　　　　　　　　B. 全剖视图
   C. 半剖视图　　　　　　　　　D. 局部剖视图

9. 极限偏差指的是_____。
   A. 尺寸偏差　　　　　　　　　B. 实际偏差
   C. 上偏差　　　　　　　　　　D. 下偏差

10. 下列关于公差表述正确的是_____。
    A. 允许尺寸的变动量　　　　　B. 相对基本尺寸的偏离量
    C. 可为零　　　　　　　　　　D. 不可为零

11. 国家标准规定配合的基准制有_____。
    A. 间隙配合　　　　　　　　　B. 过盈配合
    C. 基孔制　　　　　　　　　　D. 基轴制

12. 根据松紧程度不同，配合可分为_____。
    A. 间隙配合　　　　　　　　　B. 过盈配合
    C. 过渡配合　　　　　　　　　D. 轴、孔配合

13. 下列项目中属于形状公差的是_____。
    A. 直线度　　　　　　　　　　B. 平面度
    C. 圆跳动　　　　　　　　　　D. 圆度

14. 形位公差代号由_____组成。
    A. 公差框格和指引线　　　　　B. 形位公差项目符号
    C. 形位公差和有关符号　　　　D. 基准代号字母

15. 零件表面因加工痕迹而常见的三种形状误差是_____。

A. 宏观形状误差 B. 中间形状误差
C. 过渡形状误差 D. 微观形状误差

16. 对表面粗糙度选用正确的是_____。

A. 表面粗糙度越小越好

B. 同一零件上，工作面表面粗糙度值要小于非工作面表面粗糙度值

C. 有密封要求的零件的表面粗糙度值要小

D. 受循环载荷作用的零件的表面粗糙度值要小

参考答案及说明

一、判断题

1. √。

2. ×。视图中用粗实线作可见轮廓线，细双点画线作可动零件的极限位置的轮廓线，虚线作不可见轮廓线。

3. ×。图样中的尺寸以毫米为单位时，不需标注计量单位的代号或名称，如采用其他单位，则必须标明相应计量单位的代号或名称。

4. √。

5. ×。主视图反映了物体的长度、高度，以及物体正面的形状。

6. √。

7. ×。假想用剖切面剖开零件，将处在观察者和剖切面之间的部分移去，而将其余部分向投影面投影所得到的图形称为剖视图。假想用剖切面将零件的某处切断，仅画出断面的图形称为剖面图。剖面图与剖视图的区别在于：剖面图仅画出切断面的图形；剖视图除了画出切断处断面的图形外，还要画出剖面后其余部分的投影。

8. √。

9. √。

10. ×。基本偏差是指确定公差带相对于零线位置的上偏差或下偏差，一般指靠近零线的那个偏差。

11. √。

12. ×。基本尺寸相同的、相互结合的孔和轴的公差带之间的关系称为配合。根据松紧程度不同，配合可分为三类，即间隙配合、过盈配合和过渡配合。

13. √。

14. ×。零件表面的形状公差和位置公差简称形位公差。它是指零件的实际形状和实际

位置相对于零件的理想形状和理想位置的允许变动量。

15. ×。在满足零件表面功能要求的情况下，尽量选用较大的表面粗糙度值。

16. ×。表面粗糙度就是指加工表面上具有的较小间距和峰谷所组成的微观几何形状特性，即表面微观的不平度。

二、单项选择题

1. B。视图中用粗实线作可见轮廓线，细双点画线作可动零件的极限位置的轮廓线，虚线作不可见轮廓线。

2. C。图样中用细点画线表示轴线或对称中心线。

3. A。尺寸线、尺寸界线、剖面线和指引线用细实线。

4. D。A4 图纸的 $B×L=210\ mm×297\ mm$。

5. D。在图框的右下角应画出标题栏。

6. A。图样中的尺寸单位用毫米表示。

7. C。为了提高图样和技术文件上字体的清晰、美观程度，国家标准规定汉字应写成长仿宋体。

8. A。机件的真实大小应以图样上所标注的尺寸数值为依据，与图形的大小及绘制的准确度无关。

9. B。投影线与投影面垂直时得到的投影简称正投影。

10. C。将物体放在三投影面体系中，用正投影方法，分别得到三个投影，即物体的三视图。V 面上的投影称为主视图；H 面上的投影称为俯视图；W 面上的投影称为左视图。

11. C。主视图反映了物体的长度、高度，以及物体正面的形状；左视图反映了物体的高度、宽度，以及物体侧面的形状；俯视图反映了物体的宽度、长度和俯视形状。

12. C。三视图的投影规律：主、俯视图长对正；主、左视图高平齐；俯、左视图宽相等。简称"长对正、高平齐、宽相等"。

13. A。零件视图有基本视图、局部视图、斜视图和旋转视图四种。

14. B。假想用剖切面将零件的某处切断，仅画出断面的图形称为剖面图。

15. A。用零件视图表达零件时，零件内部的结构及形状都用虚线表示。如果视图中虚线过多，就会使图形不够清晰，而且标注尺寸也不方便。为此，表达零件内部结构时常采用剖视图的方法，简称剖视。

16. C。将零件向不平行于任何基本投影面的平面投影所得到的视图称为斜视图。

17. A。对零件的尺寸规定一个恰当的允许尺寸的变动量，即尺寸公差（简称公差）。

18. D。基本尺寸相同的、相互结合的孔和轴的公差带之间的关系称为配合。

19. D。通过测量所得到的尺寸称为实际尺寸。由于存在测量误差，所以实际尺寸并非尺寸的真值。

20. B。国家标准规定，在每一个基本尺寸段内，有IT01，IT0，IT1，…，IT18共20个公差等级的标准公差。

21. C。过渡配合时，孔的公差带与轴的公差带相互交叠。

22. B。根据松紧程度不同，配合可分为三类，即间隙配合、过盈配合和过渡配合。

23. A。在国家标准中规定了基轴制和基孔制两种配合制度。

24. A。基轴制是指基本偏差为一定的轴的公差带，与不同基本偏差的孔的公差带形成各种配合的一种制度。基轴制的轴称为基准轴，其基本偏差代号为h，上偏差一律规定为零，下偏差均为负值。

25. C。零件表面的形状公差和位置公差简称形位公差。

26. B。形状公差是指零件的实际形状相对于零件的理想形状的允许变动量。

27. A。位置公差是指零件的实际位置相对于零件的理想位置的允许变动量。

28. C。形状公差是对单一要素提出的。

29. B。表面粗糙度就是指加工表面上具有的较小间距和峰谷所组成的微观几何形状特性，即表面微观的不平度。

30. A。按轮廓曲线上相邻两波的峰间（或谷间）距离大小加以区别。波距一般在1 mm以下者属于表面粗糙度（微观形状误差）。

31. B。表面粗糙度就是指加工表面上具有的较小间距和峰谷所组成的微观几何形状特性，即表面微观的不平度。

32. B。表面粗糙度是零件加工过程中生成的加工痕迹，一般由所采用的加工方法或其他因素而形成。

三、多项选择题

1. AB。断裂处的边界线、视图和剖视图的分界线用波浪线表示。

2. CD。图样是指准确地表达物体的形状、大小及其技术要求的图。图样是技术文件，它表达设计者的意图，是生产的依据。常用的图样有立体图和视图两种。

3. BC。无论图样是否装订，均需画出边框。在图框的右下角应画出标题栏。

4. CD。图样中，图形只能表达物体的形状，不能确定它的真实大小，因此在图样上必须标注尺寸。图样中的尺寸以毫米为单位时，不需标注计量单位的代号或名称，如采用其他单位，则必须标明相应计量单位的代号或名称。

5. ABD。六个基本视图中，最常用的是主、俯、左三个视图。

6. ABD。六个基本视图的名称为主视图、俯视图、左视图、右视图、仰视图和后视图。

7. ABCD。零件视图有基本视图、局部视图、斜视图和旋转视图四种。

8. BCD。剖视图按剖切范围的大小可分为全剖视图、半剖视图和局部剖视图。

9. CD。极限偏差包括上偏差和下偏差。

10. AD。公差是指允许尺寸的变动范围,偏差是指相对于基本尺寸的偏离量。从数值上看,公差是一个没有正、负号的数值,而且不能为零;偏差是一个有正、负号或可能为零的代数差。

11. CD。在国家标准中规定了基轴制和基孔制两种配合制度。

12. ABC。根据松紧程度不同,配合可分为间隙配合、过盈配合和过渡配合。

13. ABD。形状公差包括直线度、平面度、圆度、圆柱度、线轮廓度和面轮廓度,其他属于位置公差。

14. ABCD。形位公差代号由形位公差框格和指引线、形位公差项目符号、形位公差和有关符号、基准代号字母和有关符号组成。

15. ABD。一般由所采用的加工方法或其他因素而形成。它与表面宏观形状误差以及表面波纹误差有所区别。它们从量上可以按相邻两波的峰间(或谷间)距离大小加以区别。波距一般在 1 mm 以下者属于表面粗糙度(微观形状误差);波距在 1~10 mm 之间者属于表面波纹度(或称中间形状误差);波距在 10 mm 以上者属于形状误差(宏观形状误差)。

16. BCD。在满足零件表面功能要求的情况下,尽量选用较大的表面粗糙度值;同一零件上,工作面表面粗糙度值小于非工作面表面粗糙度值;对有防腐或密封要求的零件的表面粗糙度值要小;受循环载荷的表面和容易引起应力集中的部分(如尖角、沟槽等)应取较小的表面粗糙度值。

第四章 电工与电子基本常识

考 核 要 点

基础知识考核范围	考核要点	重要程度
电的基本概念	电流	掌握
	电压	掌握
	电阻	掌握
电路	串联电路	掌握
	并联电路	掌握
欧姆定律	欧姆定律	掌握
电功及电功率	电功及电功率	熟悉
电容器和电容	电容	掌握
	电容器	掌握
	电容器的种类与选用	熟悉
磁与电磁	磁场的概念	掌握
	磁场的基本物理量	掌握
	磁路和磁路定律	熟悉
	磁场对电流的作用	熟悉
	电磁感应的基本概念	掌握
正弦交流电的基本概念	正弦交流电	掌握
	正弦交流电的三要素	掌握
基尔霍夫定律	基尔霍夫定律	掌握
晶体管	半导体	掌握
	晶体二极管	掌握
	晶体三极管	掌握
电子电路基础	放大电路	熟悉
	逻辑电路的基本原理	熟悉
电工与电子测量	测量的概念	掌握
	直流电压、电流的测量	了解
	交流电压、电流的测量	了解

重点复习提示

一、电的概念

自然界中只存在正、负两种电荷,物体带电的原因就是得到或失去了电子,得到电子的物体带负电,失去电子的物体带正电。物体所带电荷的多少叫做电量。

大量事实说明,电荷间存在着相互作用的力,同种电荷互相排斥,异种电荷互相吸引。

二、电流

1. 电流的形成

有的物质,如金属中的金、银、铜、铁、铝等以及非金属中的石墨、硅等,它们的原子核对外层电子的吸引力小,大量电子很容易脱离原子核的束缚成为能够自由移动的自由电子,当给予这类物质一定的外加条件时(如接上电源),就能迫使自由电子发生定向移动,这些电荷有规则的定向移动形成电流。把这类具有良好导电性能的物质叫做导体。

另一些物质,如塑料、陶瓷、石蜡、玻璃、纯净水等,它们的原子核对核外电子的吸引力大,电子不容易脱离原子核的束缚而移动,因此在物体内不能形成电荷的有规则的移动,这类物质没有导电性能或导电性能很弱,叫做绝缘体。

2. 电流的强度

电流的大小取决于在一定的时间内通过导体横截面的电量的多少。在相同的时间内通过导体横截面的电量越大,在导体内形成的电流就越强,反之越弱。

电流的强弱用电流来表示。通常规定:单位时间内通过导体横截面的电量称为电流。

电流的方向规定为:正电荷的运动方向为电流的方向,同负电荷运动的方向相反。

三、电压

导体中的电流是由大量的自由电荷定向移动形成的,而只有在导体两端接上电源,在导体内部形成电场,大量电荷在电场力的作用下定向移动才能形成电流。因此导体中形成电流的条件是:导体两端接有电源,也就是说在导体两端保持有电压。

四、电阻和电阻器

1. 电阻

当电流通过金属导体时,做定向移动的自由电荷会与金属中的带电粒子发生碰撞,而这种碰撞阻碍了自由电子的定向移动，因而也就阻碍了电流的形成，这种导体对电流的阻碍作用叫做电阻。导体电阻的大小反映了导电能力的强弱。导体的电阻是客观存在的，它的大小只取决于导体的长度、横截面积和材料，而与导体两端的电压和流过的电流无关。

2. 电阻器

（1）电阻器及其符号

电阻器是电路中应用最广泛的元件，其质量的好坏对电路的工作稳定性有极大的影响，电阻器的主要作用是稳定和调节电路中的电流和电压。电阻器分为可变电阻器和固定电阻器两大类，可变电阻器绝大多数用来调节电压的大小，因此又叫做电位器。

（2）电阻器的主要参数

电阻器的主要参数有标称值、允许误差和额定功率。

（3）电阻器的检测

电阻器的主要故障是：过电流烧毁、变值、断裂和引脚脱焊。

电阻器的检测方法有外观检查和阻值测量。

五、电路

电流经过的路径称为电路。最简单的电路由电源、负载（用电器）、控制和保护装置、连接导线组成。

电路通常有通路、断路（开路）和短路三种状态。

1. 通路

通路是指由电源、负载、导线等组成的闭合回路，电路中有电流流过。

2. 断路

断路又称开路，是指电路中某一处断开，电路中没有电流流过。

3. 短路

短路分为负载短路和电源短路两种。负载短路就是把负载两端直接用导线接通；电源短路就是把电源两端直接用导线接通。短路电流比通路电流大很多倍，因而一般不允许发生短路。

六、串联电路

把导体一个接一个地首尾依次连接起来，中间无分支的连接方式叫做串联电路。

串联电路具有以下特点：

1. 串联电路中流经每个电阻的电流都相等，即 $I=I_1=I_2=I_3=\cdots=I_n$。

2. 电阻串联后的等效电阻（总电阻）等于分电阻的总和，即 $R=R_1+R_2+R_3+\cdots+R_n$。

3. 总电阻两端的总电压等于各个电阻两端的电压之和，即 $U=U_1+U_2+U_3+\cdots+U_n$。

七、并联电路

将几个电阻的一端连在一起，另一端也连在一起的连接方式叫做电阻的并联。
并联电路具有以下特点：
1. 电路中各支路两端的电压相等，即 $U=U_1=U_2=U_3=\cdots=U_n$。
2. 电路中总电阻的倒数等于各支路电阻倒数之和，即 $1/R=1/R_1+1/R_2+1/R_3+\cdots+1/R_n$。
3. 电路中的总电流等于各支路的电流之和，即 $I=I_1+I_2+I_3+\cdots+I_n$。

八、欧姆定律

当电阻 R 两端加上电压 U 时，电阻中就有电流 I 流过。当加在电阻两端的电压发生变化时，流过电阻的电流也随着发生变化，而且这两种变化之间成正比，即电压与电流的比值是一个常数，而这个常数就是导体本身的电阻，即：

$$R=U/I$$

流过导体的电流与加在这段导体两端的电压成正比，与自身的电阻成反比，这一规律称为欧姆定律。

九、电功

电流流过导体时，电流要做功，简称电功。电流做功把电能转化成其他形式的能，即：
$$W=UIt$$
或
$$W=I^2Rt$$
或
$$W=U^2t/R$$

十、电功率

把单位时间内电流所做的功叫做电功率。电功率表示的是电流做功的快慢。电功率用 P 表示，则：

$$P=W/t=UI=U^2/R$$

十一、电流的热效应

电流流过导体时要产生热量，使导体的内能增加，温度升高，这就叫做电流的热效应。电流流过导体时产生的热量与电流的平方、导体的电阻和通电时间成正比，这个规律叫做焦耳定律。焦耳定律可用下式表示：

$$Q=I^2Rt$$

十二、电容器

所谓电容器，是被绝缘的物质隔开而又相互靠近的两个平板导体组合而成的电气元件，用以存储或容纳电荷。任何两个彼此绝缘而又相互靠近的导体都可以看成是电容器。两个导体叫做电容器的极板，用导线引出。彼此间的绝缘物质叫做电介质，常用的电介质有空气、蜡纸和云母等。

十三、电容器的电容

电容器的作用是存储和释放电荷（即电容器的充电和放电）。电容器存储电荷的能力叫做电容器的电容量，简称电容，用字母 C 表示，电容的单位为法拉（F）。

电容器最基本的特性就是能够存储电荷，当电容器极板上的电荷积聚时，两极间就建立了电场，产生电压。不同的电容器存储电荷的本领是不一样的，对给定的电容器，它存储电荷的电量 Q 与其建立的电场所产生的电压 U 的比值是一个常数，而这个常数的大小正好反映出存储电荷的本领，因此把这个常数定义为电容器的电容，即：

$$C=Q/U$$

十四、电容器的充电与放电

使电容器带电的过程叫做充电，充电时总是一个极板带正电，另一个极板带等量的负电。使电容器失去电荷的过程叫做电容器的放电。也就是说电容器充电的过程就是极板上的电荷不断积累的过程，放电时使原来积累的电荷向外释放。

电容器充电或放电的快慢取决于充、放电电路中的电阻与电容的乘积 RC，而充、放电时间的长短与电压的大小无关。

十五、电容器的种类与选用

电容器的种类很多，按介质的材料不同可分为纸质电容器、金属电容器、云母电容器、电解电容器和有机薄膜电容器等。按电容量是否可调又可分为固定电容器和可变电容器。选用电容器的主要依据是电路的工作环境、电容量和耐压值，一般电容器的电容量和耐压值都标在电容器的外壳上，选用时，除容量满足电路的要求外，实际所加的电压不能超过耐压值，否则电容器会被击穿。

十六、电容器的检测

1. 固定电容器的检测

(1) 检测 10 pF 以下的小电容器。

(2) 检测 10 pF～0.01 μF 的固定电容器。

(3) 检测 0.01 μF 以上的固定电容器。

2. 电解电容器的检测（略）

十七、磁场的概念

1. 磁性、磁体、磁极

人们把具有吸引铁、钴、镍等物质的性质称为磁性。具有磁性的物体叫做磁体（磁铁）。磁体两端磁性强的区域叫做磁体的磁极，磁极总是成对出现的，一个叫做北极（N极），另一个叫做南极（S极）。磁极间存在着相互作用的磁力，同名磁极相互排斥，异名磁极相互吸引。

2. 磁场与磁力线

磁体周围存在的传递磁极间相互作用的磁力的物质叫做磁场。规定：在磁体的外部，磁力线从磁体的N极出发进入S极为磁力线的方向，在磁体的内部磁力线从S极到N极，这样形成一系列闭合曲线，叫做磁力线。磁力线是人们假想的线，在实际磁场中并不存在。

3. 电流的磁场

电流产生的磁场的方向可用安培定则来判断，一般分为两种情况：一种是直线电流，用右手握住直导线，拇指的方向指向电流的方向，弯曲的四指的指向就是磁场方向；另一种是环形电流，用右手握住螺线管，弯曲的四指指向电流的方向，则拇指所指的方向便是螺线管内部的磁场方向，或者说是螺线管的N极。

4. 磁化与磁性材料

使原来没有磁性的物质具有磁性的过程叫做磁化。当把一个铁钉与条形磁铁接触后，就会发现铁钉也能吸引铁屑，即被磁化而具有了磁性。像铁、钴、镍等物质很容易被磁化，把这类物质叫做铁磁物质（也叫做强磁物质）；还有如空气、锡、铝等物质，很难被磁化，叫做顺磁物质；另一类如铜、银等物质，不能被磁化，叫做反磁物质。

磁性材料按其特性和应用不同，可分为软磁材料、硬磁材料和矩磁材料。

软磁材料容易被磁化，也容易去磁，如电工纯铁、硅钢片、铁镍合金等，常用来制作电动机、变压器、电磁铁等电器的铁心。

硬磁材料不容易被磁化，也不容易失磁，如碳钢、铝镍钛合金等，常用来制作永久磁铁、扬声器的磁钢等。

矩磁材料在很小的外磁作用下即能被磁化，一经磁化便达到饱和值，如镁锰铁氧体、锂锰铁氧体等，常用来制作电子计算机中存储器的磁芯等记忆元件。

十八、磁场的基本物理量

1. 磁感应强度

把一段长 L、电流为 I 的直导线垂直于磁场方向放入磁场，磁场对电流的作用力为 F，则导线所在处的磁感应强度 B 为：

$$B = F/IL$$

磁感应强度的方向就是该点的磁场方向，因此磁感应强度是个矢量。

2. 磁通量

通过与磁场方向垂直的某一面积上的磁力线总数叫做通过该面积的磁通，用字母 Φ 表示。

磁通 Φ 与磁感应强度 B 的关系为：

$$\Phi = BS$$

十九、磁路和磁路定律

1. 磁路

磁通（磁力线）通过的闭合路径称为磁路。

2. 磁导率

为了比较物质的导磁性能，把任一物质的磁导率 μ 与真空的磁导率 μ_0 的比值叫做相对磁导率，用字母 μ_r 表示，则：

$$\mu_r = \mu/\mu_0$$

相对磁导率只是一个比值，是无单位的物理量，它表示的是在条件相同的情况下，介质中的磁感应强度是真空中的 μ_r 倍。其中反磁物质的 $\mu_r < 1$，顺磁物质的 $\mu_r > 1$，铁磁物质的 $\mu_r \geqslant 1$。

3. 磁阻

磁路对磁通的通过具有阻碍作用，叫做磁阻。

磁阻的大小与磁力线的平均长度 L 成正比，与铁心材料的磁导率 μ 和铁心截面积 S 的乘积成反比。也就是说，如果铁心的几何尺寸一定，当磁导率越大时，磁阻则越小。

4. 磁路定律

设励磁线圈匝数为 N，线圈中的电流为 I，磁路的磁阻为 R_m，磁路中的磁通为 Φ，则：

$$\Phi = NI/R_m$$

磁路中的磁通与磁路的磁通势成正比，与磁路中的磁阻成反比，这个规律叫做磁路欧姆定律。

二十、磁场对电流的作用

1. 磁场对通电直导线的作用

把一段通电直导线垂直于磁场的方向放入磁场中，磁场对电流有作用力，这个力叫做安培力。安培力的方向可以用左手定则判断，即伸开左手，让拇指与其余四指垂直，并在一个平面内，让磁力线穿过手心，四指指向电流方向，则拇指的指向就是安培力的方向。如果导线方向与磁场方向平行，则磁场对导线没有作用力。

2. 磁场对通电线圈的作用

磁场对通电线圈的作用广泛地应用在电动机、仪表及各种车用继电器中。

二十一、电磁感应的基本概念

1. 电磁感应现象

无论是闭合电路的一部分在磁场中做切割磁力线运动，还是条形磁铁插入或拔出闭合回路的线圈，都是由于通过闭合回路的磁通量发生变化，在闭合回路上产生感生电流，把这种现象称为电磁感应现象，产生的电动势叫做感生电动势，产生的电流叫做感生电流。电磁感应的条件是穿越线圈的磁通量发生变化。

2. 法拉第电磁感应定律

如果磁铁插入或拔出得越快，即磁通随时间变化得越快，回路中感生电动势也越大，即回路中感生电动势的大小与穿过回路的磁通变化率（即变化的快慢）成正比，这个规律就叫做法拉第电磁感应定律。

3. 楞次定律

法国物理学家楞次经过大量实验，于1843年发现：感生电流的磁通总是阻碍原磁场磁通的变化，这个规律叫做楞次定律。当线圈中的原磁通要增加时，感生电流就要产生与它方向相反的磁通去阻碍它的增加；当线圈中的原磁通要减少时，感生电流就要产生与它方向相同的磁通去阻碍它的减少。

4. 自感

通常把由于流过线圈本身的电流发生变化而引起的电磁感应现象叫做自感现象，简称自感。

5. 互感

由于一个线圈的电流发生变化，使另一个线圈产生感生电动势的现象叫做互感现象，简称互感。变压器就是利用互感现象做成的。

二十二、正弦交流电

正弦交流电是指大小和方向都随时间做周期性变化的电动势（或电压、电流）。正弦交流电的电流、电压和电动势的瞬时值表达式为：

$$i=I_m\sin(\omega t+\varphi_i)$$
$$u=U_m\sin(\omega t+\varphi_u)$$
$$e=E_m\sin(\omega t+\varphi_e)$$

二十三、正弦交流电的三要素

从正弦交流电的瞬时值表达式可以看出，交流电的大小和方向取决于交流电的最大值（I_m，U_m，E_m），角频率 ω 和初相位（φ_i，φ_u，φ_e）这三个物理量，因此把这三个量称为交流电的三要素。

1. 最大值

最大值（I_m，U_m，E_m）是用来表示交流电瞬时值变化范围的物理量。正弦交流电在其变化过程中，对给定任意时刻 t 应有与其对应的电动势、电压和电流的数值，叫做瞬时值。最大值就是瞬时值中最大的数值，又叫做振幅或峰值。

2. 角频率

周期：交流电变化一周所用的时间叫做周期，用 T 来表示，单位是秒（s）。

频率：交流电每秒钟变化的次数称为频率，用 f 来表示，单位是赫兹（Hz）。

根据周期与频率的定义可知，其关系是：

$$f=1/T$$

角频率：是指交流电每秒钟变化的电角度。由于交流电每变化一周所经历的电角度为 2π rad，所以角频率与周期和频率之间的关系是：

$$\omega=2\pi f=2\pi/T$$

3. 初相位

在交流电的瞬时值表达式中，角度（$\omega t+\varphi_i$），（$\omega t+\varphi_u$），（$\omega t+\varphi_e$）分别叫做交流电流、电压和电动势的相位角，简称相位，它是决定正弦交流电在某一时刻所处状态的物理量。

初相位就是指正弦交流电在计时起点 $t=0$ 时的相位角度值。

二十四、交流电的有效值

交流电的有效值是根据其热效应来确定的。理论和实验都证明：交流电的有效值是最大值的 $1/\sqrt{2}$，即：

$$I=I_m/\sqrt{2}$$
$$U=U_m/\sqrt{2}$$
$$E=E_m/\sqrt{2}$$

交流电的有效值是最大值的 0.707 倍。通常所说的照明电压是 220 V，就是指交流电的电压有效值是 220 V。对于一些在交流电电路中使用的电气元件，需考虑其耐压水平和绝缘情况，使用时应当考虑交流电的最大值，以避免造成元件的击穿和绝缘损坏。

二十五、交流电路

由负载和交流电电源所组成的电路叫做交流电路。交流电路按交变电动势的个数分为单相交流电路和三相交流电路，单相交流电路负载元件有电阻、电感和电容。如果只有单纯的电阻（或电感、电容），则电路叫做纯电阻（或纯电感、纯电容）电路。

二十六、交流电路和有关术语

节点：三个或三个以上元件（短路线也应视为元件）的连接点叫做节点。
支路：两个节点之间的连接电路叫做支路。
回路：由支路所组成的任何一个闭合路径叫做回路。
网孔：在确定的电路中，不能再分的最简单的回路叫做网孔。

二十七、基尔霍夫第一定律

对电路中的任意节点，流入节点的电流之和恒等于流出节点的电流之和，称其为基尔霍夫第一定律，也叫做基尔霍夫节点电流定律，即：

$$\sum I_i = \sum I_o$$

如果设想流入节点的电流为正，流出节点的电流为负，则基尔霍夫第一定律也可表述为：

$$\sum I = 0$$

即对于任何节点，流入的净电流为零。

二十八、基尔霍夫第二定律

对电路中的任意一个闭合回路，按一定的绕行方向，恒有电阻上的电压降的代数和等于电动势的代数和，称其为基尔霍夫第二定律，也叫做基尔霍夫回路电压定律，即：

$$\sum IR = \sum E$$

如果电动势也用电压降来表示，则基尔霍夫第二定律也可表述为：

$$\sum U = 0$$

二十九、半导体

把具有良好导电性能的物体称为导体。把没有导电性能或导电性能很弱的物体叫做绝缘体。此外还有一类物质，它的导电性能介于导体和绝缘体之间，这类物质叫做半导体，如硅、锗及许多金属的氧化物。半导体绝大多数是晶体，因而把用半导体材料做成的二极管和三极管统称为晶体管。

半导体有独特的导电特性，主要由于：

1. 受温度的影响大

外界环境温度的变化对半导体材料的电阻有很大的影响。温度升高，使半导体材料中的电子获得更多的能量，更容易摆脱原子核的束缚，从而改善了半导体材料的导电性能；温度降低则与之相反。

2. 受杂质的影响很大

纯净的半导体导电性能很差，但是如果在半导体材料中有选择地加入其他元素（称为杂质），就可使它的导电性能大大增加。

3. 受光照、电压、磁场的影响很大。

三十、PN 结的单向导电性

1. PN 结

在半导体材料中掺入杂质，它的导电性能将大大改变，由于掺入的杂质不同，就形成了不同类型的半导体材料。

如果在半导体材料中掺入锑、磷、砷等五价元素，将制作成 N 型半导体。

如果在半导体材料中掺入铟、铝、硼等三价元素，将制作成 P 型半导体。

控制杂质的种类和数量，就控制了 P 型半导体或 N 型半导体的导电性能。

将 P 型半导体和 N 型半导体结合在一起，它们的交界处就形成一个 PN 结。

2. PN 结具有单向导电性

把 P 区接电源的正极，N 区接电源的负极，叫做正向偏置，此时二极管电流很大，即 PN 结正向导通，正向电阻很小。把 P 区接电源的负极，N 区接电源的正极，叫做反向偏置，此时二极管电流很小，即 PN 结反向截止，反向电阻很大。

三十一、晶体二极管

1. 二极管

从 PN 结的 P 区和 N 区各引出一条引线，再封装在管壳里，就构成了一个二极管，P 区引出端叫做正极，N 区引出端叫做负极。

2. 二极管的符号

二极管具有单向导电性，二极管的主要参数有最大整流电流和最高反向工作电压。二极管长时间正常工作所允许通过的最大平均正向电流叫做最大整流电流，使用时如果超过该值，将会烧坏二极管。保证二极管正常工作、不被反向击穿所能承受的反向电压值叫做最高反向工作电压，一般取反向击穿电压的一半左右作为最高反向工作电压。

三十二、晶体三极管

1. 三极管的结构

在一块半导体材料上制作出三个区，构成两个 PN 结，并分别从三个区中引出三条引线，再封装在管壳里，就构成了一个三极管。

一般把中间的区叫做基区，两个 PN 结分别按其作用称为集电结和发射结，与集电结相连的区域叫做集电区，与发射结相连的区域叫做发射区。从发射区、基区、集电区引出的电极分别叫做发射极（e）、基极（b）和集电极（c）。

2. 三极管的符号

三极管有 NPN 型和 PNP 型两种。

3. 三极管的主要参数

三极管的参数很多，主要有：

（1）电流放大系数

1）交流放大系数常用 β 来表示，即：

$$\beta = \Delta I_c / \Delta I_b$$

β 值的大小与三极管有关，一般在 20~200 之间。

2）直流放大系数常用 $\bar{\beta}$ 表示，即：

$$\bar{\beta} = I_c / I_b$$

由于 $\bar{\beta}$ 值与 β 比较接近,所以认为 $\bar{\beta}=\beta$。

(2) 极限参数

1) 集电极最大允许电流。是指三极管参数变化不超过规定值时,集电极允许通过的最大电流。

2) 集电极—发射极反向击穿电压。是指基极开路时,集电极与发射极间的反向击穿电压。

3) 集电极允许最大耗散功率。是指三极管正常工作时,集电极能够承受的功耗最大值。

三十三、晶体管的基本放大电路

晶体管的基本放大电路由三极管、电阻、电容和直流电源组成。

三十四、晶体管开关电路

三极管具有饱和、放大、截止三个工作状态。如果能有目的地控制加在三极管基极上的电压或电流,就可以使三极管交替工作在饱和或截止两个区域,此时三极管就处于开或关的状态,即开关状态。

三十五、稳压管与稳压电路

1. 稳压管

稳压管是一种具有稳压作用的特殊二极管。它也是由一个 PN 结构成的,外形与普通二极管基本相同。由于它的制造工艺和工作区域不同,可利用它反向电流变化很大而反向击穿电压基本不变的特性,以达到稳压的目的。

2. 稳压电路

稳压电路是由硅稳压二极管的 VS 和限流电阻 R 组成的。这种电路无论是对负载电流不变、输入电压的变化,还是对输入电压不变、负载电流的变化均能起到稳压的作用。

三十六、晶闸管及整流电路

1. 晶闸管(又称可控硅)

晶闸管是硅晶体闸流管的简称,因其能像闸门一样控制电流的流通而得名。

晶闸管的特点是能通过小功率信号控制大功率系统,从而使半导体技术的应用由弱电领域进入到强电领域。晶闸管又分为单向晶闸管和多向晶闸管两大类,这里只介绍单向晶闸管。

2. 单向晶闸管的结构与符号

目前较为常用的单向晶闸管从外形结构上看主要有螺栓型和平板型等几种。

螺栓型晶闸管的外形与硅整流二极管相似，其带有螺栓的一端是阳极 A，利用它可以和散热器固定，另一端中粗引线为阴极 K，细引线为门极 G。平板型晶闸管的两个平面分别是 A 极和 K 极，而引线是 G 极。

无论哪种结构形式，普通晶闸管的内部都有一个用硅半导体材料做成的管芯，管芯由四层（P1—N2—P3—N4）三端（A，K，G）构成，它具有三个 PN 结，由最外层的 P 层和 N 层分别引出阳极 A 和阴极 K，由中间的 P 层引出门极 G。

三十七、逻辑电路的基本原理

对数字信号进行传输、处理的电子线路称为逻辑电路（也称数字电路）。逻辑电路是利用晶体二极管和晶体三极管的开关特性来工作的，此时，三极管时而由饱和状态突变到截止状态，时而由截止状态突变到饱和状态。而三极管饱和与截止这两个不同的工作状态正好用数字"1"和"0"来表示，这就是数字电路的由来。

逻辑电路中的信号是靠电信号的有或无、高或低来表示的，它研究电路间信号的逻辑关系，反映的是一些离散的、不连续的二进制数字量，使用的数学工具是逻辑代数。

门电路是最基本的逻辑电路，最基本的逻辑关系是"与""或""非"三种。相应的门电路是"与门""或门""非门"。

三十八、电工与电子的测量与误差

1. 测量的概念

电工与电子测量就是通过试验的方法去确定被测量的大小。

在测量过程中，实际使用的是测量单位的复制体，把它称为度量器，如标准电池、标准电阻等。度量器应有足够的精度和稳定性，以保证测量的正确性。按度量器是否直接参与测量过程，通信测量结果如何取得，形成了不同的测量方法。

2. 测量方法

测量方法包括直接测量法、比较测量法和间接测量法。

3. 测量误差

测量误差就是指测量结果与被测量的实际值之间的差异。

测量误差按性质可分为系统误差、偶然误差和疏失误差。系统误差是由于仪器、设备精度和测量方法产生的；偶然误差主要是由于外界环境（如温度、湿度、电场、磁场等）的偶发性变化而引起的；疏失误差是由于测量人的粗心和疏忽造成的。

4. 测量误差的消除

对于系统误差，应采用配备适当的仪器、校正仪器、选择合理的测量方法、增加测量次数等方法解决。对于偶然误差，应采用增加重复测量的次数，取其算数平均值的方法解决。对于疏失误差，只能采取抛弃的方法，重新进行测量。

三十九、直流电压、电流的测量

1. 直流电压的测量

直流电压的测量方法很多，一般常用直流电压表或万用表的直流电压挡去测量。

2. 直流电流的测量

直流电流的测量方法很多，一般常用直流电流表或万用表的直流电流挡去测量。

四十、交流电压、电流的测量

1. 交流电压的测量

交流电压的测量方法很多，一般常用交流电压表或万用表的交流电压挡去测量。

2. 交流电流的测量

交流电流的测量方法很多，一般常用交流电流表或万用表的交流电流挡去测量。

3. 电阻的测量

电阻的测量方法很多，可用直流单臂电桥或直流双臂电桥比较测量，也可用普通万用表、数字毫欧表等直接测量，还可用伏安法间接测量。

辅导练习题

一、判断题（下列判断正确的请在括号内打"√"，错误的打"×"）

1. 通常情况下原子是中性的。（　　）
2. 物体带电的原因是由于得到或失去电子。得到电子的物体带正电，失去电子的物体带负电。（　　）
3. 电流表可以利用并联不同的电阻扩大其量程。（　　）
4. 电路通常有开路、短路和通路三种状态。（　　）
5. 电路断开时的端电压等于电源的电动势。（　　）
6. 根据电路欧姆定律可知，当电流一定时，电阻越大，在电阻上产生的压降就越小。（　　）
7. 电容器充、放电时间的长短与电压的大小有关。（　　）

8. 为防止电容器被击穿,实际所加的电压不能超过电容器的耐压值。（   ）
9. 磁场产生的本质是电荷的运动。（   ）
10. 磁阻的大小与磁感应线的平均长度成反比。（   ）
11. 电磁感应的条件是穿过线圈的磁通量不变。（   ）
12. 如果导线方向与磁场方向平行,磁场对导线将起作用。（   ）
13. 若初相位时正弦值为正值,则正弦波形的零点必在坐标原点的左侧。（   ）
14. 交流电的有效值是最大值的$\sqrt{2}$倍。（   ）
15. 对电路中的任意节点,流入节点的电流之和恒等于流出节点的电流之和。（   ）
16. 由基尔霍夫第二定律可知,当电动势方向与绕行方向相同时,其值取负。（   ）
17. PN结具有单向导电性。（   ）
18. 纯净半导体的导电性很好。（   ）
19. 二极管有两个PN结。（   ）
20. 二极管长时间正常工作所允许通过的最大平均反向电流叫做最大整流电流。（   ）
21. 晶体三极管共有三个PN结。（   ）
22. 稳压管是一种具有稳压作用的特殊三极管。（   ）
23. 晶体三极管具有电流放大作用。（   ）
24. 普通晶闸管具有两个PN结。（   ）
25. 逻辑电路是利用晶体二极管或晶体三极管的开关特性来工作的。（   ）
26. A/D转换器中A/D的含义是将数字信号转换为模拟信号。（   ）
27. 在电工与电子测量方法中,间接测量法的测量准确度高于比较测量法。（   ）
28. 通过改善测量方法可以消除测量误差。（   ）

二、单项选择题（下列每题有4个选项,其中只有1个是正确的,请将其代号填在横线空白处）

1. 电荷有规则的定向移动形成_____。

   A. 电压　　　　　　　　　　B. 导体
   C. 电流　　　　　　　　　　D. 半导体

2. 导体电阻的大小与_____无关。

   A. 导体的长度　　　　　　　B. 导体的横截面积
   C. 导体两端的电压　　　　　D. 导体的材料

3. 用电阻器的_____来表示电阻器的精度。

   A. 允许误差　　　　　　　　B. 标称值
   C. 额定功率　　　　　　　　D. 电阻率

4. 电阻率为 10×10^{-8} Ω·m 的物体是_____。
   A. 导体 B. 半导体
   C. 绝缘体 D. 非金属

5. 若电路中没有电流流过，可能是_____。
   A. 负载短路 B. 电流短路
   C. 通路 D. 断路

6. 由电阻器 R1 和 R2 组成的串联电路具有_____的特点。
   A. $1/R_1+1/R_2=1/R$ B. $I=I_1+I_2$
   C. $I_1=I_2$ D. $U_1=U_2$

7. 由电阻器 R1 和 R2 组成的并联电路具有_____的特点。
   A. $U_1=U_2$ B. $I_1=I_2$
   C. $U=U_1+U_2$ D. $R_1+R_2=R$

8. 下列选项中能把其他形式的能转换为电能的是_____。
   A. 电动机 B. 发电机
   C. 开关 D. 继电器

9. 由欧姆定律公式 $U=IR$ 可知_____。
   A. 导体的电阻与电压成正比，与电流成反比
   B. 加在导体两端的电压越大，则电阻越大
   C. 通过导体的电流越小，则电阻越大
   D. 流过导体的电流与加在这段导体两端的电压成正比，与自身的电阻成反比

10. 某一电气设备的电阻值为 55 Ω，使用时的电流为 4 A，则其供电线路的电压为_____V。
    A. 100 B. 110
    C. 200 D. 220

11. 全电路欧姆定律的表达式是_____。
    A. $I=U/R$ B. $I=E/(R+r)$
    C. $I=U^2/R$ D. $I=E^2/(R+r)$

12. 欧姆定律揭示了_____之间的关系。
    A. 电流、电容和电阻 B. 电流、电压和电阻
    C. 电流、电压和电阻率 D. 电路、电压和电阻

13. 电容器充、放电的快慢取决于_____。
    A. Q/U B. Q/I

C. IR D. RC

14. 电容器充电时_____。

  A. 两个极板都带正电   B. 两个极板都带负电

  C. 两个极板带相反电荷   D. 两个极板都不带电

15. 对于 10 pF 以下的小电容器，当用万用表 $R \times 10$ k 挡进行测量时，其阻值应为_____。

  A. 零   B. 大于零

  C. 小于零   D. 无穷大

16. 任何两个彼此绝缘而又相互靠近的导体都可以看成是_____。

  A. 电阻器   B. 电容器

  C. 继电器   D. 开关

17. 用安培定则（即右手螺旋法则）判断直流电的磁场方向，正确的说法是_____。

  A. 拇指的指向为磁场方向

  B. 弯曲四指的指向为磁场方向

  C. 与拇指指向相反的方向为磁场方向

  D. 与弯曲四指指向相反的方向为磁场方向

18. 下列选项中属于不能被磁化的反磁物质是_____。

  A. 钴   B. 镍

  C. 铝   D. 铜

19. 常用来制作永久磁铁的磁性材料是_____。

  A. 软磁材料   B. 硬磁材料

  C. 矩磁材料   D. 顺磁材料

20. 银的相对磁导率_____。

  A. <0 B. <1

  C. >1 D. $\gg 1$

21. 在匀强磁场中磁感应线是一组_____的直线。

  A. 等距且平行   B. 不等距但平行

  C. 垂直   D. 相交

22. 通电线圈插入铁心后，其磁感应强度将_____。

  A. 减弱   B. 增强

  C. 不变   D. 不确定

23. 通电导体在磁场中受到的安培力的方向可用_____来确定。

A. 右手定则 B. 右手螺旋法则
C. 左手定则 D. 左手螺旋法则

24. 如果通电直导体的方向与磁场方向平行，则_____。
    A. 磁场对导体的作用力很大 B. 磁场对导体的作用力很小
    C. 没有作用力 D. 以上说法均不对

25. 下列选项中不属于正弦交流电三要素的是_____。
    A. 周期 B. 最大值
    C. 角频率 D. 初相位

26. 若正弦波形与坐标原点重合，则有_____。
    A. $t=0$，$\varphi>0$ B. $t=0$，$\varphi=0$
    C. $t=0$，$\varphi<0$ D. $t=0$，$\varphi=180°$

27. 不属于单向交流电路负载元件的是_____。
    A. 电阻 B. 电感
    C. 电容 D. 电池

28. 在"220 V/40 W"的灯泡中，220 V 表示交流电的_____。
    A. 有效值 B. 瞬时值
    C. 最大值 D. 平均值

29. 电路中三个或三个以上元件的连接点叫做_____。
    A. 网孔 B. 节点
    C. 原点 D. PN 结

30. 由基尔霍夫第一定律可知，对于任何节点，流入的净电流为_____。
    A. 正数 B. 负数
    C. 零 D. 不确定的数

31. 由基尔霍夫第二定律可知，当电阻的电流方向与回路和绕行方向相同时，则电阻上的电压降取_____。
    A. 正 B. 负
    C. 零 D. 不能确定

32. 由基尔霍夫第二定律可知，当电动势方向与绕行方向相反时，其值取_____。
    A. 正 B. 负
    C. 零 D. 不能确定

33. 下列选项中具有单向导电性的是_____。
    A. 二极管 B. 三极管

C. 稳压管 D. 电容器

34. 对 PN 结的单向导电性表述不正确的是_____。
    A. 正向偏置时电流很小 B. 反向偏置时电流很大
    C. 正向偏置时正向电阻很小 D. 反向偏置时反向电阻很小

35. 下列选项中不是半导体使用性能主要影响因素的是_____。
    A. 温度 B. 杂质
    C. 光照、电压及磁场 D. 导电性介于导体和绝缘体之间

36. PN 结具有单向导电性，把 P 区接电源的正极，N 区接电源的负极，叫做_____。
    A. 正向偏置 B. 反向偏置
    C. 对中 D. 非偏置

37. 二极管的最高反向工作电压一般取其反向击穿电压的_____。
    A. 2 倍 B. 1 倍
    C. 1/2 左右 D. 1/4 左右

38. 半导体二极管按_____可分为硅二极管和锗二极管两类。
    A. 用途 B. 结构
    C. 尺寸 D. 极片材料

39. 用万用表的欧姆挡来测试二极管的正、反向电阻，下列选项中表明为正常二极管的是_____。
    A. 反向电阻很小
    B. 正向电阻很小
    C. 正、反向电阻均为无穷大
    D. 正向电阻是几十到几百欧，反向电阻大于 200 kΩ

40. 稳压管具有_____个 PN 结。
    A. 1 B. 2
    C. 3 D. 4

41. 三极管集电极—发射极反向击穿电压是指基极_____时，集电极与发射极间的反向击穿电压。
    A. 短路 B. 开路
    C. 断路 D. 以上均不对

42. 三极管发射极正向偏置，集电极反向偏置处于_____状态。
    A. 截止 B. 饱和
    C. 放大 D. 以上说法均不对

43. 晶体三极管具有_____个PN结。
    A. 1   B. 2
    C. 3   D. 4

44. 对于管脚排列为等腰三角形的三极管，下列说法不准确的是_____。
    A. 顶点是基极   B. 左边是发射极
    C. 右边是集电极   D. 左边是集电极

45. 放大电路中放大器有_____个端子。
    A. 2   B. 3
    C. 4   D. 5

46. 凡是向放大器提供输入信号的电路或设备称为_____。
    A. 负载   B. 电源
    C. 信号源   D. 以上均不对

47. 基本共发射极电压放大电路由_____组成。
    A. 二极管、电阻、电容和交流电源   B. 二极管、电阻、电容和直流电源
    C. 三极管、电阻、电容和交流电源   D. 三极管、电阻、电容和直流电源

48. 三极管的电流放大系数一般为_____。
    A. 10～20   B. 20～200
    C. 200～400   D. 400～600

49. 逻辑电路最基本的逻辑关系除了"与""非"，还有_____。
    A. 是   B. 或
    C. 否   D. 以上均不是

50. 中规模集成电路集成的元器件数是_____个。
    A. <100   B. 100～1 000
    C. 1 000～数万   D. >10万

51. 在三极管构成的数字电路中用_____来表示其工作状态。
    A. 0，1   B. 1，2
    C. 2，3   D. 3，4

52. 逻辑电路是利用二极管和三极管的_____特性来工作的。
    A. 放大   B. 稳压
    C. 开关   D. 整流

53. 下列测量电阻的方法中属于比较测量法的是_____。
    A. 用万用表测电阻   B. 用电桥测电阻

C. 用欧姆表测电阻　　　　　　　D. 用伏安法测电阻

54. 偶然误差的消除方法是_____。

　　A. 舍弃　　　　　　　　　　　B. 校准仪器

　　C. 改进测量方法　　　　　　　D. 多次重复测量，取其算术平均值

55. 用伏安法测电阻属于_____。

　　A. 直接测量法　　　　　　　　B. 间接测量法

　　C. 比较测量法　　　　　　　　D. 以上都不属于

56. 若用万用表上的 $R \times 100$ 挡测一电阻，若指针读数为 10.5，则该电阻的阻值为_____ Ω。

　　A. 10.5　　　　　　　　　　　B. 105.0

　　C. 1 050　　　　　　　　　　D. 10 500

三、多项选择题（下列每题的多个选项中，至少有 2 个是正确的，请将正确答案的代号填在横线空白处）

1. 下列材料属于导体的是_____。

　　A. 金　　　　　　　　　　　　B. 石墨

　　C. 石蜡　　　　　　　　　　　D. 纯净水

2. 导体电阻的大小与_____有关。

　　A. 流过导体的电流　　　　　　B. 导体的长度

　　C. 导体横截面积　　　　　　　D. 导体的材料

3. 下列表述正确的是_____。

　　A. 电压表可利用串联不同的电阻器来扩大其量程

　　B. 利用电阻的串联可以做成分压器

　　C. 电流表利用并联不同的电阻器来扩大其量程

　　D. 电流表利用串联不同的电阻器来扩大其量程

4. 电路通常有_____三种状态。

　　A. 通路　　　　　　　　　　　B. 回路

　　C. 短路　　　　　　　　　　　D. 断路

5. 欧姆定律揭示了_____之间的关系。

　　A. 磁　　　　　　　　　　　　B. 电阻

　　C. 电压　　　　　　　　　　　D. 电流

6. 家用电灯的电压都是 220 V，接上 40 W 的灯泡要比 25 W 的亮，原因是_____。

　　A. 40 W 的灯泡比 25 W 的灯泡电阻小

B. 40 W 的灯泡要比 25 W 的灯泡消耗的功率大

C. 40 W 的灯泡比 25 W 的灯泡电阻大

D. 40 W 的灯泡要比 25 W 的灯泡消耗的功率小

7. 电容器的作用是_____。
   A. 绝缘　　　　　　　　　　B. 隔磁
   C. 存储电荷　　　　　　　　D. 释放电荷

8. 通常电容器的外壳上标有_____。
   A. 电流值　　　　　　　　　B. 温度值
   C. 电容量　　　　　　　　　D. 耐压值

9. 下列物质中属于强磁物质的是_____。
   A. 铁　　　　　　　　　　　B. 铝
   C. 钴　　　　　　　　　　　D. 镍

10. 磁性材料按其特性和应用可分为_____。
    A. 软磁材料　　　　　　　　B. 硬磁材料
    C. 矩磁材料　　　　　　　　D. 顺磁材料

11. 变压器是根据_____做成的。
    A. 自感
    B. 互感
    C. 流过线圈本身的电流发生变化而引起的电磁感应现象
    D. 一个线圈的电流发生变化，使另一个线圈产生感生电动势的现象

12. 电磁铁由_____组成。
    A. 磁化线圈　　　　　　　　B. 铁心
    C. 衔铁　　　　　　　　　　D. 钢块

13. 正弦交流电的三要素是_____。
    A. 最大值　　　　　　　　　B. 最小值
    C. 角频率　　　　　　　　　D. 初相位

14. 单相交流电路负载元件有_____。
    A. 电池　　　　　　　　　　B. 电阻
    C. 电感　　　　　　　　　　D. 电容

15. 下列表述正确的是_____。
    A. 对电路中的任意节点，流入节点的电流之和恒等于流出节点的电流之和
    B. 对电路中的任意节点，流入节点的电流之和恒小于流出节点的电流之和

C. 对电路中的任意一个闭合回路，按一定的绕行方向，恒有电阻上的电压降的代数和等于电动势的代数和

D. 对电路中的任意一个闭合回路，按一定的绕行方向，恒有电阻上的电压降的代数和大于电动势的代数和

16. 对电路中的任意一个闭合回路，按一定的绕行方向，恒有电阻上的电压降的代数和等于电动势的代数和，称其为_____。

    A. 基尔霍夫第一定律   B. 基尔霍夫第二定律

    C. 基尔霍夫节点电流定律   D. 基尔霍夫回路电压定律

17. 晶体管是指_____。

    A. 二极管   B. 三极管

    C. 电容器   D. 电阻器

18. 在半导体材料中掺入_____元素，将制作成 P 型半导体。

    A. 磷   B. 铟

    C. 铝   D. 硼

19. 二极管的主要参数有_____。

    A. 最大整流电流   B. 最高反向工作电压

    C. 电阻   D. 电容

20. 对二极管表述正确的是_____。

    A. 二极管具有一个 PN 结   B. 二极管的 P 区引出端叫做正极

    C. 二极管的 N 区引出端叫做负极   D. 二极管的 P 区引出端叫做负极

21. 三极管的三个极是_____。

    A. 发射极   B. 正极

    C. 基极   D. 集电极

22. 三极管的极限参数包括_____。

    A. 集电极最大允许电流   B. 集电极—发射极反向击穿电压

    C. 集电极允许最大耗散功率   D. 电流放大系数

23. 三极管具有_____三个工作状态。

    A. 饱和   B. 放大

    C. 缩小   D. 截止

24. 螺栓型晶闸管由_____组成。

    A. 阳极 A   B. 阴极 B

    C. 阴极 K   D. 门极 G

25. 逻辑电路是利用_____的开关特性来工作的。
   A. 晶闸管   B. 晶体二极管
   C. 晶体三极管   D. 稳压管
26. 门电路最基本的逻辑关系是_____。
   A. 或   B. 否
   C. 与   D. 非
27. 测量误差按性质可分为_____。
   A. 系统误差   B. 偶然误差
   C. 疏失误差   D. 相对误差
28. 偶然误差主要是由_____引起的。
   A. 仪器、设备   B. 温度
   C. 湿度   D. 粗心

参考答案及说明

一、判断题

1. √。

2. ×。自然界中只存在正、负两种电荷，物体带电的原因就是得到或失去了电子，得到电子的物体带负电，失去电子的物体带正电。

3. √。

4. ×。电路通常有通路、断路（开路）和短路三种状态。

5. √。

6. ×。根据电路欧姆定律可知，当电流一定时，电阻越大，在电阻上产生的压降就越大。

7. ×。电容器充电或放电的快慢取决于充、放电电路中的电阻与电容的乘积 RC，而充、放电时间的长短与电压的大小无关。

8. √。

9. √。

10. ×。磁阻的大小与磁力线的平均长度 L 成正比，与铁心材料的磁导率 μ 和铁心截面积 S 的乘积成反比。

11. ×。电磁感应的条件是穿越线圈的磁通量发生变化。

12. ×。如果导线方向与磁场方向平行，则磁场对导线没有作用力。

13. √。

14. ×。交流电的有效值是最大值的 $1/\sqrt{2}$。

15. √。

16. ×。公式 $\sum IR = \sum E$ 中，电阻中的电流方向与回路和绕行方向相同，电阻上的电压降取正，反之取负；电动势方向与绕行方向相同取正，反之取负。

17. √。

18. ×。纯净的半导体导电性能很差，但是如果在半导体材料中有选择地加入其他元素（称为杂质），就可使它的导电性能大大增加。

19. ×。二极管有一个 PN 结。

20. ×。二极管长时间正常工作所允许通过的最大平均正向电流叫做最大整流电流，使用时如果超过该值，将会烧坏二极管。

21. ×。在一块半导体材料上制作出三个区，构成两个 PN 结，并分别从三个区中引出三条引线，再封装在管壳里，就构成了一个三极管。

22. ×。稳压管是一种具有稳压作用的特殊二极管。它也是由一个 PN 结构成的，外形与普通二极管基本相同。

23. √。

24. ×。无论哪种结构形式，普通晶闸管的内部都有一个用硅半导体材料做成的管芯，管芯由四层（P1—N2—P3—N4）三端（A，K，G）构成，它具有三个 PN 结。

25. √。

26. ×。模/数转换过程简写成 A/D 转换。

27. ×。比较测量法的准确度和灵敏度都比较高，适用于精确测量，但设备复杂，操作麻烦。间接测量法误差较大，在准确度要求不高或直接测量有困难时使用。

28. ×。测量误差不可避免或完全消除，只能尽量减小。

二、单项选择题

1. C。电荷有规则的定向移动形成电流。

2. C。导体的电阻是客观存在的，它的大小只取决于导体的长度、横截面积和材料，而与导体两端的电压和流过的电流无关。

3. A。电阻器的允许误差表示电阻器的实际阻值对于标称值的最大允许偏差范围。它表示的是电阻器的精度。

4. A。铁的电阻率是 10×10^{-8} $\Omega \cdot m$。

5. D。断路又称开路，是指电路中某一处断开，电路中没有电流流过。

6. C。串联电路中流经每个电阻的电流都相等，即 $I=I_1=I_2=I_3=\cdots=I_n$。

7. A。电路中各支路两端的电压相等，即 $U=U_1=U_2=U_3=\cdots=U_n$。

8. B。电源是把其他形式的能转化为电能的装置，如汽车上的蓄电池、发电机等。

9. D。流过导体的电流与加在这段导体两端的电压成正比，与自身的电阻成反比，这一规律称为欧姆定律。

10. D。$U=IR$。

11. B。全电路欧姆定律的表达式是 $I=E/(R+r)$。

12. B。欧姆定律揭示了电流、电压、电阻三者之间的关系，是电路的最基本规律，应用非常广泛。

13. D。电容器充电或放电的快慢取决于充、放电电路中的电阻与电容的乘积 RC，而充、放电时间的长短与电压的大小无关。

14. C。使电容器带电的过程叫做充电，充电时总是一个极板带正电，另一个极板带等量的负电。

15. D。因 10 pF 以下的固定电容器的容量太小，用万用表进行测量，只能定性地检查其是否有漏电、内部短路或击穿现象。测量时，可选用万用表 $R\times 10 \text{ k}$ 挡，用两表笔分别任意接电容器的两个引脚，阻值应为无穷大。

16. B。所谓电容器，是被绝缘的物质隔开而又相互靠近的两个平板导体组合而成的电气元件，用以存储或容纳电荷。任何两个彼此绝缘而又相互靠近的导体都可以看成是电容器。

17. B。电流产生的磁场的方向可用安培定则来判断，一般分为两种情况：一种是直线电流，用右手握住直导线，拇指的方向指向电流的方向，弯曲的四指的指向就是磁场方向；另一种是环形电流，用右手握住螺线管，弯曲的四指指向电流的方向，则拇指所指的方向便是螺线管内部的磁场方向，或者说是螺线管的 N 极。

18. D。铜、银等物质不能被磁化，叫做反磁物质。

19. B。硬磁材料不容易被磁化，也不容易失磁，如碳钢、铝镍钛合金等，常用来制作永久磁铁、扬声器的磁钢等。

20. B。铜、银等物质不能被磁化，叫做反磁物质。反磁物质的相对磁导率 $\mu_r<1$，顺磁物质的 $\mu_r>1$，铁磁物质的 $\mu_r\geqslant 1$。

21. A。在匀强磁场中磁感应线是一组等距且平行的直线。

22. B。通电线圈插入铁心后，其磁感应强度将增强。

23. C。安培力（电磁力）的方向可以用左手定则判断。

24. C。如果通电直导体的方向与磁场方向平行，则磁场对其没有作用力。

25. A。交流电的大小和方向取决于交流电的最大值（I_m，U_m，E_m），角频率ω和初相位（φ_i，φ_u，φ_e）这三个物理量，因此把这三个量称为交流电的三要素。

26. B。$t=0$，$\varphi=0$。

27. D。单相交流电路负载元件有电阻、电感和电容。

28. A。通常所说的照明电压是 220 V，就是指交流电的电压有效值是 220 V。

29. B。三个或三个以上元件（短路线也应视为元件）的连接点叫做节点。

30. C。对于任何节点，流入的净电流为零。

31. A。公式 $\sum IR = \sum E$ 中，电阻中的电流方向与回路和绕行方向相同，电阻上的电压降取正，反之取负；电动势方向与绕行方向相同取正，反之取负。

32. B。公式 $\sum IR = \sum E$ 中，电阻中的电流方向与回路和绕行方向相同，电阻上的电压降取正，反之取负；电动势方向与绕行方向相同取正，反之取负。

33. A。二极管具有单向导电性。

34. C。PN 结具有单向导电性，把 P 区接电源的正极，N 区接电源的负极，叫做正向偏置，此时二极管电流很大，即 PN 结正向导通，正向电阻很小。把 P 区接电源的负极，N 区接电源的正极，叫做反向偏置，此时二极管电流很小，即 PN 结反向截止，反向电阻很大。

35. D。半导体的主要影响因素是温度、杂质、光照、电压和磁场。

36. A。PN 结具有单向导电性，把 P 区接电源的正极，N 区接电源的负极，叫做正向偏置。

37. C。一般取反向击穿电压的一半左右作为最高反向工作电压。

38. D。半导体二极管按极片材料可分为硅二极管和锗二极管两类。

39. D。通常用万用表的欧姆挡来测试二极管的正、反向电阻进行判断。将万用表的量程拨到 $R \times 100$ 挡或 $R \times 1$ k 挡，将两表笔分别正接或反接在被测二极管的两端，测其正、反向电阻，如果正向电阻是几十到几百欧，反向电阻在 200 kΩ 以上，则可以认为二极管是好的。

40. D。稳压管是一种具有稳压作用的特殊二极管，它具有一个 PN 结。

41. B。三极管集电极—发射极反向击穿电压是指基极开路时，集电极与发射极间的反向击穿电压。

42. C。三极管发射极正向偏置，集电极反向偏置处于放大状态。

43. B。在一块半导体材料上制作出三个区，构成两个 PN 结，并分别从三个区中引出三条引线，再封装在管壳里，就构成了一个三极管。

44. D。多数三极管的管脚排列按等腰三角形排列,其顶点是基极,左边是发射极,右边是集电极。

45. C。放大电路中放大器有四个端子,一对用来输入信号,叫做输入端;另一对用来输出信号,叫做输出端。

46. C。凡是向放大器提供输入信号的电路或设备称为信号源。

47. D。基本共发射极电压放大电路由三极管、电阻、电容和直流电源组成。

48. B。三极管的电流放大系数一般为20～200。

49. B。门电路是最基本的逻辑电路,最基本的逻辑关系是"与""或""非"三种。相应的门电路是"与门""或门""非门"。

50. B。中规模集成电路一般是指每片上集成100～1 000个元器件的集成电路,用字母MSI表示;大规模集成电路是指每片上集成1 000～数万个元器件的集成电路。

51. A。三极管饱和与截止这两个不同的工作状态用数字"1"和"0"来表示,这就是数字电路的由来。

52. C。对数字信号进行传输、处理的电子线路称为逻辑电路(也称数字电路)。逻辑电路是利用晶体二极管和晶体三极管的开关特性来工作的。

53. B。在测量过程中,需要度量器的直接参与,并通过比较仪器来确定被测数值的测量方法叫做比较测量法,如用电桥测电阻等。

54. D。对于偶然误差,应采用增加重复测量的次数,取其算数平均值的方法解决。

55. B。根据被测量与其他量之间的关系,先测得其他量,然后按函数把被测量计算出来的方法叫做间接测量法,如用伏安法测电阻等。

56. C。用万用表的 $R\times 100$ 挡测量电阻时,若指针读数为10.5,则所测电阻阻值为 $10.5\times 100=1\,050\,\Omega$。

三、多项选择题

1. AB。有的物质,如金属中的金、银、铜、铁、铝等以及非金属中的石墨、硅等,具有良好的导电性能,叫做导体。另一些物质,如塑料、陶瓷、石蜡、玻璃、纯净水等,没有导电性能或导电性能很弱,叫做绝缘体。

2. BCD。导体的电阻是客观存在的,它的大小只取决于导体的长度、横截面积和材料,而与导体两端的电压和流过的电流无关。

3. ABC。串联电阻的特点在实际中有很多应用。如电压表可利用串联不同的电阻器来扩大其量程;利用电阻的串联可以做成分压器,从电源中得到不同的电压。电流表利用并联不同的电阻器来扩大其量程。

4. ACD。电路通常有通路、断路(开路)和短路三种状态。

5. BCD。欧姆定律揭示了电流、电压、电阻三者之间的关系，是电路的最基本规律。

6. AB。40 W 的灯泡比 25 W 的灯泡电阻小，而 40 W 的灯泡要比 25 W 的灯泡消耗的功率大。

7. CD。电容器的作用是存储和释放电荷（即电容器的充电和放电）。

8. CD。选用电容器的主要依据是电路的工作环境、电容量和耐压值，一般电容器的电容量和耐压值都标在电容器的外壳上，选用时，除容量满足电路的要求外，实际所加的电压不能超过耐压值，否则电容器会被击穿。

9. ACD。铁、钴、镍等物质很容易被磁化，把这类物质叫做铁磁物质（也叫做强磁物质）。

10. ABC。磁性材料按其特性和应用不同，可分为软磁材料、硬磁材料和矩磁材料。

11. BD。由于一个线圈的电流发生变化，使另一个线圈产生感生电动势的现象叫做互感现象，简称互感。变压器就是利用互感现象做成的。

12. ABC。电磁铁由磁化线圈、铁心和衔铁三个主要部分组成。

13. ACD。交流电的大小和方向取决于交流电的最大值（I_m，U_m，E_m），角频率 ω 和初相位（φ_i，φ_u，φ_e）这三个物理量，因此把这三个量称为交流电的三要素。

14. BCD。单相交流电路负载元件有电阻、电感和电容。

15. AC。对电路中的任意节点，流入节点的电流之和恒等于流出节点的电流之和，称其为基尔霍夫第一定律，也叫做基尔霍夫节点电流定律。对电路中的任意一个闭合回路，按一定的绕行方向，恒有电阻上的电压降的代数和等于电动势的代数和，称其为基尔霍夫第二定律，也叫做基尔霍夫回路电压定律。

16. BD。对电路中的任意一个闭合回路，按一定的绕行方向，恒有电阻上的电压降的代数和等于电动势的代数和，称其为基尔霍夫第二定律，也叫做基尔霍夫回路电压定律。

17. AB。半导体绝大多数是晶体，因而把用半导体材料做成的二极管和三极管统称为晶体管。

18. BCD。如果在半导体材料中掺入铟、铝、硼等三价元素，将制作成 P 型半导体。

19. AB。二极管的主要参数有最大整流电流和最高反向工作电压。

20. ABC。二极管从 PN 结的 P 区和 N 区各引出一条引线，再封装在管壳里，就构成了一个二极管，P 区引出端叫做正极，N 区引出端叫做负极。

21. ACD。一般把三极管中间的区叫做基区，两个 PN 结分别按其作用称为集电结和发射结，与集电结相连的区域叫做集电区，与发射结相连的区域叫做发射区。从发射区、基区、集电区引出的电极分别叫做发射极（e）、基极（b）和集电极（c）。

22. ABC。三极管的极限参数包括集电极最大允许电流、集电极—发射极反向击穿电压和集电极允许最大耗散功率。其中，集电极最大允许电流是指三极管参数变化不超过规定值时，集电极允许通过的最大电流。集电极—发射极反向击穿电压是指基极开路时集电极与发射极间的反向击穿电压。集电极允许最大耗散功率是指三极管正常工作时集电极能够承受的功耗最大值。

23. ABD。三极管具有饱和、放大、截止三个工作状态。如果能有目的地控制加在三极管基极上的电压或电流，就可以使三极管交替工作在饱和或截止两个区域，此时三极管就处于开或关的状态，即开关状态。

24. ACD。螺栓型晶闸管的外形与硅整流二极管相似，其带有螺栓的一端是阳极 A，利用它可以和散热器固定，另一端中粗引线为阴极 K，细引线为门极 G。

25. BC。逻辑电路是利用晶体二极管和晶体三极管的开关特性来工作的。

26. ACD。门电路是最基本的逻辑电路，最基本的逻辑关系是"与""或""非"三种。相应的门电路是"与门""或门""非门"。

27. ABC。测量误差按性质可分为系统误差、偶然误差和疏失误差。

28. BC。系统误差是由于仪器、设备精度和测量方法产生的；偶然误差主要是由于外界环境（如温度、湿度、电场、磁场等）的偶发性变化而引起的；疏失误差是由于测量人的粗心和疏忽造成的。

第五章 液压传动

考 核 要 点

基础知识考核范围	考核要点	重要程度
液压传动基础知识	液压传动的基本原理	掌握
	液压系统图形符号及液压传动系统的组成	掌握
	液压传动的基本回路	熟悉
液压传动在汽车上的应用	液压传动的应用	熟悉

重点复习提示

一、液压传动的基本原理

液压传动是以液压油作为工作介质,利用液体压力来传递运动和进行控制的一种传动方式。

液压传动的工作原理是:以液压油作为工作介质,依靠密封容积的变化来传递运动,依靠液压油内部的压力来传递动力。

二、液压系统图形符号

液压元件种类很多,每一类元件又可以有不同的结构。液压系统结构原理图图形复杂,绘制困难。为了简化液压系统图的绘制,以规定的各种符号表示各种职能元件,将各元件的符号用通路连接起来构成液压系统原理图。

三、液压传动系统的组成

液压传动系统通常由动力元件、执行元件、控制元件和辅助元件四部分组成。

1. 液压泵

液压泵是动力元件,它把输入的机械能转变为液压油的压力能,作为液压系统的能源。

液压泵都是容积式的，按其流量是否可以改变分为定量泵（输出流量不能改变）和变量泵（输出流量的大小可以调节）；按其结构形式不同可分为齿轮泵、叶片泵和柱塞泵等；按其压力的大小可分为超高压泵（额定压力超过 32 MPa）、高压泵（额定压力为 16~32 MPa）、中高压泵（额定压力为 8~16 MPa）、中压泵（额定压力为 2.5~8 MPa）和低压泵（额定压力为 0~2.5 MPa）等。

2. 液压缸

液压缸是液压传动系统的执行元件之一，用来执行直线往复运动或小于 360° 的回转运动。它将液压油的压力能转换为机械能，带动负载运动。

液压缸可分为活塞式、柱塞式和摆动式三种类型。活塞式液压缸应用较为广泛，它又分为双活塞杆式和单活塞杆式。

3. 液压控制阀

能够控制液压系统液压油的压力、流量和流动方向的元件总称为液压控制阀。它位于系统的动力元件和执行元件之间。

控制阀的种类较多，但都是由阀体、阀芯（杆）和控制机构组成的。其工作原理都是通过改变通流面积或通流方向来工作的。控制阀在系统中只对执行元件起控制作用。

根据液压控制阀在系统中的用途，可分为压力控制阀、流量控制阀和方向控制阀三大类。

（1）压力控制阀

压力控制阀简称压力阀，是用来控制和调节液压系统中液压油压力或利用压力作为信号来控制其他元件动作的阀。它包括溢流阀、减压阀、顺序阀、平衡阀等，用得最多的是溢流阀和减压阀。

（2）流量控制阀

流量控制阀是用来控制和调节液压系统中液压油流量的阀。常用的有节流阀、调速阀和分流阀等。

（3）方向控制阀

方向控制阀简称方向阀，是用来控制和改变液压系统中液压油流动方向的阀，可分为单向阀和换向阀两种。

单向阀只允许液压油向一个方向通过，对另一个方向则截止。

换向阀的主要作用是控制液压油的流动方向。它靠阀芯在阀体内的移动来接通不同的油路，从而使液压缸做往复运动或使液压马达能正反旋转。

换向阀主要由阀体、阀芯及控制机构组成。

4. 液压辅件

液压辅件由油箱、滤油器、空气滤清器、油管、密封件、热交换器和蓄能器等组成。它用于储存、输送、净化和密封工作液体,并有散热、冷却作用。

5. 液压传动的特点

(1) 主要优点

1) 易获得很大的输出力或力矩;易于实现大幅度减速,并能实现大范围的无级变速。

2) 易于实现直线往复运动以直接驱动工作装置;各液压元件间用管子连接,便于机械的总体布置,也便于用一台原动机驱动多个工作机构。

3) 易于实现小型大功率传递,即较小质量和尺寸的液压元件可传递较大的功率。

4) 与机械传动相比,液压传动操纵力小,操作简单,便于实现自动化操作。

5) 液压元件已经实现系列化、标准化、通用化,设计、制造和维修方便。

6) 液压元件在液压油中工作,润滑条件好,使用寿命长。

7) 液压传动易于实现过载保护。

(2) 主要缺点

1) 由于液压油泄漏及压力损失,造成效率降低,运动平稳性变坏。外部泄漏还造成液压油损耗,并污染环境。

2) 液压元件配合精度要求高,加工工艺较难,制造成本高,维修也较困难。

3) 由于温度变化,液压油的黏度会发生变化,工作状态也会随着变化。高温或低温时,液压系统不能稳定工作。

4) 液压油在管道中输送时压力损失较大,压力信号反应也比电信号慢,不能远距离输送,由于油有压缩性以及油管可能会产生弹性变形或泄漏等原因,液压传动的传动比不太精确。

四、液压传动的基本回路

1. 压力控制回路

压力控制回路是控制整个系统或某条支路中液压油压力的单元回路。按照使用目的不同,压力控制回路又可分为调压、减压、增压等回路。

(1) 调压回路

调压回路的作用是控制液压系统的最高工作压力,使系统压力不超过压力控制阀的调定值。

(2) 减压回路

减压回路的作用是使液压系统的某一支路获得低于系统主油路工作压力的压力油。

(3) 增压回路

增压回路是实现液压放大的回路。

2. 速度控制回路

速度控制回路是控制和调节液压执行元件运动速度的单元回路。根据被控制执行元件的运动方式、状态以及调节方法不同，速度控制回路可分为调速、制动、限速和同步回路等。其中的调速回路根据调速方法不同可分为节流调速回路和容积调速回路。

3. 方向控制回路

方向控制回路用来控制液压系统各条油路中液压油流动方向的接通、切断或改变流向，从而使各执行元件按需要相应做出启动、停止或换向等一系列动作。常见的方向控制回路有换向回路、顺序回路和锁紧回路等。

五、液压传动在汽车上的应用

液压传动装置是依靠液体的压力、能量来传递动力的，汽车上采用的液压传动装置按工作原理分为动力式和容积式两种，常称为液力传动和液压传动。

动力式液压传动是借助于液压油的运动来传递能量和动力的，是依靠运动液体的"冲力"来工作的。它的动力和速度取决于运动液体的能量。汽车上采用的液力耦合器和液力变矩器就属于这一类。

容积式液压传动属于静力式液压传动。它是在密封的工作条件下，借助液体容积、体积变化而产生的液体压力来传递能量或动力的。它的工作能力取决于液体的单位压力和作用面积。汽车上的液压制动系统、动力转向系统和自卸车的举升系统等就属于这一类。

辅导练习题

一、判断题（下列判断正确的请在括号内打"√"，错误的打"×"）

1. 液压传动是以液体作为传动介质的。（　　）
2. 在液压传动过程中其工作容积必须密封且不能变化。（　　）
3. 液压泵属于控制阀。（　　）
4. 调速阀是流量控制阀。（　　）
5. 调压回路常用减压阀作为调压阀。（　　）
6. 回油节流调速回路的节流阀安装在分支油路上。（　　）
7. 减压回路主要减小主油路的压力。（　　）
8. 换向阀换向适用于高换向精度的场合。（　　）

9. 汽车上采用的液压传动装置按工作原理分为动力式和容积式两种。（　　）
10. 常流式液压动力转向装置因泄漏量大，消耗功率高，故目前应用较少。（　　）

二、单项选择题（下列每题有4个选项，其中只有1个是正确的，请将其代号填在横线空白处）

1. 液压传动是以_____作为工作介质进行能量传递和控制的传动形式。
   A. 气体　　　　　　　　　　　B. 固体
   C. 液体　　　　　　　　　　　D. 机械力

2. 在液压传动过程中，其工作容积_____。
   A. 密封且不断变化　　　　　　B. 不密封且不变化
   C. 密封但大小不能变化　　　　D. 不密封但大小要变化

3. 液压传动靠_____来传递动力。
   A. 油液的容积　　　　　　　　B. 油液的黏度
   C. 油液的压力　　　　　　　　D. 油液的压缩性

4. 对于油压千斤顶，重物应置于_____。
   A. 小油缸的一侧　　　　　　　B. 大油缸的一侧
   C. 单向阀的一侧　　　　　　　D. 以上均不对

5. 若某液压泵的额定压力为 25 MPa，则该泵属于_____。
   A. 低压泵　　　　　　　　　　B. 中压泵
   C. 高压泵　　　　　　　　　　D. 超高压泵

6. 换向阀的"位"是根据_____来划分的。
   A. 对外接通的油口数　　　　　B. 阀芯的控制方式
   C. 阀芯的运动形式　　　　　　D. 阀芯在阀体内的工作位置

7. 下列选项中属于液压系统动力装置的是_____。
   A. 换向阀　　　　　　　　　　B. 节流阀
   C. 液压泵　　　　　　　　　　D. 液压马达

8. 下列选项中属于液压系统执行元件的是_____。
   A. 换向阀　　　　　　　　　　B. 节流阀
   C. 液压泵　　　　　　　　　　D. 液压马达

9. 液压传动可实现_____。
   A. 精确的定比传动　　　　　　B. 无级调速
   C. 远距离传送　　　　　　　　D. 高效率传动

10. 液压传动不易实现_____。

A. 精确的定比传动 B. 无级调速
C. 过载保护 D. 良好的润滑

11. 下列选项中属于液压传动优点的是_____。
    A. 便于远距离传送 B. 易实现过载保护
    C. 易实现精确的定比传动 D. 传动效率高

12. 下列选项中属于液压传动缺点的是_____。
    A. 不便于过载保护 B. 润滑条件差
    C. 传动效率低 D. 不易实现无级调速

13. 下列节流调速回路中溢流阀在正常工作时不开启的是_____。
    A. 进油节流调速回路 B. 回油节流调速回路
    C. 旁路节流调速回路 D. 容积调速回路

14. 下列回路能实现无级调速的是_____。
    A. 容积调速回路 B. 回油节流调速回路
    C. 旁路节流调速回路 D. 进油节流调速回路

15. 在进油节流调速回路中，没有进入执行元件的多余油液经_____流回油箱。
    A. 减压阀 B. 节流阀
    C. 顺序阀 D. 溢流阀

16. 能实现锁紧作用的换向阀的中位机能是_____。
    A. O型 B. P型
    C. H型 D. K型

17. 动力式液压传动是借助于液压油的_____来传递能量和动力的。
    A. 压力 B. 容积
    C. 运动 D. 黏度

18. 容积式液压传动属于_____液压传动。
    A. 静力式 B. 动力式
    C. 组合式 D. 以上说法都不对

19. 汽车液压动力转向系统的原始动力来自_____。
    A. 蓄电池 B. 马达
    C. 发动机 D. 油泵

20. 车用液压制动系统中控制制动蹄的液压元件是_____。
    A. 制动总泵 B. 制动分泵
    C. 制动踏板 D. 推杆

三、多项选择题（下列每题的多个选项中，至少有 2 个是正确的，请将正确答案的代号填在横线空白处）

1. 对于液压传动叙述正确的是_____。
    A. 以液压油作为工作介质　　　　B. 利用液体压力来传递运动和动力
    C. 工作容积必须密封　　　　　　D. 密封的工作容积必须不断变化

2. 关于油压千斤顶说法正确的是_____。
    A. 大、小油缸内的工作压力不等　B. 大、小油缸内的工作压力相等
    C. 大油缸侧为举升侧　　　　　　D. 小油缸侧为举升侧

3. 下列选项中属于液压系统执行元件的是_____。
    A. 液压阀　　　　　　　　　　　B. 液压泵
    C. 液压缸　　　　　　　　　　　D. 液压马达

4. 下列选项中属于方向控制阀的是_____。
    A. 换向阀　　　　　　　　　　　B. 减压阀
    C. 单向阀　　　　　　　　　　　D. 溢流阀

5. 液压缸按结构不同可分为_____。
    A. 活塞式液压缸　　　　　　　　B. 柱塞式液压缸
    C. 单杆式活塞缸　　　　　　　　D. 摆动式液压缸

6. 液压系统的控制阀按功用可分为_____。
    A. 方向控制阀　　　　　　　　　B. 压力控制阀
    C. 速度控制阀　　　　　　　　　D. 流量控制阀

7. 节流调速回路包括_____。
    A. 进油节流调速回路　　　　　　B. 回油节流调速回路
    C. 容积节流调速回路　　　　　　D. 旁路节流调速回路

8. 下列选项中属于压力控制回路的是_____。
    A. 增压回路　　　　　　　　　　B. 减压回路
    C. 调压回路　　　　　　　　　　D. 顺序回路

9. 液压式动力转向装置按液压油的工作状态可分为_____。
    A. 常压式　　　　　　　　　　　B. 常温式
    C. 常流式　　　　　　　　　　　D. 常闭式

10. 汽车上采用的液压传动装置按工作原理分为_____。
    A. 动力式　　　　　　　　　　　B. 容积式
    C. 压力式　　　　　　　　　　　D. 速度式

参考答案及说明

一、判断题

1. √。

2. ×。液压传动的工作原理是：以液压油作为工作介质，依靠密封容积的变化来传递运动，依靠液压油内部的压力来传递动力。

3. ×。液压泵是液压系统的能源装置，即动力装置。

4. √。

5. ×。调压回路常用溢流阀作为调压阀。

6. ×。回油节流调速回路的节流阀安装在回油路上。

7. ×。减压回路主要减小支油路的压力。

8. ×。换向阀换向适用于换向精度要求不高的场合。

9. √。

10. ×。常流式液压动力转向装置结构较简单，因油泵不经常处于工作状态，所以油泵使用寿命较长，泄漏较少，消耗功率也较少。目前，除少数重型汽车采用常压式外，其余多采用常流式动力转向装置。

二、单项选择题

1. C。液压传动是以液压油作为工作介质，利用液体压力来传递运动和进行控制的一种传动方式。

2. A。液压传动的工作原理是：以液压油作为工作介质，依靠密封容积的变化来传递运动，依靠液压油内部的压力来传递动力。

3. C。液压传动的工作原理是：以液压油作为工作介质，依靠密封容积的变化来传递运动，依靠液压油内部的压力来传递动力。

4. B。油压千斤顶在举升重物时应将重物放置在大油缸的一侧。

5. C。液压泵按其压力的大小可分为超高压泵（额定压力超过 32 MPa）、高压泵（额定压力为 16～32 MPa）、中高压泵（额定压力为 8～16 MPa）、中压泵（额定压力为 2.5～8 MPa）和低压泵（额定压力为 0～2.5 MPa）等。

6. D。换向阀的"位"是根据阀芯在阀体内的工作位置来划分的。

7. C。液压泵是动力元件，它把输入的机械能转变为液压油的压力能，作为液压系统的能源。

8. D。液压系统的执行元件包括液压缸和液压马达。

9. B。液压传动易获得很大的输出力或力矩；易于实现大幅度减速，并能实现大范围的无级变速。

10. A。液压油在管道中输送时压力损失较大，压力信号反应也比电信号慢，不能远距离输送，由于油有压缩性以及油管可能会产生弹性变形或泄漏等原因，液压传动的传动比不太精确。

11. B。液压传动易于实现过载保护。

12. C。由于液压油泄漏及压力损失，造成效率降低，运动平稳性变坏。外部泄漏还造成液压油损耗，并污染环境。

13. C。在旁路节流调速回路中，节流阀安装在分支油路中和液压缸并联。液压泵输出的压力油分成两路，一路进入液压缸，另一路经节流阀流回油箱。调节支油路上节流阀的流量即可改变经主油路进入液压缸的流量，从而达到调速的目的。在正常工作时溢流阀不开启，只有当系统过载时溢流阀才打开溢流，起安全保护作用。

14. A。根据调速特性不同，容积调速回路可分为有级调速回路和无级调速回路。

15. D。在进油节流调速回路中，没有进入执行元件的多余油液经溢流阀流回油箱。

16. A。换向阀的O型中位机能能实现锁紧作用。

17. C。动力式液压传动是借助于液压油的运动来传递能量和动力的，是依靠运动液体的"冲力"来工作的。

18. A。容积式液压传动属于静力式液压传动。它是在密封的工作条件下，借助液体容积、体积变化而产生的液体压力来传递能量或动力的。

19. C。汽车液压动力转向系统的原始动力来自发动机。

20. B。车用液压制动系统中控制制动蹄的液压元件是制动分泵。

三、多项选择题

1. ABCD。液压传动是以液压油作为工作介质，利用液体压力来传递运动和进行控制的一种传动方式。

液压传动的工作原理是：以液压油作为工作介质，依靠密封容积的变化来传递运动，依靠液压油内部的压力来传递动力。

2. BC。油压千斤顶的大、小油缸内部可以看成是一个连通器，故两侧压力相等。在举升时利用大、小油缸的面积差将重物在大油缸侧进行举升。

3. CD。液压系统的执行元件包括液压缸和液压马达。

4. AC。方向控制阀简称方向阀，是用来控制和改变液压系统中液压油流动方向的阀，可分为单向阀和换向阀两种。

5. ABD。液压缸可分为活塞式、柱塞式和摆动式三种类型。

6. ABD。根据液压控制阀在系统中的用途，可分为压力控制阀、流量控制阀和方向控制阀三大类。

7. ABD。根据节流阀在回路中的装设位置不同，节流调速回路有三种基本形式，即进油节流调速回路、回油节流调速回路和旁路节流调速回路。

8. ABC。压力控制回路是控制整个系统或某条支路中液压油压力的单元回路。按照使用目的不同，压力控制回路又可分为调压、减压、增压等回路。

9. AC。液压式动力转向装置按液压油的工作状态可分为常流式和常压式两种。

10. AB。汽车上采用的液压传动装置按工作原理分为动力式和容积式两种，常称为液力传动和液压传动。

第六章 汽车维修机具的性能和使用

考 核 要 点

基础知识考核范围	考核要点	重要程度
举升器的种类、性能和使用方法	举升器的类型及特点	掌握
汽车拆装工具的种类、性能和使用方法	汽车拆装工具的类型及使用方法	掌握
车轮平衡机的性能和使用方法	车轮平衡机的性能和使用方法	熟悉
汽车清洗设备的种类、性能和使用方法	汽车清洗设备的性能和使用方法	掌握

重点复习提示

一、举升器的种类、性能和使用方法

1. 作用

举升器的作用是：将汽车局部或整车举升到需要的高度，以便于维修人员对汽车各部分进行检查、拆卸、维护和修理作业。

2. 类型

举升器按控制方式不同可分为电动式举升器、气动式举升器、液压式举升器、电动液压式举升器和移动式举升器。

3. 性能及使用方法

（1）电动式举升器

电动式举升器常见的有蜗轮蜗杆式举升器和菱架式举升器两种。

1）蜗轮蜗杆式举升器。蜗轮蜗杆式举升器上、下运动平稳，操作简单，移动方便。

2）菱架式举升器。菱架式举升器用于举升小型车辆，平时机架可降至地槽内与地面平行，不占空间，自动电控，保险可靠。

（2）气动式举升器

气动式举升器主要用于汽车局部举升。

(3) 液压式举升器

液压式举升器用于自重在 2.5 t 以下的各种小轿车、面包车及轻型货车的举升。

(4) 电动液压式举升器

电动液压式举升器分为单柱式、双柱式、四柱式、六柱式等。较为常用的是双柱式和四柱式（这两种举升器有时也可利用机械或电动控制其举升高度）。

1）双柱式举升器。用于自重在 3 t 以下的各类进口或国产轿车及小客货车在修理中的举升。

2）四柱式举升器。用于自重在 20 t 以下的各种客车、货车、吊车的举升维修和保养作业。

(5) 移动式举升器

移动式举升器用于各种货车、客车、城市交通车、大型旅游车、消防车、矿山用车、拖车及专用特种车辆的举升。

二、汽车拆装工具的种类、性能和使用方法

1. 专用扳手

专用扳手是一种用途较为单一的扳手的通称。

内六角扳手：用于扭转内六角头部的螺栓。

圆螺母扳手：用于扭转槽形圆螺母。

叉形凸缘及转向螺母套筒扳手：用于扭转轮毂轴承的调整和锁紧螺母。

方扳手：用于扭转四棱柱头部的螺栓，如油底壳、变速器等的放油螺栓。

叉形扳手：用于扭转圆柱孔定位的螺母，如减振器顶盖等。

火花塞套筒扳手：用于拆装火花塞。

气门芯扳手：用于拆装轮胎气门芯。

钩形扳手：用于扭转槽形圆螺母等。

专用套筒扳手：用于扭转特殊螺栓或螺母，如轮毂轴承螺栓、螺母、轮胎螺母。

机油滤清器扳手：用于拆装机油滤清器总成。

2. 拉器

常用的拉器有两爪拉器、三爪拉器、球轴承拉器、圆锥滚子轴承拉器、汽缸套筒拉器、半轴套管拉器和通用拉器等。

(1) 两爪拉器

两爪拉器主要用于拆卸发动机曲轴正时齿轮、曲轴带轮、风扇带轮、凸轮轴正时齿轮及其他位置尺寸合适的齿轮和轴承、凸缘等圆盘形构件。使用两爪拉器时，当拉器与被拉工件安装好后，要检查拉爪是否卡紧，两边受力是否均匀、对称，垫套与轴是否对中，然后扭动

螺杆接触工件,再复查一次,确认无误后才能进行拆卸工作。

(2) 三爪拉器

三爪拉器主要用于拆卸各种齿轮及轴承、凸缘等圆盘形构件。使用时基本与两爪拉器相同。

(3) 球轴承拉器

球轴承拉器主要用于相应球轴承的拆卸。使用时,将两爪扣进球轴承钢球之间的空当,装上锁紧套,转动拉器的螺杆,就可以将轴承拉下来。

(4) 圆锥滚子轴承拉器

圆锥滚子轴承拉器主要用于主减速器主动锥齿轮轴承的拆卸。这种拉器只能用在轴承内套里面高出轴肩较多、端面间隙较宽松的场合。

(5) 汽缸套筒拉器

汽缸套筒拉器主要用于拉出或压入发动机的汽缸套筒。

(6) 半轴套管拉器

半轴套管拉器用于拆装半轴套管。使用时先拆去半轴套管固定螺钉、轮毂固定螺母和调整螺母,但不取下轮毂。安装拉器,固定螺杆,转动螺母,即可拉出半轴套管。

(7) 通用拉器

通用拉器可用于拆卸曲轴正时齿轮、传动带盘、转向盘、圆锥滚子轴承、变速器齿轮和其他位置尺寸合适的零件。通用拉器配用常用拉板可拆卸差速器轴承;配用转向节球销拉板即可拆卸转向节球销,利用该拉板还可拆卸转向机垂臂。

3. 活塞环拆装钳

活塞环拆装钳是一种专门用于拆装活塞环的工具。

4. 气门弹簧拆装钳

气门弹簧拆装钳是一种专门用于拆装顶置式气门弹簧的工具。

使用时,将拆装托架抵住气门,压环对正气门弹簧座,然后压下手柄,使得气门弹簧被压缩,这时可取下气门弹簧锁或锁片,慢慢地松开手柄,即可取出气门弹簧座、气门弹簧和气门等零件。

5. 轮胎螺母拆装机

轮胎螺母拆装机是拆装轮胎螺母的专用工具。

三、车轮平衡机的性能和使用方法

车轮平衡机有汽车车轮就车式平衡机和离车式平衡机之分,都用来检测与调准汽车车轮的动、静平衡,以保证车轮运转安全、平稳,减少轴承磨损。

1. 汽车车轮就车式平衡机的性能

（1）不拆卸车轮，进行现场检测校准，更接近实际工况，平衡质量好，节省拆装时间，操作简便，效率高。

（2）采用微型计算机自动平衡程序处理数据，准确、快速。

（3）采用数字显示和指示灯显示校准配重的大小和位置，显示直观，数据准确。

（4）采用专用的滤波技术，能从干扰中提取稳定的振动信号，并采用红外光电新技术提高检测准确度。

2. 汽车车轮就车式平衡机的使用方法

（1）前轮静平衡

1）用千斤顶顶起前桥，将传感装置磁头吸附于悬架下臂或转向节处，调整可调支杆高度并锁紧。

2）转动车轮，检查频闪灯的工作状况。

3）取下旧平衡块，清洁轮胎。

4）在轮胎下面做一标志。

5）启动电动机，扳动转轮手柄，顶住胎面，带动车轮。

6）观察不平衡度表，达最大不平衡量时松开转轮，停止驱动。

7）用频闪灯照射轮胎，确认标志位置。

8）制动转轮，根据标志位置确定轻点。

9）根据不平衡度表指示值在轻点位置安装平衡块。

10）再次驱动转轮，带动车轮复查，直到平衡为止。

（2）前轮动平衡

1）使车轮向外转动45°，将传动器磁头吸附在制动底板边缘尽可能平的部位。

2）用转轮带动车轮。

3）根据频闪灯及不平衡度表确定轻点位置及不平衡量，具体方法与静平衡相同。

（3）后轮静平衡

1）将传感器磁头吸附在后轴靠近后轮处。

2）将后轮顶起，用发动机带动后轮，其余做法与前轮静平衡相同。

四、汽车清洗设备的种类、性能和使用方法

汽车清洗设备常用的有刷子式清洗机、转盘式清洗机、门式清洗机和喷射式清洗机。

1. 刷子式清洗机

刷子式清洗机适用于小客车、公共汽车和大客车的外部清洗工作，具有操纵简单、使用

方便的特点。

2. 转盘式清洗机

性能：转盘式清洗机主要用于汽车零件的清洗。

使用方法：

(1) 接通清洗液加热电路，当清洗液加热到一定温度后，将被清洗的零件放到清洗室的转盘上，关闭清洗室门。

(2) 启动自动控制线路开关，开始清洗过程。

(3) 经过一定时间后，水泵停止工作，转盘停止转动，零件清洗完毕。

(4) 打开清洗室门，从中取出零件。

3. 门式清洗机

性能：门式清洗机能在程序自动控制下对轿车进行清洗、喷淋、打蜡、吹干、车轮清洗和底盘清洗等。清洗省时、省力、节水，既可全过程自动完成清洗工作，又可单程清洗。

使用方法：根据清洗要求设定自动程序，观测清洗进程，清洗完毕使控制系统返回初始状态。

4. 喷射式清洗机

喷射式清洗机又可分为常温高压清洗机和热水清洗机两种。

(1) 常温高压清洗机

常温高压清洗机应用了特种高压泵、自控喷枪、自动调压、混药器等新技术，根据清洗工件工艺需要可调节压力大小。

(2) 热水清洗机

热水清洗机具有冬季加热快、配液方法方便等特点，一般只限于高寒地区冬季使用。

辅导练习题

一、判断题（下列判断正确的请在括号内打"√"，错误的打"×"）

1. 双柱式举升器主要用于举升 20 t 以下的车辆。（　）
2. 电动式举升器常见的有蜗轮蜗杆式举升器和菱架式举升器两种。（　）
3. 活塞环拆装钳是一种专门用于拆装活塞环的工具。（　）
4. 使用活塞环拆装钳拆装活塞环时用力必须均匀。（　）
5. 在对前轮进行动平衡检测时应将车轮向外转动 30°。（　）
6. 车轮平衡机用来检测和修理汽车的动、静平衡。（　）
7. 转盘式清洗机主要用于整车清洗。（　）

8. 喷射式清洗机可分为常温高压清洗机和热水清洗机两种。（ ）

二、单项选择题（下列每题有4个选项，其中只有1个是正确的，请将其代号填在横线空白处）

1. 菱架式举升器属于_____。
   A. 电动式举升器   B. 气动式举升器
   C. 液压式举升器   D. 移动式举升器

2. 柱式举升器多为_____。
   A. 气动式举升器   B. 电动式举升器
   C. 移动式举升器   D. 电动液压式举升器

3. 2.5 t 以下的各种小轿车、面包车适宜选用_____举升。
   A. 液压式举升器   B. 电动式举升器
   C. 气动式举升器   D. 移动式举升器

4. 主要对汽车进行局部举升的举升器是_____。
   A. 电动式举升器   B. 液压式举升器
   C. 气动式举升器   D. 移动式举升器

5. 拆装油底壳、变速器等的放油螺栓通常选用_____。
   A. 方扳手   B. 内六角扳手
   C. 钩形扳手   D. 套筒扳手

6. 轮毂轴承螺栓、螺母的拆装适宜选用_____。
   A. 内六角扳手   B. 专用套筒扳手
   C. 钩形扳手   D. 方扳手

7. 球轴承的拆卸选用_____。
   A. 两爪拉器   B. 通用拉器
   C. 球轴承拉器   D. 半轴套管拉器

8. _____是一种专门用于拆装顶置式气门弹簧的工具。
   A. 活塞环拆装钳   B. 汽缸套筒拉器
   C. 半轴套管拉器   D. 气门弹簧拆装钳

9. 离车式平衡机按_____原理工作。
   A. 动平衡   B. 静平衡
   C. 平衡块   D. 以上说法均不对

10. 就车式平衡机按_____原理工作。
    A. 动平衡   B. 静平衡

C. 平衡块　　　　　　　　　　D. 以上说法均不对

11. _____平衡机按静平衡原理工作。
    A. 就车式　　　　　　　　　B. 离车式
    C. 气压式　　　　　　　　　D. 液压式

12. _____平衡机按动平衡原理工作。
    A. 就车式　　　　　　　　　B. 离车式
    C. 气压式　　　　　　　　　D. 液压式

13. 主要用于汽车零件清洗的清洗机是_____。
    A. 门式清洗机　　　　　　　B. 刷子式清洗机
    C. 转盘式清洗机　　　　　　D. 喷射式清洗机

14. 一般清洗用的化学溶液可采用_____与热水的混合溶液。
    A. 酒精　　　　　　　　　　B. 碱面
    C. 稀酸　　　　　　　　　　D. 中性肥皂

15. 用于涂漆前、粘接前、电镀后等的清洗机一般选用_____。
    A. 门式清洗机　　　　　　　B. 转盘式清洗机
    C. 常温高压清洗机　　　　　D. 热水清洗机

16. 用于高寒地区冬季使用的清洗机是_____。
    A. 门式清洗机　　　　　　　B. 转盘式清洗机
    C. 热水清洗机　　　　　　　D. 常温高压清洗机

三、多项选择题（下列每题的多个选项中，至少有2个是正确的，请将正确答案的代号填在横线空白处）

1. 四柱式举升器用于_____的举升。
   A. 3 t以下车辆　　　　　　　B. 20 t以下车辆
   C. 客车　　　　　　　　　　D. 货车

2. 电动式举升器常见的类型有_____。
   A. 双柱式举升器　　　　　　B. 移动式举升器
   C. 蜗轮蜗杆式举升器　　　　D. 菱架式举升器

3. 通用拉器可用于拆卸_____。
   A. 转向盘　　　　　　　　　B. 圆锥滚子轴承
   C. 变速器齿轮　　　　　　　D. 曲轴正时齿轮

4. 方扳手多用于拆装_____螺栓。
   A. 内六角　　　　　　　　　B. 油底壳

C. 变速器 D. 轮毂轴承

5. 车轮平衡机可分为_____。
   A. 就车式平衡机 B. 普通车轮平衡机
   C. 离车式平衡机 D. 专用车轮平衡机

6. 进行车轮动平衡时需_____。
   A. 将车轮向内转动 45°
   B. 将车轮向外转动 45°
   C. 将传动器磁头吸附在制动底板边缘尽可能平的部位
   D. 将传动器磁头吸附在制动底板边缘尽可能垂直的部位

7. 汽车清洗设备主要有_____。
   A. 刷子式清洗机 B. 转盘式清洗机
   C. 门式清洗机 D. 喷射式清洗机

8. _____适用于车辆的外部清洗。
   A. 刷子式清洗机 B. 转盘式清洗机
   C. 门式清洗机 D. 喷射式清洗机

参考答案及说明

一、判断题

1. ×。双柱式举升器用于自重在 3 t 以下的各类进口或国产轿车及小客货车在修理中的举升。
2. √。
3. √。
4. √。
5. ×。在对前轮进行动平衡检测时应将车轮向外转动 45°。
6. ×。车轮平衡机有汽车车轮就车式平衡机和离车式平衡机之分，都用来检测与调准汽车车轮的动、静平衡，以保证车轮运转安全、平稳，减少轴承磨损。
7. ×。转盘式清洗机主要用于汽车零件的清洗。
8. √。

二、单项选择题

1. A。电动式举升器常见的有蜗轮蜗杆式举升器和菱架式举升器两种。
2. D。电动液压式举升器分为单柱式、双柱式、四柱式、六柱式等。

3. A。液压式举升器用于自重在 2.5 t 以下的各种小轿车、面包车及轻型货车的举升。

4. C。气动式举升器主要用于汽车局部举升。

5. A。方扳手用于扭转四棱柱头部的螺栓，如油底壳、变速器等的放油螺栓。

6. B。专用套筒扳手用于扭转特殊螺栓或螺母，如轮毂轴承螺栓、螺母、轮胎螺母。

7. C。球轴承拉器主要用于相应球轴承的拆卸。

8. D。气门弹簧拆装钳是一种专门用于拆装顶置式气门弹簧的工具。

9. A。离车式平衡机按动平衡原理工作。

10. B。就车式平衡机按静平衡原理工作。

11. A。就车式平衡机按静平衡原理工作。

12. B。离车式平衡机按动平衡原理工作。

13. C。转盘式清洗机主要用于汽车零件的清洗。

14. D。一般清洗用的化学溶液可采用中性肥皂与热水的混合溶液。

15. C。常温高压清洗机应用了特种高压泵、自控喷枪、自动调压、混药器等新技术，根据清洗工件工艺需要可调节压力大小。该清洗机广泛用于交通、机械等多种领域的清洗、保养工作，以及用于涂漆前、粘接前、电镀后、热处理过程中和加工工房的清洗。

16. C。热水清洗机具有冬季加热快、配液方法方便等特点，一般只限于高寒地区冬季使用。

三、多项选择题

1. BCD。四柱式举升器用于自重在 20 t 以下的各种客车、货车、吊车的举升维修和保养作业。

2. CD。电动式举升器常见的有蜗轮蜗杆式举升器和菱架式举升器两种。

3. ABCD。通用拉器可用于拆卸曲轴正时齿轮、传动带盘、转向盘、圆锥滚子轴承、变速器齿轮和其他位置尺寸合适的零件。

4. BC。方扳手用于扭转四棱柱头部的螺栓，如油底壳、变速器等的放油螺栓。

5. AC。车轮平衡机有汽车车轮就车式平衡机和离车式平衡机之分。

6. BC。前轮动平衡时使车轮向外转动 45°，将传动器磁头吸附在制动底板边缘尽可能平的部位。

7. ABCD。汽车清洗设备常用的有刷子式清洗机、转盘式清洗机、门式清洗机和喷射式清洗机。

8. ACD。转盘式清洗机主要用于汽车零件的清洗。

第七章　汽车构造

考核要点

基础知识考核范围	考核要点	重要程度
汽车的类型与型号	汽车的类型	掌握
	国产汽车型号	掌握
汽车的组成和技术参数	汽车的组成	掌握
	汽车的布置形式	熟悉
	汽车的主要技术参数	熟悉

重点复习提示

一、汽车的类型

1. 旧标准主要分类

（1）轿车

轿车是指乘员为2～8人，采用两厢或三厢结构的小型载客汽车。按发动机排量分为微型轿车（排量在1.0 L以下）、普通级轿车（排量为1.0～1.6 L）、中级轿车（排量为1.6～2.5 L）、中高级轿车（排量为2.5～4.0 L）、高级轿车（排量在4.0 L以上）。

（2）客车

客车是指9座以上的汽车，主要用于公共服务。按车身长度可分为微型客车（车身长度在3.5 m以下）、小型客车（车身长度为3.5～7 m）、中型客车（车身长度为7～10 m）、大型客车（车身长度为10～12 m）、特大型客车（车身长度在12 m以上）。

（3）载货汽车

载货汽车主要是指用于运输各种货物的汽车。按其设计允许的总质量可分为微型载货车（最大设计总质量不超过1 800 kg的载货汽车）、轻型载货车（最大设计总质量为1 800～6 000 kg的载货汽车）、中型载货车（最大设计总质量为6 000～14 000 kg的载货汽车）、重型载货车（最大设计总质量大于 14 000 kg 的载货汽车），还有牵引汽车、自卸汽车、越野汽车、专用汽车（特种汽车）、农用汽车及改装汽车等。

2. 新标准主要分类

（1）乘用车

乘用车是指在设计和技术特性上主要用于载运乘客及其随身行李和（或）临时物品的汽车，包括驾驶员座位在内最多不超过 9 个座位。它可以牵引一辆挂车，可分为以下几种：

1）小型乘用车。该车为封闭式车身，通常后部空间较小。车顶为固定式硬车顶，有的顶盖一部分可以开启。有至少一排两个或两个以上的座位。有两个侧门，也可有一个后开启门。有两个或两个以上车窗。

2）普通式乘用车。该车为封闭式车身，有或无侧窗中柱。车顶为固定式硬车顶，有的顶盖一部分可以开启。有至少两排 4 个或 4 个以上座位。两个或 4 个侧门，或有一个后开启门。

3）高级乘用车。该车为封闭式车身，前、后座之间可以设有隔板。车顶为固定式硬车顶，有的顶盖一部分可以开启。有至少两排 4 个或 4 个以上座位。后排座椅前可安装折叠式座椅。有 4 个或 6 个侧门，也可有一个后开启门。有 6 个或 6 个以上的车窗。

4）多用途乘用车。是指只有一个车室载运乘客及其行李或物品的乘用车。

乘用车中还有越野乘用车、专用乘用车、旅居车、防弹车等。

（2）商用车辆

商用车辆是指在设计和技术特性上用于运送人员和货物的汽车，并且可以牵引挂车。乘用车不包括在内。商用车辆可分为：

1）客车。是指在设计和技术特性上用于载运乘客及其随身行李的商用车辆，包括驾驶员座位在内座位数超过 9 座。有单层的或双层的，也可牵引一辆挂车，可分为以下几种：

小型客车：用于载运乘客，除驾驶员座位外，座位数不超过 16 座的客车。

城市客车：一种为城市内运输而设计和装备的客车。这种车辆设有座椅及站立乘客的位置，并有足够的空间供频繁停站时乘客上下走动用。

长途客车：一种为城市间运输而设计和装备的客车。这种车辆没有专供乘客站立的位置，但在其通道内可载运短途站立的乘客。

旅游客车：一种为旅游而设计和装备的客车。这种车辆的布置要确保乘客的舒适性，不载运站立的乘客。

客车中还有铰接车、无轨电车、越野客车等。

2）货车。是指主要为载运货物而设计和装备的商用车辆，可分为以下几种：

普通货车：一种在敞开或封闭载货空间内载运货物的货车。

多用途货车：在其设计和结构上主要用于载运货物，但在驾驶员座椅后带有固定或折叠式座椅，可运载3个以上乘客的货车。

专用货车：在其设计和技术特性上用于运输特殊物品的货车，如罐式车、集装箱运输车等。

专用作业车：在其设计和技术特性上用于特殊工作的货车，如消防车、救险车、垃圾车、街道清洗车、扫雪车、清洁车等。

二、国产汽车型号

1988年颁布的国家标准《汽车产品型号编排规则》（GB 9417—88）规定：自1989年1月1日以后设计的汽车与半挂车的型号一律按此标准来确定型号。汽车产品型号由生产企业名称或企业所在地区代号、车辆类别代号、主参数代号、产品序号组成，必要时还可附加企业自定代号。

三、汽车的组成

汽车通常由发动机、底盘、车身和电气设备四大部分组成。

1. 发动机

发动机是汽车的动力装置，其作用是将燃料燃烧所产生的热能转变为机械能输出。大多数汽车的发动机都采用往复活塞式内燃机，所用的燃料以汽油和柴油为主。汽油发动机一般由机体组、曲柄连杆机构、配气机构、燃料供给系、润滑系、冷却系、点火系、起动系、电控系统等部分组成。以柴油为燃料的发动机采用压燃式，无点火系。

2. 底盘

底盘是汽车装配与行驶的主体，其作用是支撑、安装发动机、车身等其他总成与部件，形成汽车的整体造型，并接受发动机输出的动力，使汽车能够运动，保证汽车正常行驶。底盘由传动系、行驶系、转向系和制动系四大部分组成。

（1）传动系

传动系的作用是通过各种传动装置把发动机的动力传给各驱动车轮。传动系由离合器、变速器、传动轴和驱动桥等组成。

（2）行驶系

行驶系的作用是将汽车各总成及部件连成一个整体，并对全车起支撑作用，以保证汽车正常行驶。行驶系由车架、前桥、驱动桥的壳体、车轮、悬架等组成。

（3）转向系

转向系的作用是保证汽车能按照驾驶员选择的方向行驶，由带转向盘的转向器及转向传动装置组成。

(4) 制动系

制动系的作用是控制汽车，使汽车减速或停车，并保证驾驶员离去后汽车能可靠停驻。每辆汽车的制动装置都包括若干个相互独立的制动系统，每个制动系统都由供能装置、控制装置、传动装置和制动器组成。

3. 车身

车身是驾驶员工作的场所，也是装载乘客和货物的场所。轿车、客车的车身一般是整体结构，货车车身一般由驾驶室和货厢两部分组成。

4. 电气设备

电气设备由电源组、发动机起动系和点火系、汽车照明和信号装置等组成。此外，在现代汽车上越来越多地装用各种电子设备，如微处理机、中央计算机系统及各种人工智能装置（ABS 防抱死系统、安全气囊、定速巡航、GPS 定位系统等），显著地提高了汽车的性能。

四、汽车的布置形式

现代汽车的布置形式通常有以下几种：

发动机前置后轮驱动（FR）：是传统的布置形式。国内外的大多数货车、部分轿车和部分客车都采用这种形式。

发动机前置前轮驱动（FF）：是在轿车上逐渐盛行的布置形式，具有结构紧凑、减小轿车的质量、降低地板高度、改善高速行驶时的操纵稳定性等优点。

发动机后置后轮驱动（RR）：是目前大、中型客车盛行的布置形式，具有降低室内噪声及有利于车身内部布置等优点。少数微型或普及型轿车也采用这种形式。

发动机中置后轮驱动（MR）：是目前大多数运动型轿车和方程式赛车所采用的布置形式。由于这些车型都采用功率很大的发动机，将发动机布置在驾驶员座椅之后和后桥之前，有利于获得最佳轴荷分配并提高汽车的性能。

全轮驱动（nWD）：是越野汽车特有的形式，通常发动机前置，在变速器后装有分动器，以便将动力分别输送到全部车轮上。

五、汽车的主要技术参数

1. 质量参数（单位：kg）

(1) 整车装备质量

整车装备质量是指车辆装备齐全，加足燃油、润滑油和冷却液，并带齐随车工具、备胎及其他规定应带的备品，符合正常行驶要求的质量。

(2) 最大装载质量

最大装载质量是指设计允许的最大装载货物的质量。

(3) 最大总质量

最大总质量是指汽车满载时的总质量。最大总质量＝整车装备质量＋最大装载质量。

(4) 最大轴载质量

最大轴载质量是指汽车满载时各轴所承载的质量。

2. 主要结构参数（单位：mm）

(1) 总长

总长是指车体纵向的最大尺寸（前、后最外端间的距离）。

(2) 总宽

总宽是指车体横向的最大尺寸。

(3) 总高

总高是指车辆最高点到地面间的距离。

(4) 轴距

轴距是指相邻两轴中心线之间的距离。

(5) 轮距

轮距是指同一车桥左、右轮胎面中心线（沿地面）间的距离。双胎结构则为双胎中心线间的距离。

(6) 前悬

前悬是指汽车最前端至前轴中心线间的距离。

(7) 后悬

后悬是指汽车最后端至后轴中心线间的距离。

(8) 最小离地间隙

在满载状态下，底盘下部（车轮除外）最低点到地面间的距离称为最小离地间隙。

(9) 接近角

接近角是指车体前部突出点向前轮引的切线与地面的夹角。

(10) 离去角

离去角是指车体后部突出点向后轮引的切线与地面的夹角。

3. 性能参数

(1) 最高车速

最高车速是指汽车在平直良好的道路上行驶时所能达到的最大车速（km/h）。

(2) 最大爬坡度

最大爬坡度是指车辆满载时的最大爬坡能力（％）。

（3）最小转弯半径

转向盘转至极限位置时，外侧转向轮中心平面在地平面上移动的轨迹圆的半径（m）称为最小转弯半径。

（4）百公里等速油耗

百公里等速油耗是指汽车在公路上匀速行驶时每百公里消耗的燃油量。

（5）驱动方式

驱动方式用车轮总数×驱动轮数或车轴总数×驱动轴数来表示。

辅导练习题

一、判断题（下列判断正确的请在括号内打"√"，错误的打"×"）

1. 乘坐人数在6人以上的汽车称为轿车。　　　　　　　　　　　　（　　）
2. 商用车辆包括乘用车。　　　　　　　　　　　　　　　　　　　（　　）
3. 轿车类别代号是7。　　　　　　　　　　　　　　　　　　　　（　　）
4. 轿车的主要参数用车辆长度来表示。　　　　　　　　　　　　　（　　）
5. 运动型轿车和方程式赛车多采用的布置形式是发动机后置后轮驱动。（　　）
6. 任何一台发动机均不能缺少点火系、起动系等部分。　　　　　　（　　）
7. 汽车最大总质量＝整车装备质量＋最大装载质量。　　　　　　　（　　）
8. 汽车最小离地间隙是指车辆在空载时，底盘部分最低点与地面间的距离。（　　）

二、单项选择题（下列每题有4个选项，其中只有1个是正确的，请将其代号填在横线空白处）

1. 普通级轿车的排量是_____ L。

　　A. ＜1.0　　　　　　　　　　B. 1.0～1.6

　　C. 1.6～2.5　　　　　　　　　D. 2.5～4.0

2. 中型客车的车身长度为_____ m。

　　A. 10～12　　　　　　　　　　B. 7～10

　　C. 3.5～7　　　　　　　　　　D. ＜3.5

3. 最大设计总质量为6 000～14 000 kg的车属于_____。

　　A. 轻型载货车　　　　　　　　B. 中型载货车

　　C. 重型载货车　　　　　　　　D. 特种汽车

4. 防弹车属于_____。

A. 轿车 B. 载货汽车
C. 乘用车 D. 商用车辆

5. 客车的类别代号是_____。
   A. 4 B. 5
   C. 6 D. 7

6. 轿车的类别代号是_____。
   A. 4 B. 5
   C. 6 D. 7

7. 载货汽车的类别代号是_____。
   A. 4 B. 3
   C. 2 D. 1

8. 轿车的主参数代号用_____来表示。
   A. 发动机排量值 B. 汽车总质量
   C. 车辆长度 D. 座位数

9. _____是汽车装配与行驶的主体。
   A. 底盘 B. 发动机
   C. 车身 D. 电气设备

10. 汽车底盘由传动系、行驶系、转向系和_____四大部分组成。
    A. 起动系 B. 润滑系
    C. 制动系 D. 冷却系

11. 悬架属于_____的组成部分。
    A. 传动系 B. 行驶系
    C. 转向系 D. 制动系

12. 全轮驱动是_____特有的布置形式。
    A. 大货车 B. 轿车
    C. 客车 D. 越野汽车

13. 最小转弯半径是指转向盘转至极限位置时，_____中心平面在地平面上移动的轨迹圆的半径。
    A. 车身 B. 内侧转向轮
    C. 外侧转向轮 D. 以上选项均不正确

14. 最大爬坡度是车辆_____时的最大爬坡能力。
    A. 空载 B. 满载

C. <5 t D. >5 t

15. 汽车最大总质量是_____。

　　A. 整车装备质量

　　B. 最大装载质量

　　C. 整车装备质量与最大装载质量之差

　　D. 整车装备质量与最大装载质量之和

16. 前悬是汽车最前端至_____中心线间的距离。

　　A. 前轮　　　　　　　　　B. 后轮

　　C. 前轴　　　　　　　　　D. 后轴

三、多项选择题（下列每题的多个选项中，至少有2个是正确的，请将正确答案的代号填在横线空白处）

1. 载货汽车按其设计允许的总质量可分为_____。

　　A. 微型载货车　　　　　　B. 轻型载货车

　　C. 中型载货车　　　　　　D. 重型载货车

2. 下列选项中属于客车的是_____。

　　A. 无轨电车　　　　　　　B. 轿车

　　C. 铰接车　　　　　　　　D. 长途客车

3. _____的主要参数用汽车的总质量来表示。

　　A. 轿车　　　　　　　　　B. 越野汽车

　　C. 载货汽车　　　　　　　D. 客车

4. _____的主要参数不用车辆长度来表示。

　　A. 轿车　　　　　　　　　B. 越野汽车

　　C. 载货汽车　　　　　　　D. 客车

5. 汽车通常由_____组成。

　　A. 发动机　　　　　　　　B. 底盘

　　C. 车身　　　　　　　　　D. 电气设备

6. 底盘由_____组成。

　　A. 传动系　　　　　　　　B. 行驶系

　　C. 转向系　　　　　　　　D. 制动系

7. 发动机前置后轮驱动一般用于_____。

　　A. 货车　　　　　　　　　B. 轿车

　　C. 越野汽车　　　　　　　D. 客车

8. 车辆的质量参数通常包括_____。
   A. 整车装备质量 B. 最大装载质量
   C. 最大总质量   D. 最大轴载质量

参考答案及说明

一、判断题

1. ×。客车是指9座以上的汽车，主要用于公共服务。
2. ×。乘用车不属于商用车辆。
3. √。
4. ×。轿车的主参数代号用发动机排量值，并以（1/10 L）为单位来表示。
5. ×。运动型轿车和方程式赛车多采用的布置形式是发动机中置后轮驱动。
6. ×。以柴油为燃料的发动机采用压燃式，无点火系。
7. √。
8. ×。最小离地间隙是指车辆在满载状态下，底盘下部（车轮除外）最低点到地面间的距离。

二、单项选择题

1. B。轿车按发动机排量分为微型轿车（排量在1.0 L以下）、普通级轿车（排量为1.0~1.6 L）、中级轿车（排量为1.6~2.5 L）、中高级轿车（排量为2.5~4.0 L）、高级轿车（排量在4.0 L以上）。
2. B。客车按车身长度可分为微型客车（车身长度在3.5 m以下）、小型客车（车身长度为3.5~7 m）、中型客车（车身长度为7~10 m）、大型客车（车身长度为10~12 m）、特大型客车（车身长度在12 m以上）。
3. B。载货汽车按其设计允许的总质量可分为微型载货车（最大设计总质量不超过1 800 kg的载货汽车）、轻型载货车（最大设计总质量为1 800~6 000 kg的载货汽车）、中型载货车（最大设计总质量为6 000~14 000 kg的载货汽车）、重型载货车（最大设计总质量大于14 000 kg的载货汽车）。
4. C。乘用车中还有越野乘用车、专用乘用车、旅居车、防弹车等。
5. C。客车的类别代号是6。
6. D。轿车的类别代号是7。
7. D。载货汽车的类别代号是1。
8. A。轿车的主参数代号用发动机排量值，并以（1/10 L）为单位来表示。

9. A。底盘是汽车装配与行驶的主体。

10. C。底盘由传动系、行驶系、转向系和制动系四大部分组成。

11. B。行驶系的作用是将汽车各总成及部件连成一个整体,并对全车起支撑作用,以保证汽车正常行驶。行驶系由车架、前桥、驱动桥的壳体、车轮、悬架等组成。

12. D。全轮驱动(nWD)是越野汽车特有的形式,通常发动机前置,在变速器后装有分动器,以便将动力分别输送到全部车轮上。

13. C。转向盘转至极限位置时,外侧转向轮中心平面在地平面上移动的轨迹圆的半径(m)称为最小转弯半径。

14. B。最大爬坡度是指车辆满载时的最大爬坡能力(%)。

15. D。最大总质量是指汽车满载时的总质量。最大总质量=整车装备质量+最大装载质量。

16. C。前悬是指汽车最前端至前轴中心线间的距离。

三、多项选择题

1. ABCD。载货汽车主要是指用于运输各种货物的汽车。按其设计允许的总质量可分为微型载货车(最大设计总质量不超过1 800 kg的载货汽车)、轻型载货车(最大设计总质量为1 800~6 000 kg的载货汽车)、中型载货车(最大设计总质量为6 000~14 000 kg的载货汽车)、重型载货车(最大设计总质量大于14 000 kg的载货汽车)。

2. ACD。客车可分为小型客车、城市客车、长途客车、旅游客车。客车中还有铰接车、无轨电车、越野客车等。

3. BC。载货汽车、越野汽车、自卸汽车、专用汽车与挂车的主参数代号用汽车的总质量来表示。

4. ABC。客车的主参数代号用车辆长度来表示。

5. ABCD。汽车通常由发动机、底盘、车身和电气设备四大部分组成。

6. ABCD。底盘由传动系、行驶系、转向系和制动系四大部分组成。

7. ABD。发动机前置后轮驱动(FR)是传统的布置形式。国内外的大多数货车、部分轿车和部分客车都采用这种形式。

8. ABCD。车辆的质量参数通常包括整车装备质量、最大装载质量、最大总质量和最大轴载质量。

第八章　汽车发动机

考 核 要 点

基础知识考核范围	考核要点	重要程度
发动机的组成和基本参数	发动机的种类	熟悉
	发动机的组成	掌握
	发动机的基本术语	掌握
四行程发动机的工作原理	四行程汽油机的工作原理	掌握
	四行程柴油机的工作原理	掌握
曲柄连杆机构的功用与组成	曲柄连杆机构的功用与组成	掌握
配气机构的功用与组成	配气机构的功用与组成	掌握
汽油机燃料供给系的功用与组成	汽油机燃料供给系的功用与组成	掌握
柴油机燃料供给系的功用与组成	柴油机燃料供给系的功用与组成	掌握
冷却系的功用与组成	冷却系的功用与组成	熟悉
润滑系的功用与组成	润滑系的功用与组成	熟悉

重点复习提示

一、发动机的种类

发动机是汽车的动力源，按照不同的分类方法可分为不同的类型。

1. 按所用燃料分类

按所用燃料不同，可分为汽油机、柴油机，以及使用代用燃料的甲醇、乙醇、液化石油气的发动机。

2. 按工作循环的行程数分类

按发动机完成一个工作循环所需活塞的行程数，一般分为四行程发动机和二行程发动机。

(1) 四行程发动机

活塞运行四个行程即曲轴转动两圈，汽缸内完成一个工作循环。

(2) 二行程发动机

活塞运行两个行程即曲轴转动一圈，汽缸内完成一个工作循环。

3. 按冷却方式分类

发动机按冷却方式的不同又可分为水冷式发动机和风冷式发动机。现代汽车发动机大多采用水冷式发动机。

4. 按点火方式分类

按点火方式的不同，发动机可分为点燃式和压燃式两种。

(1) 点燃式发动机

点燃式发动机利用火花塞发出的电火花强制点燃燃料，使燃料强行着火燃烧，如汽油机、煤气机。

(2) 压燃式发动机

压燃式发动机利用汽缸内空气被压缩后产生的高温使燃油自燃，如柴油机。

5. 按可燃混合气形成的方式分类

(1) 外部形成混合气的发动机

燃料和空气在汽缸外先混合，然后进入汽缸。

(2) 内部形成混合气的发动机

燃料在临近压缩终了时才喷入汽缸，在汽缸内与空气混合，如柴油机。

6. 按进气方式分类

(1) 自然吸气式发动机

空气靠活塞的抽吸作用进入汽缸。

(2) 增压式发动机（强制进气发动机）

为了增大发动机功率，在发动机上装有增压器，使进入汽缸的气体预先经过增压器压缩后再进入汽缸。

7. 按汽缸数目分类

(1) 单缸发动机。

(2) 多缸发动机。

8. 按汽缸的排列形式分类

(1) 直列立式发动机

直列立式发动机所有汽缸的中心线在同一垂直平面内。

(2) 直列卧式发动机

直列卧式发动机所有汽缸的中心线在同一水平平面内。

(3) V形发动机

V形发动机汽缸的中心线分别在两个平面内，且两平面相交呈V形。

(4) 对置式发动机

发动机V形夹角为180°时又称为对置式发动机。

(5) 其他

其他还有H形、X形、星形等，但在车辆上应用很少。

9. 按活塞运动方式分类

按活塞运动方式的不同可分为往复活塞式发动机和转子发动机。

二、发动机的组成

1. 汽油机的组成

汽油发动机由两大机构和六大系统组成，即由曲柄连杆机构、配气机构以及供给系统、润滑系统、冷却系统、起动系统、点火系统和电控系统组成。

(1) 机体组

发动机的机体组一般包括汽缸盖、汽缸体及油底壳，是发动机的主体部分。

(2) 曲柄连杆机构

曲柄连杆机构包括活塞、连杆、曲轴、飞轮等。曲柄连杆机构的作用是将活塞的直线往复运动转变为曲轴的旋转运动并输出动力。

(3) 配气机构

配气机构主要包括进气门、排气门、弹簧、摇臂、推杆、挺柱、凸轮轴以及凸轮轴正时齿轮（由曲轴正时齿轮驱动）。其作用是将可燃混合气及时充入汽缸，并及时将废气排出汽缸。

(4) 供给系统

供给系统主要包括油箱、油泵、燃油滤清器、化油器（或电喷装置）、空气滤清器、进气管、排气管、消声器等。其作用是把燃油与空气混合成一定比例的可燃混合气，并送入汽缸以供燃烧，然后将燃烧生成的废气排出发动机。

(5) 润滑系统

润滑系统一般由机油泵、集滤器、限压阀、油道、机油滤清器和机油冷却器等组成。其作用是将润滑油供给做相对运动的零件，以减小它们之间的摩擦阻力，减轻机件的磨损，同时起到冷却和清洗零件的作用。

(6) 冷却系统

冷却系统主要包括水泵、风扇、分水管、汽缸体放水阀、散热器以及汽缸体和汽缸盖里铸出的空腔——水套等。发动机在运转过程中因为受热,需要冷却。冷却系统的功用是把受热机件的热量散到大气中去,以保证发动机正常工作。

(7) 起动系统

起动系统的作用就是使静止的发动机起动并转入自行运转,它包括起动机及其附属装置。

(8) 点火系统

点火系统主要包括蓄电池、发电机、断电器、分电器、点火线圈、火花塞等。其作用是保证按规定时刻及时点燃汽缸中被压缩的可燃混合气。

2. 柴油机的组成

四行程水冷式柴油机由两大机构和四大系统组成。柴油机的点火方式为压燃式,与汽油机相比,柴油机不需要点火系,柴油机由曲柄连杆机构、配气机构以及润滑系统、冷却系统、起动系统和燃料供给系统组成。其中除燃料供给系统与汽油机不同外,其余部分与前面介绍的汽油机基本相同。

车用四行程柴油机供给系统主要由柴油箱,输油泵,柴油滤清器,高压油泵,调速器,喷油器,空气滤清器,进、排气装置等组成。

三、发动机的基本术语

1. 上止点

上止点是指活塞离曲轴回转中心最远处,通常指活塞上行到最高位置。

2. 下止点

下止点是指活塞离曲轴回转中心最近处,通常指活塞下行到最低位置。

3. 活塞行程(S)

活塞行程是指上、下止点间的距离(mm)。

4. 曲柄半径(R)

曲柄半径是指与连杆下端(即连杆大头)相连的曲柄轴颈中心到曲轴回转中心的距离(mm)。显然,$S=2R$。曲轴每转一转,活塞移动两个行程。

5. 汽缸工作容积(V_h)

汽缸工作容积是指活塞从上止点到下止点所让出的空间容积(L)。

6. 发动机排量(V_L)

发动机排量是指发动机所有汽缸工作容积之和(L)。

7. 燃烧室容积（V_c）

活塞在上止点时，活塞上方的空间叫做燃烧室，它的容积叫做燃烧室容积（L）。

8. 汽缸总容积（V_a）

活塞在下止点时，活塞上方的容积称为汽缸总容积（L）。它等于汽缸工作容积与燃烧室容积之和。

9. 压缩比（ε）

压缩比是指汽缸总容积与燃烧室容积的比值。它表示活塞由下止点运动到上止点时汽缸内气体被压缩的程度。压缩比越大，压缩终了时汽缸内的气体压力和温度就越高。一般车用汽油机的压缩比为 6～10，柴油机的压缩比为 15～22。

四、四行程汽油机的工作原理

四行程汽油机由进气、压缩、做功和排气四个行程完成一个工作循环。

第一行程——进气行程。

第二行程——压缩行程。

第三行程——做功行程。只有这个行程才能将热能转化为机械能，所以这个行程称为做功行程。

第四行程——排气行程。

五、四行程柴油机的工作原理

四行程柴油机和四行程汽油机工作原理一样，每个工作循环也由进气、压缩、做功和排气四个行程所组成。但柴油和汽油性质不同，柴油机在可燃混合气的形成、着火方式等方面与汽油机有较大区别。

第一行程——进气行程，不同于汽油机的是进入汽缸的不是混合气，而是纯空气。

第二行程——压缩行程，不同于汽油机的是压缩的是纯空气，且由于柴油机压缩比大，压缩终了的温度和压力都比汽油机高，压力可达 3～5 MPa，温度可达 800～1 000 K。

第三行程——做功行程，此行程与汽油机有很大不同，压缩行程末，喷油泵将高压柴油经喷油器呈雾状喷入汽缸内的高温空气中，迅速汽化并与空气形成可燃混合气。因为此时汽缸内的温度远高于柴油的自燃温度（约为 500 K），可燃混合气自行着火燃烧，且以后的一段时间内边喷边燃烧，汽缸内的温度、压力急剧升高，推动活塞下行做功。

第四行程——排气行程，与汽油机排气行程基本相同。

六、四行程汽油机和柴油机的工作原理总结

1. 两种发动机工作循环的相同之处

两种发动机工作循环的基本内容相似，其共同特点是：

(1) 每个工作循环曲轴转两转（720°），每一行程曲轴转半转（180°），进气行程是进气门开启，排气行程是排气门开启，其余两个行程进、排气门均关闭。

(2) 四个行程中只有做功行程产生动力，其他三个行程是为做功行程做准备工作的辅助行程，虽然做功行程是主要行程，但其他三个行程也不可缺少。

(3) 发动机运转的第一个循环必须有外力使曲轴旋转，从而完成进气、压缩行程，着火后，完成做功行程，依靠曲轴和飞轮储存的能量便可自行完成以后的行程，以后的工作循环发动机无须外力就可自行完成。

2. 两种发动机工作循环的主要不同之处

(1) 汽油机的汽油和空气在汽缸外混合，进气行程进入汽缸的是可燃混合气。而柴油机进气行程进入汽缸的是纯空气，柴油是在做功行程开始阶段喷入汽缸的，在汽缸内与空气混合，即混合气形成方式不同。

(2) 汽油机靠火花塞点火燃烧，而柴油机利用高压将柴油喷入汽缸内，靠高温气体加热自行着火燃烧，即着火方式不同。所以汽油机有点火系，而柴油机则无点火系。

七、曲柄连杆机构的功用与组成

曲柄连杆机构是发动机实现工作循环、完成能量转换的主要运动零件。在做功行程中，活塞受燃气压力的作用在汽缸内做直线运动，通过连杆转换成曲轴的旋转运动，并从曲轴对外输出动力。而在进气、压缩和排气行程中，飞轮释放能量，又把曲轴的旋转运动转化为活塞的直线运动。

曲柄连杆机构主要由机体组、活塞连杆组和曲轴飞轮组三部分组成。

八、配气机构的功用与组成

1. 功用

配气机构根据发动机的工作顺序和工作过程，定时开启和关闭进气门和排气门，使可燃混合气或空气进入汽缸，并使废气从汽缸内排出，从而实现换气过程。

2. 组成

四行程车用发动机采用气门式配气机构。其结构形式多样，一般按气门布置形式的不同，可分为侧置气门式和顶置气门式；按照凸轮轴布置形式的不同，可分为下置式、中置式

和顶置式；按照各汽缸气门数量的不同，可分为二气门、三气门、四气门、五气门配气机构，每缸超过二气门的发动机称为多气门发动机。顶置气门式配气机构根据凸轮轴布置形式的不同有下置凸轮轴式配气机构、中置凸轮轴式配气机构和顶置凸轮轴式配气机构三种形式。

九、汽油机燃料供给系的功用

汽油机燃料供给系的作用是根据发动机各种不同工况的要求，配制出一定数量和浓度的可燃混合气，供入汽缸，并在燃烧做功后将废气排入大气。

十、汽油机燃料供给系的组成

1. 汽油供给装置

汽油供给装置包括汽油箱、汽油滤清器、汽油泵和输油管，用以完成汽油的储存、输送和滤清任务。

2. 空气供给装置

空气供给装置包括空气滤清器，有的轿车还设置有消声器，以减小进气噪声。

3. 可燃混合气形成装置

可燃混合气形成装置常采用化油器。

4. 可燃混合气供给和废气排出装置

可燃混合气供给和废气排出装置由进气歧管、排气歧管和排气消声器组成。

十一、柴油机燃料供给系的功用

1. 储存、滤清、输送柴油。
2. 按柴油机不同工况的要求，以规定的工作顺序定时、定量、定压并保证以较高的喷油质量喷油。
3. 与空气迅速混合燃烧。
4. 将燃烧后的废气排入大气。

十二、柴油机燃料供给系的组成

柴油机燃料供给系由燃油供给装置、空气供给装置、混合气形成装置及废气排出装置组成。

1. 燃油供给装置

燃油供给装置由柴油箱、输油泵、低压油管、柴油滤清器、喷油泵、高压油管、喷油器和回油管组成。

2. 空气供给装置

空气供给装置由空气滤清器、进气管和汽缸盖内的进气管道组成。

3. 混合气形成装置

混合气形成装置由燃烧室组成。

4. 废气排出装置

废气排出装置由汽缸盖内的排气道、排气管及排气消声器组成。

十三、冷却系的功用与组成

冷却系的功用是对工作中的发动机进行适度冷却，保证发动机在正常工作温度下持续运行。

发动机冷却系可分为水冷却和风冷却两大类。目前，汽车发动机普遍采用强制循环式水冷却系，利用水泵强制地使水（或冷却液）在冷却系中循环流动，不断带走零件表面的热量。

水冷却系主要由水泵、散热器、节温器、风扇、风扇控制机构、百叶窗、水套、补偿水桶（即膨胀水箱）、水温表及水温警报装置等组成。

十四、润滑系的功用与组成

1. 功用

润滑系的功用包括润滑作用、冷却作用、清洁作用、密封作用、吸振作用等。

2. 组成

发动机润滑系一般由集滤器、机油泵、限压阀、油道和油管、机油滤清器、旁通阀、止回阀、机油散热器、机油压力传感器、机油压力表（指示灯）、机油标尺等组成。

发动机可利用压力润滑或飞溅润滑两种润滑方式将润滑油输送到各摩擦部位。

辅导练习题

一、判断题（下列判断正确的请在括号内打"√"，错误的打"×"）

1. 四行程发动机完成一个工作循环时曲轴转动一圈。（　　）
2. 按点火方式的不同，发动机可分为点燃式和压燃式两种。（　　）
3. 蓄电池是起动系统的组成部分。（　　）
4. 四行程水冷式柴油机由两大机构和六大系统组成。（　　）

5. 选用高标号的汽油有利于提高压缩比。 （　　）
6. 因压缩比越高功率越大，故压缩比越高越好。 （　　）
7. 四行程汽油机完成一个工作循环具有两个有效行程和两个辅助行程。 （　　）
8. 四行程汽油机的可燃混合气需要点燃。 （　　）
9. 柴油机的柴油是在压缩行程终了时进入汽缸的。 （　　）
10. 汽油机和柴油机虽然点火方式不同，但都存在点火系。 （　　）
11. 四行程发动机一个工作循环曲轴转720°时，凸轮轴转360°。 （　　）
12. 曲柄连杆机构的工作与发动机的工作没有关系。 （　　）
13. 顶置气门式配气机构按凸轮轴的布置形式不同可分为下置凸轮轴式、中置凸轮轴式和上置凸轮轴式。 （　　）
14. 采用液力挺柱的配气机构必须留有气门间隙。 （　　）
15. 汽油供给装置包括空气滤清器、汽油滤清器、汽油箱、汽油泵和输油管等。 （　　）
16. 汽油机以汽油为燃料。 （　　）
17. 柴油机的空气供给装置用来提供可燃混合气。 （　　）
18. 柴油机的废气排出装置由汽缸盖内的进油道、回油管和排气消声器组成。 （　　）
19. 节温器是润滑系的重要组成部件。 （　　）
20. 发动机冷却系可分为水冷却和风冷却两大类。 （　　）
21. 润滑系除了具有润滑作用外，还具有冷却作用、清洁作用、密封作用和吸振作用等。 （　　）
22. 润滑油就是通常所说的黄油。 （　　）

二、单项选择题（下列每题有4个选项，其中只有1个是正确的，请将其代号填在横线空白处）

1. _____是汽车的动力源。
    A. 底盘　　　　　　　　　　B. 发动机
    C. 悬架　　　　　　　　　　D. 机体

2. 对于活塞往复式四行程发动机，完成一个工作循环曲轴转动_____圈。
    A. 1　　　　　　　　　　　B. 2
    C. 3　　　　　　　　　　　D. 4

3. 对于二行程发动机，汽缸完成一个工作循环活塞往复运动_____个行程。
    A. 1　　　　　　　　　　　B. 2
    C. 3　　　　　　　　　　　D. 4

4. 下列选项中属于压燃式发动机的是_____。

A. 汽油机 B. 柴油机

C. 煤气机 D. 以上均不对

5. 柴油机的组成中不包括_____。

    A. 润滑系统 B. 冷却系统

    C. 点火系统 D. 起动系统

6. 消声器属于_____。

    A. 点火系统 B. 冷却系统

    C. 供给系统 D. 起动系统

7. 汽油机和柴油机具有不同的_____。

    A. 工作行程的循环数 B. 汽缸数

    C. 冷却方式 D. 着火方式

8. 发动机的组成中用来将活塞的直线往复运动转变为曲轴的旋转运动并输出动力的是_____。

    A. 配气机构 B. 曲柄连杆机构

    C. 起动系统 D. 点火系统

9. 下列对压缩比叙述正确的是_____。

    A. 汽缸总容积与汽缸工作容积之比

    B. 汽缸总容积与燃烧室容积之比

    C. 汽缸工作容积与燃烧室容积之比

    D. 汽缸总容积与汽缸排量之比

10. 活塞行程 S 与曲柄半径 R 的关系是_____。

    A. $S=4R$ B. $S=3R$

    C. $S=2R$ D. $S=R$

11. 发动机排量等于_____之和。

    A. 所有汽缸工作容积 B. 所有汽缸总容积

    C. 所有汽缸燃烧室容积 D. 所有汽缸行程

12. 一般汽油机的压缩比为_____。

    A. 2~4 B. 2~6

    C. 6~8 D. 6~10

13. 汽油机可燃混合气的点火方式是_____。

    A. 点燃 B. 压燃

    C. 点燃、压燃均可 D. 自燃

14. 对于四行程汽油机，曲轴带动活塞由上止点向下止点移动的工作循环是_____。
    A. 进气行程　　　　　　　　　　　B. 压缩行程
    C. 做功行程　　　　　　　　　　　D. 排气行程

15. 四行程发动机活塞由下止点向上止点移动可能是_____。
    A. 进气行程或排气行程　　　　　　B. 进气行程或压缩行程
    C. 压缩行程或做功行程　　　　　　D. 压缩行程或排气行程

16. 在发动机的四个工作行程中，只有_____是有效行程。
    A. 进气行程　　　　　　　　　　　B. 压缩行程
    C. 做功行程　　　　　　　　　　　D. 排气行程

17. 四行程柴油机工作时，柴油在_____时进入汽缸。
    A. 进气行程开始　　　　　　　　　B. 接近做功行程终了
    C. 接近压缩行程终了　　　　　　　D. 排气行程开始

18. 四行程柴油机在进气行程进入到汽缸内的是_____。
    A. 纯空气　　　　　　　　　　　　B. 柴油
    C. 汽油　　　　　　　　　　　　　D. 可燃混合气

19. 四行程柴油机工作时气体需要_____。
    A. 点燃　　　　　　　　　　　　　B. 压燃
    C. 点燃、压燃均可　　　　　　　　D. 自燃

20. 四行程汽油机和柴油机具有相同的_____。
    A. 工作行程数　　　　　　　　　　B. 压缩比
    C. 着火方式　　　　　　　　　　　D. 混合气形成方式

21. 多缸发动机曲柄连杆机构的形式取决于_____。
    A. 行程数　　　　　　　　　　　　B. 燃料
    C. 汽缸数量与汽缸的布置形式　　　D. 着火方式

22. _____的作用是将活塞承受的力传给曲轴，并使活塞的往复运动转变为曲轴的旋转运动。
    A. 连杆　　　　　　　　　　　　　B. 曲柄
    C. 活塞销　　　　　　　　　　　　D. 飞轮

23. 汽车发动机一般采用多缸直列或_____发动机。
    A. L形　　　　　　　　　　　　　 B. H形
    C. V形　　　　　　　　　　　　　 D. 对置式

24. 曲柄连杆机构的_____由活塞、活塞环、活塞销、连杆等机件组成。

A. 曲轴箱组 B. 活塞连杆组
C. 曲轴飞轮组 D. 以上选项都不对

25. _____的功用是保证气门做往复运动时，使气门与气门座正确密合。
A. 气门弹簧 B. 气门导管
C. 气门座 D. 气门

26. 气门式配气机构按气门布置形式的不同可分为顶置气门式和_____。
A. 下置式 B. 中置式
C. 侧置气门式 D. 四气门式

27. 下置凸轮轴式配气机构的进、排气门都倒装在_____上。
A. 汽缸体 B. 汽缸盖
C. 凸轮轴 D. 机体

28. _____是用来打开或封闭气道的。
A. 气门 B. 气门导管
C. 气门座 D. 气门弹簧

29. 汽油泵属于_____。
A. 空气供给装置 B. 汽油供给装置
C. 可燃混合气形成装置 D. 可燃混合气供给装置

30. _____用于保证发动机在怠速或小负荷工况下供给少而浓的混合气。
A. 主供油装置 B. 怠速装置
C. 加浓装置 D. 加速装置

31. _____的作用是根据发动机各种不同工况的要求，配制出一定数量和浓度的可燃混合气，供入汽缸，并在燃烧做功后将废气排入大气。
A. 汽油机冷却系 B. 汽油机润滑系
C. 汽油机燃料供给系 D. 汽油机传动系

32. 可燃混合气中燃油含量的多少称为_____。
A. 燃烧比 B. 可燃混合气浓度
C. 压缩比 D. 气体浓度

33. 柴油机混合气的形成和燃烧是在_____进行的。
A. 进气管 B. 输油泵
C. 喷油器 D. 燃烧室

34. 柴油机以_____作为燃料。
A. 汽油 B. 柴油

C. 煤油
D. 空气

35. 柴油机通过_____将柴油喷入燃烧室。
   A. 输油泵
   B. 输油管
   C. 喷油器
   D. 喷油泵

36. 柴油机高压油路供给装置包括_____及喷油器等。
   A. 喷油泵
   B. 输油泵
   C. 柴油箱
   D. 滤清器

37. 曲轴通过带动_____使水泵的叶轮旋转。
   A. 带轮
   B. 齿轮
   C. 链轮
   D. 齿条

38. 水冷却系中用来改变冷却水的循环路线及流量的是_____。
   A. 散热器
   B. 节温器
   C. 水泵
   D. 风扇

39. 水冷却系组成中能对冷却水加压并使其循环的是_____。
   A. 节温器
   B. 散热器
   C. 风扇
   D. 水泵

40. 用来使转动中的发动机保持在最适宜的工作温度范围内的是_____。
   A. 润滑系
   B. 冷却系
   C. 燃料供给系
   D. 传动系

41. 发动机润滑系中用来储存润滑油的装置是_____。
   A. 集滤器
   B. 滤清器
   C. 机油泵
   D. 油底壳

42. 并联于润滑系内并能滤出润滑油中微小杂质的部件是_____。
   A. 机油细滤器
   B. 机油粗滤器
   C. 机油集滤器
   D. 机油散热器

43. 能在运动零件表面形成油膜以减少磨损和功率损失的是润滑系的_____。
   A. 润滑作用
   B. 冷却作用
   C. 密封作用
   D. 清洁作用

44. 在润滑系中能将一定数量的机油从油底壳吸入泵腔，加压后送到零件的摩擦表面的是_____。
   A. 机油集滤器
   B. 柴油泵
   C. 机油泵
   D. 机油滤清器

三、多项选择题（下列每题的多个选项中，至少有2个是正确的，请将正确答案的代号填在横线空白处）。

1. 按工作循环的行程数不同，发动机可分为_____。
   A. 汽油机　　　　　　　　　　B. 柴油机
   C. 二行程发动机　　　　　　　D. 四行程发动机

2. 按点火方式的不同，发动机可分为_____。
   A. 点燃式发动机　　　　　　　B. 压燃式发动机
   C. 自然吸气式发动机　　　　　D. 增压式发动机

3. 汽油机的两大机构是_____。
   A. 四杆机构　　　　　　　　　B. 齿轮机构
   C. 配气机构　　　　　　　　　D. 曲柄连杆机构

4. 下列选项中属于柴油机组成部分的是_____。
   A. 润滑系统　　　　　　　　　B. 冷却系统
   C. 起动系统　　　　　　　　　D. 点火系统

5. 下列有关柴油机叙述正确的是_____。
   A. 柴油机的压缩比高于汽油机
   B. 柴油机进气行程进入汽缸的是纯空气
   C. 柴油机进气行程进入汽缸的是空气与燃料的混合气
   D. 柴油机是一种压燃式发动机

6. 下列选项中对压缩比理解正确的是_____。
   A. 汽缸内气体被压缩的程度
   B. 汽缸总容积与燃烧室容积的比值
   C. 汽缸工作容积与燃烧室容积的比值
   D. 压缩比越大，压缩终了时汽缸内的气体压力和温度就越高

7. 四行程发动机完成一个工作循环需包括_____。
   A. 进气行程　　　　　　　　　B. 压缩行程
   C. 做功行程　　　　　　　　　D. 排气行程

8. 对压缩行程理解正确的是_____。
   A. 活塞由下止点向上止点移动　B. 活塞由上止点向下止点移动
   C. 进气门关闭　　　　　　　　D. 排气门关闭

9. 四行程发动机的四个工作行程中属于辅助行程的是_____。
   A. 进气行程　　　　　　　　　B. 压缩行程

C. 做功行程 D. 排气行程

10. 下列关于柴油机说法正确的是_____。

 A. 每个工作循环曲轴转两转

 B. 每个行程曲轴转半转

 C. 做功和压缩行程进、排气门均关闭

 D. 有点火系

11. 曲柄连杆机构主要由_____组成。

 A. 车体 B. 机体组

 C. 活塞连杆组 D. 曲轴飞轮组

12. 曲柄连杆机构是_____。

 A. 发动机完成能量转换的主要运动零件

 B. 用于转换运动形式

 C. 完成做功

 D. 帮助发动机完成工作循环

13. 四行程车用发动机采用气门式配气机构，其结构形式多样，一般按气门布置形式的不同可分为_____。

 A. 下置式 B. 中置式

 C. 顶置气门式 D. 侧置气门式

14. 顶置气门式配气机构根据凸轮轴布置形式的不同可分为_____。

 A. 下置凸轮轴式配气机构 B. 中置凸轮轴式配气机构

 C. 顶置凸轮轴式配气机构 D. 侧置凸轮轴式配气机构

15. 可燃混合气供给和废气排出装置由_____组成。

 A. 进气歧管 B. 排气歧管

 C. 排气消声器 D. 空气滤清器

16. 汽油供给装置包括_____。

 A. 汽油滤清器 B. 汽油泵

 C. 汽油箱 D. 输油管

17. 柴油机燃料供给系由_____组成。

 A. 燃油供给装置 B. 空气供给装置

 C. 混合气形成装置 D. 废气排出装置

18. 柴油机的燃油供给装置不包括_____。

 A. 输油泵 B. 进气管

  C. 排气管   D. 回油管

19. 发动机冷却系可分为_____。

  A. 强制冷却   B. 自然冷却

  C. 水冷却   D. 风冷却

20. 属于水冷却系的主要部件是_____。

  A. 油泵   B. 水泵

  C. 散热器   D. 节温器

21. 润滑系的功用是_____。

  A. 润滑作用   B. 冷却作用

  C. 清洁作用   D. 吸振作用

22. 发动机常用的润滑方式是_____。

  A. 滴入润滑   B. 压力润滑

  C. 浸油润滑   D. 飞溅润滑

参考答案及说明

一、判断题

1. ×。四行程发动机的活塞运行四个行程即曲轴转动两圈，汽缸内完成一个工作循环。
2. √。
3. ×。点火系统主要包括蓄电池、发电机、断电器、分电器、点火线圈、火花塞等。
4. ×。四行程水冷式柴油机由两大机构和四大系统组成。
5. √。
6. ×。压缩比表示活塞由下止点运动到上止点时汽缸内气体被压缩的程度。压缩比越大，压缩终了时汽缸内的气体压力和温度就越高。一般车用汽油机的压缩比为6～10，柴油机的压缩比为15～22。
7. ×。四行程汽油机完成一个工作循环具有一个有效行程和三个辅助行程。
8. √。
9. ×。柴油是在做功行程开始阶段喷入汽缸的，在汽缸内与空气混合。
10. ×。汽油机靠火花塞点火燃烧，而柴油机利用高压将柴油喷入汽缸内，靠高温气体加热自行着火燃烧，即着火方式不同。所以汽油机有点火系，而柴油机则无点火系。
11. √。
12. ×。曲柄连杆机构是发动机实现工作循环、完成能量转换的主要运动零件。

13. √。

14. ×。采用液力挺柱的配气机构不必留有气门间隙。

15. ×。汽油供给装置包括汽油箱、汽油滤清器、汽油泵和输油管。

16. √。

17. ×。柴油机的空气供给装置用来提供纯净的空气。

18. ×。柴油机的废气排出装置由汽缸盖内的排气道、排气管及排气消声器组成。

19. ×。节温器是冷却系的重要组成部件。

20. √。

21. √。

22. ×。润滑油通常称为机油,润滑脂多指黄油。

二、单项选择题

1. B。发动机是汽车的动力源。

2. B。对于四行程发动机,活塞运行四个行程即曲轴转动两圈,汽缸内完成一个工作循环。

3. B。对于二行程发动机,活塞运行两个行程即曲轴转动一圈,汽缸内完成一个工作循环。

4. B。压燃式发动机利用汽缸内空气被压缩后产生的高温使燃油自燃,如柴油机。

5. C。压燃式发动机利用汽缸内空气被压缩后产生的高温使燃油自燃,如柴油机。四行程水冷式柴油机由两大机构和四大系统组成。柴油机的点火方式为压燃式,与汽油机相比,柴油机不需要点火系。

6. C。供给系统主要包括油箱、油泵、燃油滤清器、化油器(或电喷装置)、空气滤清器、进气管、排气管、消声器等。

7. D。四行程水冷式柴油机由两大机构和四大系统组成。柴油机的点火方式为压燃式,与汽油机相比,柴油机不需要点火系。

8. B。曲柄连杆机构的作用是将活塞的直线往复运动转变为曲轴的旋转运动并输出动力。

9. B。压缩比(ε)是指汽缸总容积与燃烧室容积的比值。

10. C。曲柄半径(R)是指与连杆下端(即连杆大头)相连的曲柄轴颈中心到曲轴回转中心的距离(mm)。显然,$S=2R$。曲轴每转一转,活塞移动两个行程。

11. A。发动机排量(V_L)是指发动机所有汽缸工作容积之和(L)。

12. D。一般车用汽油机的压缩比为6~10,柴油机的压缩比为15~22。

13. A。汽油机通过火花塞点火燃烧进行工作。

14. A。在汽油机的进气行程,曲轴带动活塞由上止点向下止点移动,同时,进气门开启,排气门关闭。

15. D。四行程发动机活塞由下止点向上止点移动可能是压缩行程或排气行程。

16. C。在汽油机的做功行程,进、排气门关闭,火花塞点火,混合气剧烈燃烧,汽缸内的温度、压力急剧上升,高温、高压气体推动活塞由上止点向下移动,通过连杆带动曲轴旋转。在发动机工作的四个行程中,只有这个行程才能将热能转化为机械能,所以这个行程称为做功行程。

17. C。在压缩行程末,喷油泵将高压柴油经喷油器呈雾状喷入汽缸内的高温空气中,迅速汽化并与空气形成可燃混合气。

18. A。在柴油机的进气行程不同于汽油机的是进入汽缸的不是混合气,而是纯空气。

19. B。汽油机靠火花塞点火燃烧,而柴油机利用高压将柴油喷入汽缸内,靠高温气体加热自行着火燃烧,即着火方式不同。所以汽油机有点火系,而柴油机则无点火系。

20. A。四行程汽油机和柴油机工作时具有相同的行程数。

21. C。多缸发动机曲柄连杆机构的形式取决于汽缸数量与汽缸的布置形式。

22. A。连杆的作用是将活塞承受的力传给曲轴,并使活塞的往复运动转变为曲轴的旋转运动。

23. C。汽车发动机一般采用多缸直列或V形发动机。

24. B。曲柄连杆机构的活塞连杆组由活塞、活塞环、活塞销、连杆等机件组成。

25. B。气门导管的功用是保证气门做往复运动时,使气门与气门座正确密合。

26. C。四行程车用发动机采用气门式配气机构。其结构形式多样,一般按气门布置形式的不同,可分为侧置气门式和顶置气门式。

27. B。下置凸轮轴式配气机构应用最广泛,其进、排气门都倒装在汽缸盖上。

28. A。气门是用来打开或封闭气道的。

29. B。汽油供给装置包括汽油箱、汽油滤清器、汽油泵和输油管。

30. B。急速装置用于保证发动机在急速或小负荷工况下供给少而浓的混合气。

31. C。汽油机燃料供给系的作用是根据发动机各种不同工况的要求,配制出一定数量和浓度的可燃混合气,供入汽缸,并在燃烧做功后将废气排入大气。

32. B。可燃混合气中燃油含量的多少称为可燃混合气浓度。

33. D。柴油机混合气的形成和燃烧是在燃烧室进行的。

34. B。柴油机以柴油作为燃料。

35. C。柴油机通过喷油器将柴油喷入燃烧室。

36. A。柴油机高压油路供给装置包括喷油泵及喷油器等。

37. A。曲轴通过带动带轮使水泵的叶轮旋转。

38. B。水冷却系中用来改变冷却水的循环路线及流量的是节温器。

39. D。发动机冷却系可分为水冷却和风冷却两大类。目前，汽车发动机普遍采用强制循环式水冷却系，利用水泵强制地使水（或冷却液）在冷却系中循环流动，不断带走零件表面的热量。

40. B。冷却系的功用是对工作中的发动机进行适度冷却，保证发动机在正常工作温度下持续运行。

41. D。润滑油的储存装置是油底壳。

42. A。机油细滤器在发动机润滑系中并联于润滑系内，并能滤出润滑油中的微小杂质。

43. A。润滑系的润滑作用是将润滑油（机油）输送到发动机中具有相对运动的零件表面上（如曲轴与轴承、凸轮轴与轴承、活塞与汽缸壁等），润滑零件的摩擦表面，减小零件的摩擦阻力，减少发动机的功率消耗和零件磨损。

44. C。在润滑系中机油泵将一定数量的机油从油底壳吸入泵腔，加压后送到零件的摩擦表面。

三、多项选择题

1. CD。按发动机完成一个工作循环所需活塞的行程数，一般分为四行程发动机和二行程发动机。

2. AB。按点火方式的不同，发动机可分为点燃式和压燃式两种。

3. CD。汽油发动机由两大机构和六大系统组成，即由曲柄连杆机构、配气机构以及供给系统、润滑系统、冷却系统、起动系统、点火系统和电控系统组成。

4. ABC。四行程水冷式柴油机由两大机构和四大系统组成。柴油机的点火方式为压燃式，与汽油机相比，柴油机不需要点火系。柴油机由曲柄连杆机构、配气机构以及润滑系统、冷却系统、起动系统和燃料供给系统组成。其中除燃料供给系统与汽油机不同外，其余部分与前面介绍的汽油机基本相同。

5. ABD。柴油机进气行程进入汽缸的是纯空气，压缩行程接近终了时，喷入的柴油在汽缸内与空气形成可燃混合气。柴油机的压缩比较汽油机高，在压缩终了时混合气温度已超过柴油的自燃温度，即自行着火，故柴油机为压燃式发动机。

6. ABD。压缩比（ε）是指汽缸总容积与燃烧室容积的比值。它表示活塞由下止点运动到上止点时汽缸内气体被压缩的程度。压缩比越大，压缩终了时汽缸内的气体压力和温度就越高。

7. ABCD。四行程发动机由进气、压缩、做功和排气四个行程完成一个工作循环。

8. ACD。压缩行程中,活塞由下止点向上止点移动,进、排气门关闭。

9. ABD。四行程发动机的四个行程中只有做功行程产生动力,其他三个行程是为做功行程做准备工作的辅助行程,虽然做功行程是主要行程,但其他三个行程也不可缺少。

10. ABC。四行程柴油机的每个工作循环曲轴转两转(720°),每一行程曲轴转半转(180°),进气行程是进气门开启,排气行程是排气门开启,其余两个行程进、排气门均关闭。

11. BCD。曲柄连杆机构主要由机体组、活塞连杆组和曲轴飞轮组三部分组成。

12. ABD。曲柄连杆机构是发动机实现工作循环、完成能量转换的主要运动零件。在做功行程中,活塞受燃气压力的作用在汽缸内做直线运动,通过连杆转换成曲轴的旋转运动,并从曲轴对外输出动力。而在进气、压缩和排气行程中,飞轮释放能量,又把曲轴的旋转运动转化为活塞的直线运动。

13. CD。四行程车用发动机采用气门式配气机构。其结构形式多样,一般按气门布置形式的不同,可分为侧置气门式和顶置气门式。

14. ABC。顶置气门式配气机构根据凸轮轴布置形式的不同有下置凸轮轴式配气机构、中置凸轮轴式配气机构和顶置凸轮轴式配气机构三种形式。

15. ABC。可燃混合气供给和废气排出装置由进气歧管、排气歧管和排气消声器组成。

16. ABCD。汽油供给装置包括汽油箱、汽油滤清器、汽油泵和输油管。

17. ABCD。柴油机燃料供给系由燃油供给装置、空气供给装置、混合气形成装置及废气排出装置组成。

18. BC。柴油机的燃油供给装置由柴油箱、输油泵、低压油管、柴油滤清器、喷油泵、高压油管、喷油器和回油管组成。

19. CD。发动机冷却系可分为水冷却和风冷却两大类。目前,汽车发动机普遍采用强制循环式水冷却系。

20. BCD。水冷却系主要由水泵、散热器、节温器、风扇、风扇控制机构、百叶窗、水套、补偿水桶(即膨胀水箱)、水温表及水温警报装置等组成。

21. ABCD。润滑系的功用包括润滑作用、冷却作用、清洁作用、密封作用、吸振作用等。

22. BD。发动机可利用压力润滑或飞溅润滑两种润滑方式将润滑油输送到各摩擦部位。

第九章　汽车底盘

考 核 要 点

基础知识考核范围	考核要点	重要程度
传动系的功用与组成	传动系的功用与组成	掌握
离合器的功用与组成	离合器的功用与组成	掌握
变速器的功用与组成	变速器的功用与组成	掌握
万向传动装置的功用与组成	万向传动装置的功用与组成	掌握
驱动桥	主减速器的功用与组成	熟悉
	差速器的功用与组成	熟悉
车桥的功用与组成	车桥的功用与组成	掌握
悬架的功用与组成	悬架的功用与组成	掌握
转向车轮定位	转向车轮定位	掌握
转向系	转向系的功用与组成	掌握
制动系	车轮制动器	掌握
	制动传动装置	熟悉
	驻车制动器的功用与组成	熟悉

重点复习提示

一、传动系的功用与组成

汽车传动系的基本功用是将发动机输出的动力传递给驱动车轮。在传动系中设置了离合器、变速器、万向传动装置、主减速器、差速器和半轴等总成，通过上述总成协同发动机工作，保证了汽车在各种不同使用条件下能正常行驶。

汽车传动系有下列几种布置形式：

1. 发动机前置后轮驱动的传动系，这是一种最传统的布置方式，主要用于大、中型载货汽车上。

2. 发动机前置前轮驱动的传动系。
3. 发动机后置后轮驱动的传动系，多用于大型客车上。
4. 发动机中置后轮驱动的传动系，将发动机布置在驾驶员座椅之后和后桥之前，有利于获得最佳载荷分配并提高汽车的性能。
5. 越野汽车传动系是一种四轮驱动汽车的传动系。

汽车的驱动形式通常用全部的车轮数乘以驱动轮数来表示。

二、离合器的功用与组成

1. 功用

离合器的功用是使发动机与传动系逐渐接合，保证汽车平稳起步；暂时切断发动机与传动系的联系，便于变速器顺利换挡；防止传动系过载。

2. 组成

离合器按工作原理不同可分为摩擦片式离合器和液力离合器。汽车上广泛采用摩擦片式离合器，液力离合器主要用于有自动变速器的汽车。

手动变速器汽车广泛采用摩擦片式离合器，摩擦片式离合器按从动盘数目不同可分为单片式离合器和双片式离合器；按压紧弹簧形式不同又可分为螺旋弹簧式离合器和膜片弹簧式离合器。摩擦片式离合器具体结构虽各有差异，但其基本结构相同，均由主动部分、从动部分、压紧机构和操纵机构四部分组成。其中膜片弹簧式离合器应用广泛，主要用于轿车和轻、中型汽车上。

离合器的主动部分与发动机的飞轮相连，主要由压盘、离合器盖等零部件组成。从动部分与变速器相连，主要由从动盘、变速器输入轴（也称离合器输出轴）等零部件组成。压紧机构主要有压紧弹簧。操纵机构主要由分离杠杆、分离轴承及套筒、分离叉和离合器踏板等组成。

三、变速器的功用与组成

1. 功用

变速器的功用是扩大驱动轮转矩和转速的变化范围，以适应汽车经常变化的行驶条件；在发动机旋转方向不变的条件下，通过齿轮的组合可满足汽车倒车行驶的需要；在离合器处于接合状态时，可中断发动机与驱动轮之间的动力传递，以满足汽车短暂停车和滑行情况的需要。

2. 组成

变速器按操纵方式不同可分为手动变速器（普通变速器）和自动变速器。

普通变速器由变速传动机构和变速操纵机构两大部分组成。变速传动机构主要由输入轴、输出轴、中间轴、齿轮组、同步器、轴承和变速器壳体等组成。变速操纵机构主要由变速操纵杆、拨叉、拨叉轴、锁止装置和变速器盖等组成。

自动变速器主要由液力变矩器、齿轮变速器、液压泵、控制系统等几部分组成。

四、万向传动装置的功用与组成

1. 功用

万向传动装置的功用是能在有一定夹角和相对位置经常变化的两根轴之间传递动力（即利用万向传动装置所具有的位移补偿能力传递动力）。它也在转向系的转向柱上广泛采用。

2. 组成

万向传动装置一般由万向节、传动轴和中间支撑组成。目前，汽车传动系中应用最广泛的是十字轴式刚性万向节，所允许相连两轴的最大交角为 15°～20°。

五、驱动桥

1. 功用

（1）将万向传动装置传来的动力传给驱动车轮并实现降速，以增大转矩。

（2）改变转矩的传递方向。发动机纵向传出的转矩经驱动桥后，使其改变 90°横向传出，驱动车轮旋转。

（3）使左、右驱动车轮以不同的转速旋转，满足汽车转弯等行驶状况的需要。

（4）承担整车的大部分载重。

2. 组成

一般汽车的驱动桥主要由主减速器、差速器、半轴和驱动桥壳组成。

六、主减速器的功用与组成

主减速器的功用主要是将变速器输出的动力进一步降低转速，增大转矩，并改变旋转方向，然后传给驱动轮，以获得足够的汽车牵引力和适当的车速。

主减速器按参与减速传动的齿轮副数目不同，可分为单级主减速器和双级主减速器。

单级主减速器多采用一对大小不等的锥齿轮传动结构，并以小齿轮为主动轮与传动轴相连。

大型货车要求较大的主减速器传动比，以便驱动轮获得更大的转矩，又要求从动轮尺寸不能太大，以免汽车最小离地间隙过小，因而采用两对齿轮传动，称为双级主减速器，第一级为锥齿轮，第二级为斜齿圆柱齿轮。

七、差速器的功用与组成

1. 功用

差速器的功用是在汽车转向过程中,允许两半轴以不同的转速旋转,以满足两驱动轮不等路程行驶的需要,使汽车既能直线行驶,又能轻便地转弯。

2. 组成

汽车上广泛应用的齿轮式差速器主要由四个圆锥行星齿轮、行星齿轮轴(十字轴)、两个圆锥半轴齿轮和差速器壳组成。

八、车桥的功用与组成

1. 功用

车桥的功用是传递车架与车轮之间的各方向作用力及其所产生的弯矩和转矩。

根据悬架结构不同,车桥分为整体式和断开式两种。整体式车桥是刚性的实心或空心梁,它与非独立悬架配用。断开式车桥为活动关节式结构,它与独立悬架配用。

根据车桥上车轮的作用不同,车桥又分为转向桥、驱动桥、转向驱动桥和支持桥四种。其中转向桥和支持桥都属于从动桥。一般汽车多以前桥为转向桥,后桥为驱动桥;越野汽车和部分轿车的前桥为转向驱动桥;挂车上的车桥都是支持桥。

2. 组成

汽车前桥一般是转向桥。它能使装在前桥两端的车轮偏转一定的角度,以实现汽车的转向。转向桥由前轴、转向节、主销和轮毂四部分组成。

转向驱动桥能同时实现车轮转向和驱动功能。它由主减速器、差速器、半轴(分开的内半轴和外半轴)、转向节、主销和轮毂组成。

九、悬架的功用与组成

悬架是车架(或承载式车身)与车桥(或车轮)之间的一切传力连接装置的总称。它是用来连接载货汽车的车架(或轻型车的车身骨架)和汽车车桥的,并把路面作用于车轮上的力和力矩都传递到车架(或承载式车身)上,以保证汽车的正常行驶。

现代汽车的悬架尽管有各种不同的结构形式,但是一般都由弹性元件、减振器和导向机构三部分组成。这三个组成部分分别起缓冲、减振和导向的作用,然而三者共同的任务则是传力。

在多数轿车和客车上,为防止车身在转向等情况下发生过大的横向倾斜,在悬架中还设有辅助弹性元件——横向稳定器。

汽车悬架可分为非独立悬架和独立悬架两大类。

1. 非独立悬架

非独立悬架的结构特点是两侧的车轮由一根整体式车桥相连，车轮连同车桥一起通过弹性悬架悬挂在车架（或车身）的下面。

2. 独立悬架

独立悬架则是每一侧的车轮单独地通过弹性悬架悬挂在车架（或车身）的下面。采用独立悬架时，车桥都是断开式的。

十、转向车轮定位

前轮、前轴、转向节与车架的相对安装位置称为转向车轮定位，由于转向车轮一般为前轮，也称为前轮定位。

前轮定位包括主销后倾、主销内倾、车轮外倾和前轮前束四个参数。

1. 主销后倾

主销上端略向后倾称为主销后倾。在纵向平面内，主销轴线与通过前轮中心的垂线之间形成的夹角 γ 叫做主销后倾角。

主销后倾的作用是保持汽车直线行驶的稳定性，并促使转弯后的前轮自动回正。

主销后倾角是由前轴、钢板弹簧和车架装配在一起时，使前轴向后倾斜而形成的，也可在钢板弹簧底座后部加装楔形块而形成。后倾角越大，形成的稳定力矩越大。后倾角不宜过大，一般小于 $3°$。

2. 主销内倾

主销上端略向内倾斜称为主销内倾。在横向平面内，主销轴线与垂线之间的夹角 β 叫做主销内倾角。

主销内倾的作用是使转向轮自动回正，转向操纵轻便。

一般主销内倾角不大于 $8°$。主销内倾是由制造前轴时使主销孔向内倾斜而获得的。主销内倾角一般不能调整其大小。

3. 车轮外倾

汽车的前轮安装后，其旋转平面上方略向外倾称为车轮外倾。前轮旋转平面与纵向垂直平面之间的夹角叫做前轮外倾角。

车轮外倾的主要作用是提高前轮行驶的安全性。一般车轮外倾角为 $1°$ 左右，它是由转向节的结构所决定的，车轮外倾角一般不能调整其大小。

4. 前轮前束

汽车两个前轮的旋转平面不平行，前端略向内收，这种现象称为前束。两轮前端距离 B

小于后端距离 A，其差值称为前束值。

前轮前束的主要作用是减小或消除汽车前进中因车轮外倾和纵向阻力使车轮前端向外滚开所造成的滑移，减少轮胎的磨损。

汽车的前束值一般都小于 10 mm，通过改变横拉杆的长度可以调整前束的大小。

十一、转向系

1. 功用

转向系的功用是保证汽车在行驶中按驾驶员的操纵要求，适时改变汽车的行驶方向和保持汽车稳定地直线行驶。

2. 组成

汽车转向系的形式不一样，其组成也有差异。转向系按使用能源的不同，分为机械式转向系和动力式转向系。机械式转向系由转向操纵机构、转向器和转向传动机构三部分组成。

（1）转向操纵机构

转向操纵机构由转向盘、转向轴、转向万向节、转向传动轴等组成。

（2）转向器

转向器的功用是增大转向盘传到转向轮上的转向力矩，并改变力的传递方向。

转向器的结构形式有很多，目前应用较广泛的主要有循环球式、齿轮—齿条式和蜗杆指销式三种形式。

（3）转向传动机构

转向传动机构的功用是将转向器输出的转向力传给转向车轮，使两侧车轮偏转以实现转向。同时还承受因道路不平而引起的冲击振动，以稳定汽车方向，避免转向盘由于路面的冲击而出现打手现象。

转向传动机构由转向垂臂，转向直拉杆，转向节臂，左、右转向节，转向横拉杆，左、右梯形臂等组成。

转向传动机构因行驶系悬架的不同可分为非独立悬架转向传动机构和独立悬架转向传动机构。其中非独立悬架转向传动机构又分为单桥转向和双桥转向两种形式。

十二、制动系

1. 制动系的功用与组成

汽车制动系统的功用是：按照需要使汽车减速或在最短的距离内停车；下坡行驶时限制车速；保证汽车停放可靠，不至于自动滑溜。

汽车制动系一般包括两套独立的制动装置，一套是行车制动装置，用于汽车行驶时减速或停车，其制动器装在车轮上，通常由驾驶员用脚操纵，称为车轮制动装置或行车制动装置；另一套是驻车制动装置，用于使停驶的汽车驻留在原地不动，通常由驾驶员用手操纵，称为驻车制动装置。它们都由制动器和制动传动机构组成。有的汽车还装有紧急制动装置、安全制动或发动机制动等辅助制动装置。

2. 车轮制动器

汽车上采用的车轮制动器按旋转元件的结构不同，可分为鼓式车轮制动器和盘式车轮制动器两类。

鼓式车轮制动器多为内张双蹄式，即以制动鼓的内圆柱面为工作表面，有两个制动蹄与其配合使用。按制动时两制动蹄对制动鼓作用的径向力是否平衡，鼓式车轮制动器又可分为简单非平衡式制动器、平衡式制动器和自动增力式制动器。

盘式车轮制动器固定在车轮上的旋转元件是以端面为工作表面的金属圆盘，称为制动盘。其制动元件大体上可分为钳盘式和全盘式两类。目前各种轿车和轻型货车广泛采用钳盘式制动器作为车轮制动器。钳盘式制动器又可分为定钳盘式和浮钳盘式两种。

3. 制动传动装置

汽车制动传动装置将驾驶员或其他动力源的作用力传到制动器，同时控制制动器工作，以获得所需的制动力矩。制动传动装置按传力介质的不同可分为液压式和气压式两类，按制动管路布置不同可分为单管路制动传动装置和双管路制动传动装置。

十三、驻车制动器的功用与组成

1. 功用

驻车制动器的功用是使汽车停放可靠，防止汽车滑溜，便于上坡起步，配合行车制动装置进行紧急制动或行车制动装置失效后应急制动。

2. 组成

驻车制动器多安装在变速器或分动器之后，也有少数装在主减速器主动轴的前端，这类制动器称为中央制动器。

辅导练习题

一、判断题（下列判断正确的请在括号内打"√"，错误的打"×"）

1. 汽车的驱动形式通常用全部的车轮数加上驱动轮数来表示。（ ）
2. 汽车传动系的基本功用是将发动机输出的动力传递给各车轮。（ ）
3. 离合器按工作原理不同可分为单片式和双片式。（ ）

4. 离合器的功用就是使变速器顺利换挡。（   ）
5. 变速器按操纵方式不同可分为手动变速器和普通变速器。（   ）
6. 液压泵是变速器的重要组成部分。（   ）
7. 万向传动装置一般由万向节、传动轴和中间支撑组成。（   ）
8. 汽车传动系所用的十字轴式刚性万向节所允许相连两轴的最大交角为25°。（   ）
9. 对于双级主减速器，一般第一级为斜齿圆柱齿轮，第二级为锥齿轮。（   ）
10. 一般汽车的驱动桥主要由主减速器、差速器、半轴和驱动桥壳等组成。（   ）
11. 齿轮式差速器主要由四个圆柱行星齿轮、十字轴、两个圆锥半轴齿轮和差速器壳组成。（   ）
12. 汽车直线行驶时差速器不起差速作用。（   ）
13. 汽车后桥一般为转向桥。（   ）
14. 转向节能同时实现车轮转向和驱动功能。（   ）
15. 汽车悬架可分为独立悬架和非独立悬架两大类。（   ）
16. 当车辆采用非独立悬架时，车桥都是断开式的。（   ）
17. 一般主销后倾角越大，形成的稳定力矩越大，故后倾角可任意放大。（   ）
18. 主销内倾角可以调整其大小。（   ）
19. 用来控制转向车轮偏转角的一整套机构称为汽车转向器。（   ）
20. 电控式动力转向系在原有机械式转向系组成的基础上增设了一套液压助力装置。（   ）
21. 转向传动机构的作用是将转向器输出的转向力传给转向车轮。（   ）
22. 转向器按结构不同，主要有循环球式、齿轮—齿条式和螺母螺杆式。（   ）
23. 凸轮式制动器多用气体作为工作介质。（   ）
24. 鼓式车轮制动器按张开装置的形式不同可分为简单非平衡式制动器、平衡式制动器和自动增力式制动器。（   ）
25. 制动传动装置按制动管路布置不同可分为单管路制动传动装置和多管路制动传动装置。（   ）
26. 对于双管路制动传动装置，当其中一套管路发生制动失效时，另一套管路仍能继续工作，使汽车仍具有一定的制动能力。（   ）

二、**单项选择题**（下列每题有4个选项，其中只有1个是正确的，请将其代号填在横线空白处）

1. 汽车传动系最终将发动机输出的动力传递给了_____。

　　A. 离合器　　　　　　　　　　　　B. 变速器

C. 差速器　　　　　　　　　　　　D. 驱动轮

2. 汽车传动系在传递动力的过程中，变速器变速后经万向传动装置传给_____。

　　A. 离合器　　　　　　　　　　　B. 差速器
　　C. 半轴　　　　　　　　　　　　D. 主减速器

3. 通常汽车传动系的动力最后经过_____传递给驱动轮。

　　A. 离合器　　　　　　　　　　　B. 变速器
　　C. 半轴　　　　　　　　　　　　D. 主减速器

4. 汽车传动系的传动形式中_____是一种最传统的布置形式，且主要用于大、中型载货汽车上。

　　A. 发动机前置前轮驱动　　　　　B. 发动机前置后轮驱动
　　C. 发动机后置后轮驱动　　　　　D. 四轮驱动

5. 对离合器的功用叙述不恰当的是_____。

　　A. 保证汽车平稳起步　　　　　　B. 便于变速器顺利换挡
　　C. 防止传动系过载　　　　　　　D. 承担整车的大部分载荷

6. 可以暂时切断发动机与传动系的联系，便于变速器顺利换挡的部件是_____。

　　A. 差速器　　　　　　　　　　　B. 主减速器
　　C. 离合器　　　　　　　　　　　D. 半轴

7. 摩擦片式离合器的基本结构是由主动部分、从动部分、压紧部分和_____四部分组成的。

　　A. 操纵机构　　　　　　　　　　B. 从动盘
　　C. 压盘　　　　　　　　　　　　D. 离合器盖

8. 离合器的主动部分与发动机的_____相连。

　　A. 飞轮　　　　　　　　　　　　B. 曲轴
　　C. 压盘　　　　　　　　　　　　D. 拉杆

9. 下列选项中不属于自动变速器组成部分的是_____。

　　A. 液力变矩器　　　　　　　　　B. 液压泵
　　C. 控制系统　　　　　　　　　　D. 拨叉

10. 下列选项中不属于普通变速器组成部分的是_____。

　　A. 拨叉　　　　　　　　　　　　B. 拨叉轴
　　C. 变速器盖　　　　　　　　　　D. 液力变矩器

11. 下列部件中具有扩大驱动轮转矩和转速的变化范围，以适应汽车经常变化的行驶条件作用的是_____。

A. 离合器 B. 变速器
C. 差速器 D. 主减速器

12. 下列部件中能在离合器处于接合状态时中断发动机与驱动轮之间的动力传递，以满足汽车短暂停车和滑行情况需要的是_____。
    A. 离合器 B. 变速器
    C. 差速器 D. 主减速器

13. 汽车万向传动装置一般由万向节、_____和中间支撑组成。
    A. 变矩器 B. 传动轴
    C. 半轴   D. 拉杆

14. 变速器的输出轴轴线与驱动桥的输入轴轴线通常_____。
    A. 垂直   B. 平行
    C. 在同一平面内 D. 不在同一平面内

15. 能在具有一定夹角和相对位置经常变化的两根轴之间传递动力的部件是_____。
    A. 离合器   B. 差速器
    C. 万向传动装置 D. 主减速器

16. 十字轴式刚性万向节允许相连两轴的最大交角为_____。
    A. 10°～15° B. 15°～20°
    C. 20°～25° D. 25°～30°

17. 下列选项中不属于汽车驱动桥组成部分的是_____。
    A. 主减速器 B. 差速器
    C. 离合器   D. 半轴

18. 主减速器按参与减速传动的_____不同，可分为单级主减速器和双级主减速器。
    A. 齿轮个数 B. 齿轮副数目
    C. 轴承个数 D. 传动轴个数

19. 中、小型汽车上多用_____主减速器。
    A. 单级 B. 双级
    C. 多级 D. 以上均不对

20. 大型货车通常采用_____主减速器。
    A. 单级 B. 双级
    C. 多级 D. 以上均不对

21. 差速器允许_____以不同的转速旋转，以满足汽车两驱动轮不等路程行驶的需要。

A. 两半轴 B. 两齿轮
C. 减速器 D. 变速器

22. 当车辆直线行驶时差速器_____。
    A. 起减速作用 B. 起加速作用
    C. 起差速作用 D. 不起差速作用

23. 当车辆转弯时差速器_____。
    A. 起减速作用 B. 起加速作用
    C. 起差速作用 D. 不起差速作用

24. 当差速器不起差速作用时两半轴_____。
    A. 等速 B. 差速
    C. 速度趋于零 D. 速度等于零

25. 汽车车桥通过下列选项中的_____与车架相连。
    A. 车轮 B. 半轴
    C. 传动轴 D. 悬架

26. 按_____不同，车桥可分为整体式和断开式两种。
    A. 车轮个数 B. 传动形式
    C. 悬架结构 D. 驱动方式

27. 汽车前桥一般为_____。
    A. 驱动桥 B. 转向桥
    C. 支持桥 D. 后桥

28. 转向桥和支持桥都属于_____。
    A. 从动桥 B. 主动桥
    C. 转向驱动桥 D. 驱动桥

29. 车架与车桥之间的一切传力连接装置总称为_____。
    A. 车轮 B. 车身
    C. 悬架 D. 减振器

30. 汽车悬架一般都由弹性元件、_____和导向机构三部分组成。
    A. 减振器 B. 减速器
    C. 离合器 D. 差速器

31. 在一些车辆上，为了防止车身在转向等情况下发生过大的横向倾斜，在悬架中设有_____。
    A. 横向推力杆 B. 横向稳定器

C. 弹性元件 D. 减振器

32. _____悬架的车桥都是断开式的。
    A. 独立 B. 非独立
    C. 单 D. 双

33. 主销上端略向后倾称为_____。
    A. 主销内倾 B. 主销后倾
    C. 车轮外倾 D. 前轮前束

34. 一般主销内倾角不大于_____。
    A. 4° B. 6°
    C. 8° D. 10°

35. _____的主要作用是提高前轮行驶的安全性。
    A. 主销内倾 B. 主销后倾
    C. 车轮外倾 D. 前轮前束

36. 车轮的前束值一般小于_____mm。
    A. 8 B. 9
    C. 10 D. 12

37. 控制转向车轮偏转角的一整套机构称为_____。
    A. 转向臂 B. 转向节
    C. 转向器 D. 转向系

38. 转向系按使用能源的不同分为机械式转向系和_____转向系。
    A. 液压式 B. 电控式
    C. 动力式 D. 电液式

39. 下列选项中_____的功用是增大转向盘传到转向轮上的转向力矩,并改变力的传递方向。
    A. 转向器 B. 转向传动轴
    C. 转向横拉杆 D. 转向万向节

40. 循环球式转向器中一般有_____级传动副。
    A. 1 B. 2
    C. 3 D. 4

41. 循环球式转向器第一级传动副是_____传动副。
    A. 螺母螺杆 B. 齿轮齿条
    C. 齿条齿扇 D. 双螺杆

42. 循环球式转向器第二级传动副是_____传动副。
    A. 双螺杆　　　　　　　　　　B. 齿轮齿条
    C. 螺母螺杆　　　　　　　　　D. 齿条齿扇

43. _____转向器主要由壳体、转向螺杆、摇臂轴、转向螺母等组成。
    A. 循环球式　　　　　　　　　B. 齿轮—齿条式
    C. 蜗杆指销式　　　　　　　　D. 双指销式

44. 蜗杆指销式转向器按指销的数目不同可分为_____两种。
    A. 单销式和双销式　　　　　　B. 单销式和三销式
    C. 双销式和三销式　　　　　　D. 单销式和多销式

45. 汽车制动系一般包括两套独立的制动装置，一套是行车制动装置，另一套是_____装置。
    A. 紧急制动　　　　　　　　　B. 安全制动
    C. 驻车制动　　　　　　　　　D. 手制动

46. 用于汽车行驶时减速或停车的装置是_____。
    A. 行车制动装置　　　　　　　B. 安全制动装置
    C. 紧急制动装置　　　　　　　D. 驻车制动装置

47. 用于使停驶的汽车驻留在原地不动的装置是_____。
    A. 紧急制动装置　　　　　　　B. 安全制动装置
    C. 行车制动装置　　　　　　　D. 驻车制动装置

48. _____装置通常由驾驶员用手操纵。
    A. 行车制动　　　　　　　　　B. 驻车制动
    C. 发动机制动　　　　　　　　D. 以上选项都不对

49. 下列选项中用于使汽车停放可靠，防止汽车滑溜，便于上坡起步的是_____。
    A. 行车制动器　　　　　　　　B. 驻车制动器
    C. 制动蹄　　　　　　　　　　D. 制动鼓

50. 驻车制动器可以配合_____进行紧急制动。
    A. 行车制动装置　　　　　　　B. 气压制动装置
    C. 液压制动装置　　　　　　　D. 手动拉杆

51. 制动传动装置按传力介质不同可分为液压式制动传动装置和_____制动传动装置。
    A. 多管路　　　　　　　　　　B. 双管路
    C. 单管路　　　　　　　　　　D. 气压式

52. 驻车制动器多安装在_____或分动器之后。
    A. 变速器 B. 离合器
    C. 差速器 D. 主减速器

三、多项选择题（下列每题的多个选项中，至少有2个是正确的，请将正确答案的代号填在横线空白处）

1. 汽车的驱动形式有_____。
    A. 发动机前置后轮驱动 B. 发动机前置前轮驱动
    C. 发动机后置后轮驱动 D. 四轮驱动

2. 在传动系工作的过程中，经主减速器传出来的动力由_____传递给驱动轮。
    A. 变矩器 B. 差速器
    C. 半轴 D. 变速器

3. 离合器的主动部分主要由_____组成。
    A. 压盘 B. 离合器盖
    C. 变速器输入轴 D. 压紧弹簧

4. 离合器按工作原理不同可分为_____。
    A. 膜片弹簧式离合器 B. 摩擦片式离合器
    C. 液力离合器 D. 螺旋弹簧式离合器

5. 变速器按操纵方式不同可分为_____。
    A. 普通变速器 B. 自动变速器
    C. 液力变速器 D. 电动变速器

6. 自动变速器主要由_____组成。
    A. 液力变矩器 B. 齿轮变速器
    C. 液压泵 D. 控制系统

7. 万向传动装置一般由_____组成。
    A. 车架弹簧 B. 万向节
    C. 传动轴 D. 悬架

8. 下列对万向传动装置叙述正确的是_____。
    A. 设置在变速器与驱动桥之间 B. 设置在转向系的转向柱上
    C. 具有一定的位移补偿能力 D. 是车架的重要组成部分

9. 汽车的驱动桥主要由_____组成。
    A. 主减速器 B. 差速器
    C. 半轴 D. 驱动桥壳

10. 主减速器按参与减速传动的齿轮副数目不同可分为_____。
    A. 单级主减速器　　　　　　　　　　B. 双级主减速器
    C. 三级主减速器　　　　　　　　　　D. 多级主减速器

11. 齿轮式差速器主要由_____组成。
    A. 圆锥行星齿轮　　　　　　　　　　B. 十字轴
    C. 圆锥半轴齿轮　　　　　　　　　　D. 差速器壳

12. 差速器的主要功用是_____。
    A. 满足两半轴不等速转动　　　　　　B. 满足两驱动轮不等路程行驶
    C. 减速增扭　　　　　　　　　　　　D. 传递两轴间的动力

13. 根据悬架结构不同，车桥可分为_____。
    A. 整体式　　　　　　　　　　　　　B. 断开式
    C. 实心式　　　　　　　　　　　　　D. 空心式

14. 转向桥由_____组成。
    A. 前轴　　　　　　　　　　　　　　B. 转向节
    C. 主销　　　　　　　　　　　　　　D. 轮毂

15. 汽车悬架可分为_____。
    A. 单悬架　　　　　　　　　　　　　B. 双悬架
    C. 独立悬架　　　　　　　　　　　　D. 非独立悬架

16. 汽车悬架主要由_____组成。
    A. 横向推力杆　　　　　　　　　　　B. 导向机构
    C. 弹性元件　　　　　　　　　　　　D. 减振器

17. 前轮定位包括的参数有_____。
    A. 主销后倾　　　　　　　　　　　　B. 主销内倾
    C. 车轮外倾　　　　　　　　　　　　D. 前轮前束

18. 前轮定位的四个参数中一般不可调的是_____。
    A. 主销后倾　　　　　　　　　　　　B. 主销内倾
    C. 车轮外倾　　　　　　　　　　　　D. 前轮前束

19. 机械式转向系由_____组成。
    A. 转向操纵机构　　　　　　　　　　B. 转向传动机构
    C. 转向器　　　　　　　　　　　　　D. 转向盘

20. 动力式转向系按提供动力的方式不同可分为_____。
    A. 机械式转向系　　　　　　　　　　B. 气压式转向系

C. 电控式动力转向系 D. 液压式动力转向系

21. 转向器的类型现在应用较广泛的有_____。
    A. 循环球式 B. 齿轮—齿条式
    C. 蜗轮蜗杆式 D. 蜗杆指销式

22. 对循环球式转向器叙述正确的是_____。
    A. 一般有两级传动副
    B. 具有传动效率高、操纵省力的特点
    C. 具有结构简单、维修方便的特点
    D. 主要由壳体、转向螺杆、摇臂轴、转向螺母等组成

23. 汽车制动系一般包括_____。
    A. 行车制动装置 B. 驻车制动装置
    C. 手制动装置 D. 脚制动装置

24. 车轮制动器可分为_____。
    A. 鼓式车轮制动器 B. 盘式车轮制动器
    C. 平衡式车轮制动器 D. 非平衡式车轮制动器

25. 鼓式车轮制动器可分为_____。
    A. 简单非平衡式制动器 B. 平衡式制动器
    C. 自动增力式制动器 D. 凸轮式制动器

26. 盘式车轮制动器的制动元件大体上可分为_____。
    A. 平衡式 B. 非平衡式
    C. 钳盘式 D. 全盘式

参考答案及说明

一、判断题

1. ×。汽车的驱动形式通常用全部的车轮数乘以驱动轮数来表示。例如，4×2 表示汽车共有四个车轮，两个是驱动轮。

2. ×。汽车传动系的基本功用是将发动机输出的动力传递给驱动车轮。

3. ×。离合器按工作原理不同可分为摩擦片式离合器和液力离合器。汽车上广泛采用摩擦片式离合器，液力离合器主要用于有自动变速器的汽车。

4. ×。不全面。离合器的功用是使发动机与传动系逐渐接合，保证汽车平稳起步；暂时切断发动机与传动系的联系，便于变速器顺利换挡；防止传动系过载。

5. ×。变速器按操纵方式不同可分为手动变速器（普通变速器）和自动变速器。

6. ×。液压泵是自动变速器的重要组成部分。

7. √。

8. ×。汽车传动系中应用最广泛的是十字轴式刚性万向节，所允许相连两轴的最大交角为15°～20°。

9. ×。对于双级主减速器，第一级为锥齿轮，第二级为斜齿圆柱齿轮。

10. √。

11. ×。汽车上广泛应用的齿轮式差速器主要由四个圆锥行星齿轮、行星齿轮轴（十字轴）、两个圆锥半轴齿轮和差速器壳组成。

12. √。

13. ×。一般汽车多以前桥为转向桥，后桥为驱动桥。

14. ×。转向驱动桥能同时实现车轮转向和驱动功能。

15. √。

16. ×。独立悬架是每一侧的车轮单独地通过弹性悬架悬挂在车架（或车身）的下面。采用独立悬架时，车桥都是断开式的。

17. ×。后倾角不宜过大，一般小于3°。

18. ×。一般主销内倾角不大于8°。主销内倾是由制造前轴时使主销孔向内倾斜而获得的。主销内倾角一般不能调整其大小。

19. ×。汽车行驶方向的改变是通过改变转向车轮偏转角度来实现的。控制转向车轮偏转角的一整套机构称为汽车转向系。

20. ×。液压式动力转向系在原有机械式转向系组成的基础上增设了一整套液压助力装置。

21. √。

22. ×。转向器的结构形式有很多，目前应用较广泛的主要有循环球式、齿轮—齿条式和蜗杆指销式三种形式。

23. √。

24. ×。按张开装置的形式不同，鼓式车轮制动器可分为以液压轮缸作为制动蹄张开装置的轮缸式制动器和以凸轮作为张开装置的凸轮式制动器。按制动时两制动蹄对制动鼓作用的径向力是否平衡，鼓式车轮制动器又可分为简单非平衡式制动器、平衡式制动器和自动增力式制动器。

25. ×。制动传动装置按制动管路布置不同可分为单管路制动传动装置和双管路制动传动装置。

26. √。

二、单项选择题

1. D。汽车传动系的基本功用是将发动机输出的动力传递给驱动车轮。

2. D。发动机动力传递到驱动轮的过程：发动机输出的动力经飞轮和离合器传给变速器，变速器变速（变矩）后经万向传动装置传给主减速器，减速器降速增扭并改变动力传递方向后，经差速器和半轴最终将动力传递给驱动轮。

3. C。发动机动力传递到驱动轮的过程：发动机输出的动力经飞轮和离合器传给变速器，变速器变速（变矩）后经万向传动装置传给主减速器，减速器降速增扭并改变动力传递方向后，经差速器和半轴最终将动力传递给驱动轮。

4. B。发动机前置后轮驱动的传动系，这是一种最传统的布置方式，主要用于大、中型载货汽车上。

5. D。离合器的功用是使发动机与传动系逐渐接合，保证汽车平稳起步；暂时切断发动机与传动系的联系，便于变速器顺利换挡；防止传动系过载。

6. C。离合器可以暂时切断发动机与传动系的联系，便于变速器顺利换挡。

7. A。摩擦片式离合器具体结构虽各有差异，但其基本结构相同，均由主动部分、从动部分、压紧机构和操纵机构四部分组成。

8. A。离合器的主动部分与发动机的飞轮相连，主要由压盘、离合器盖等零部件组成。

9. D。自动变速器主要由液力变矩器、齿轮变速器、液压泵、控制系统等几部分组成。

10. D。普通变速器由变速传动机构和变速操纵机构两大部分组成。变速传动机构主要由输入轴、输出轴、中间轴、齿轮组、同步器、轴承和变速器壳体等组成。变速操纵机构主要由变速操纵杆、拨叉、拨叉轴、锁止装置和变速器盖等组成。

11. B。变速器具有扩大驱动轮转矩和转速的变化范围，以适应汽车经常变化的行驶条件的作用。

12. B。变速器在离合器处于接合状态时，可中断发动机与驱动轮之间的动力传递，以满足汽车短暂停车和滑行情况的需要。

13. B。万向传动装置一般由万向节、传动轴和中间支撑组成。

14. D。在发动机前置后轮驱动的传动系中，变速器与离合器、发动机共同固定于车架上，而后驱动桥是通过悬架与车架弹性连接的。因此，变速器的输出轴轴线与驱动桥的输入轴轴线不在同一平面内。

15. C。万向传动装置的功用是能在有一定夹角和相对位置经常变化的两根轴之间传递动力。

16. B。汽车传动系中应用最广泛的是十字轴式刚性万向节，所允许相连两轴的最大交角为 15°~20°。

17. C。一般汽车的驱动桥主要由主减速器、差速器、半轴和驱动桥壳组成。

18. B。主减速器按参与减速传动的齿轮副数目不同,可分为单级主减速器和双级主减速器。

19. A。单级主减速器多采用一对大小不等的锥齿轮传动结构,并以小齿轮为主动轮与传动轴相连。一般中、小型汽车用单级主减速器。

20. B。大型货车要求较大的主减速器传动比,以便驱动轮获得更大的转矩,又要求从动轮尺寸不能太大,以免汽车最小离地间隙过小,因而采用两对齿轮传动,称为双级主减速器,第一级为锥齿轮,第二级为斜齿圆柱齿轮。

21. A。差速器的功用是在汽车转向过程中,允许两半轴以不同的转速旋转,以满足两驱动轮不等路程行驶的需要,使汽车既能直线行驶,又能轻便地转弯。

22. D。当车辆直线行驶时差速器不起差速作用。

23. C。差速器的功用是在汽车转向过程中,允许两半轴以不同的转速旋转,以满足两驱动轮不等路程行驶的需要。

24. A。当差速器不起差速作用时两半轴等速。

25. D。车桥通过悬架与车架(或承载式车身)相连,其两端安装车轮。

26. C。根据悬架结构不同,车桥分为整体式和断开式两种。整体式车桥是刚性的实心或空心梁,它与非独立悬架配用。断开式车桥为活动关节式结构,它与独立悬架配用。

27. B。汽车前桥一般是转向桥。它能使装在前桥两端的车轮偏转一定的角度,以实现汽车的转向。

28. A。根据车桥上车轮的作用不同,车桥又分为转向桥、驱动桥、转向驱动桥和支持桥四种。其中转向桥和支持桥都属于从动桥。

29. C。悬架是车架(或承载式车身)与车桥(或车轮)之间的一切传力连接装置的总称。

30. A。现代汽车的悬架尽管有各种不同的结构形式,但是一般都由弹性元件、减振器和导向机构三部分组成。

31. B。在多数轿车和客车上,为防止车身在转向等情况下发生过大的横向倾斜,在悬架中还设有辅助弹性元件——横向稳定器。

32. A。独立悬架是每一侧的车轮单独地通过弹性悬架悬挂在车架(或车身)的下面。采用独立悬架时,车桥都是断开式的。

33. B。主销上端略向后倾称为主销后倾。

34. C。一般主销内倾角不大于 8°。主销内倾是由制造前轴时使主销孔向内倾斜而获得的。主销内倾角一般不能调整其大小。

35. C。车轮外倾的主要作用是提高前轮行驶的安全性。

36. C。汽车的前束值一般都小于 10 mm，通过改变横拉杆的长度可以调整前束的大小。

37. D。汽车行驶方向的改变是通过改变转向车轮偏转角度来实现的。控制转向车轮偏转角的一整套机构称为汽车转向系。

38. C。转向系按使用能源的不同，分为机械式转向系和动力式转向系。

39. A。转向器的功用是增大转向盘传到转向轮上的转向力矩，并改变力的传递方向。

40. B。循环球式转向器中一般有两级传动副。第一级是螺母螺杆传动副，第二级是齿条齿扇传动副或滑块曲柄销传动副。

41. A。循环球式转向器中一般有两级传动副。第一级是螺母螺杆传动副，第二级是齿条齿扇传动副或滑块曲柄销传动副。

42. D。循环球式转向器中一般有两级传动副。第一级是螺母螺杆传动副，第二级是齿条齿扇传动副或滑块曲柄销传动副。

43. A。循环球式转向器主要由壳体、转向螺杆、摇臂轴、转向螺母等组成。

44. A。蜗杆指销式转向器按指销的数目不同可分为单销式和双销式两种。

45. C。汽车制动系一般包括两套独立的制动装置，一套是行车制动装置，用于汽车行驶时减速或停车，其制动器装在车轮上，通常由驾驶员用脚操纵，称为车轮制动装置或行车制动装置；另一套是驻车制动装置，用于使停驶的汽车驻留在原地不动，通常由驾驶员用手操纵，称为驻车制动装置。

46. A。行车制动装置用于汽车行驶时减速或停车，其制动器装在车轮上，通常由驾驶员用脚操纵。

47. D。驻车制动装置用于使停驶的汽车驻留在原地不动，通常由驾驶员用手操纵。

48. B。驻车制动装置用于使停驶的汽车驻留在原地不动，通常由驾驶员用手操纵。

49. B。驻车制动器的功用是使汽车停放可靠，防止汽车滑溜，便于上坡起步，配合行车制动装置进行紧急制动或行车制动装置失效后应急制动。

50. A。驻车制动器配合行车制动装置进行紧急制动或行车制动装置失效后应急制动。

51. D。制动传动装置按传力介质的不同可分为液压式和气压式两类，按制动管路布置不同可分为单管路制动传动装置和双管路制动传动装置。

52. A。驻车制动器多安装在变速器或分动器之后，也有少数装在主减速器主动轴的前端，这类制动器称为中央制动器。

三、多项选择题

1. ABCD。汽车的驱动形式有发动机前置后轮驱动、发动机前置前轮驱动、发动机后置后轮驱动、发动机中置后轮驱动和四轮驱动。

2. BC。发动机动力传递到驱动轮的过程：发动机输出的动力经飞轮和离合器传给变速器，变速器变速（变矩）后经万向传动装置传给主减速器，减速器降速增扭并改变动力传递方向后，经差速器和半轴最终将动力传递给驱动轮。

3. AB。离合器的主动部分与发动机的飞轮相连，主要由压盘、离合器盖等零部件组成。

4. BC。离合器按工作原理不同可分为摩擦片式离合器和液力离合器。汽车上广泛采用摩擦片式离合器，液力离合器主要用于有自动变速器的汽车。

5. AB。变速器按操纵方式不同可分为手动变速器（普通变速器）和自动变速器。

6. ABCD。自动变速器主要由液力变矩器、齿轮变速器、液压泵、控制系统等几部分组成。

7. BC。万向传动装置一般由万向节、传动轴和中间支撑组成。

8. ABC。在变速器与驱动桥之间不能刚性连接，必须设置万向传动装置。万向传动装置的功用是能在有一定夹角和相对位置经常变化的两根轴之间传递动力（即利用万向传动装置所具有的位移补偿能力传递动力）。它也在转向系的转向柱上广泛采用。

9. ABCD。一般汽车的驱动桥主要由主减速器、差速器、半轴和驱动桥壳组成。

10. AB。主减速器按参与减速传动的齿轮副数目不同，可分为单级主减速器和双级主减速器。

11. ABCD。汽车上广泛应用的齿轮式差速器主要由四个圆锥行星齿轮、行星齿轮轴（十字轴）、两个圆锥半轴齿轮和差速器壳组成。

12. AB。差速器的功用是在汽车转向过程中，允许两半轴以不同的转速旋转，以满足两驱动轮不等路程行驶的需要，使汽车既能直线行驶，又能轻便地转弯。

13. AB。根据悬架结构不同，车桥分为整体式和断开式两种。整体式车桥是刚性的实心或空心梁，它与非独立悬架配用。断开式车桥为活动关节式结构，它与独立悬架配用。

14. ABCD。转向桥由前轴、转向节、主销和轮毂四部分组成。

15. CD。汽车悬架可分为非独立悬架和独立悬架两大类。

16. BCD。现代汽车的悬架尽管有各种不同的结构形式，但是一般都由弹性元件、减振器和导向机构三部分组成。

17. ABCD。前轮定位包括主销后倾、主销内倾、车轮外倾和前轮前束四个参数。

18. BC。前轮定位的四个参数中一般不可调的是主销内倾和车轮外倾。

19. ABC。汽车转向系的形式不一样，其组成也有差异。转向系按使用能源的不同，分为机械式转向系和动力式转向系。机械式转向系由转向操纵机构、转向器和转向传动机构三部分组成。

20. CD。动力式转向系按提供动力的方式不同，可分为液压式动力转向系和电控式动力转向系。

21. ABD。转向器的结构形式有很多，目前应用较广泛的主要有循环球式、齿轮—齿条式和蜗杆指销式三种形式。

22. ABD。循环球式转向器中一般有两级传动副。第一级是螺母螺杆传动副，第二级是齿条齿扇传动副或滑块曲柄销传动副。循环球式转向器具有传动效率高、操纵省力、机件磨损小、使用寿命长等特点，是应用较广泛的一种结构形式。它主要由壳体、转向螺杆、摇臂轴、转向螺母等组成。

23. AB。汽车制动系一般包括两套独立的制动装置，一套是行车制动装置，另一套是驻车制动装置。

24. AB。汽车上采用的车轮制动器按旋转元件的结构不同，可分为鼓式车轮制动器和盘式车轮制动器两类。

25. ABC。按制动时两制动蹄对制动鼓作用的径向力是否平衡，鼓式车轮制动器又可分为简单非平衡式制动器、平衡式制动器和自动增力式制动器。

26. CD。盘式车轮制动器的制动元件大体上可分为钳盘式和全盘式两类。

第十章 汽车电气设备

考 核 要 点

基础知识考核范围	考核要点	重要程度
蓄电池的功用与组成	蓄电池的功用	掌握
	蓄电池的组成	掌握
交流发电机的功用与组成	交流发电机的功用与组成	掌握
	调节器的功用与组成	熟悉
点火系的功用与组成	点火系的功用与组成	熟悉
起动机的功用与组成	起动机的功用与组成	掌握
汽车电气辅助装置	汽车电气辅助装置	掌握

重点复习提示

一、蓄电池的功用

汽车蓄电池与发电机并联，同属汽车的低压电源，其功用如下：

1. 发动机起动时，蓄电池向起动机提供强大的起动电流（一般高达200～600 A）。同时还向点火系、仪表等供电。

2. 发动机处于低速运转，发电机的端电压低于蓄电池的电压时，由蓄电池向用电设备供电。

3. 发电机的端电压高于蓄电池的电压时，蓄电池将一部分电能转变为化学能储存起来。

4. 发电机过载时，蓄电池协助发电机向用电设备供电。

5. 发电机转速和负载变化时，能保持汽车用电系电压稳定。蓄电池还相当于一个较大的电容器，能吸收电路中随时出现的瞬时高电压，以保护晶体管元件不被击穿，延长其使用寿命。

二、蓄电池的组成

蓄电池主要由极板、隔板、电解液、壳体、连接条和极柱等组成。

1. 极板

蓄电池的极板有正极板与负极板两种，正、负极板均由栅架和活性物质组成。一般铅蓄电池的栅架由铅锑合金浇铸而成，正极板为二氧化铅（PbO_2），呈深棕色；负极板为海绵状铅（Pb），呈青灰色。

2. 隔板

隔板夹在相邻的正、负极板之间，用以防止两极板短路。

3. 电解液

蓄电池的电解液由专用硫酸和蒸馏水配制而成。

4. 壳体

蓄电池的壳体一般制成3个或6个单格，用耐热、抗振、耐酸的硬橡胶基塑料做成。

5. 连接条

每个蓄电池由3个或6个单格电池组成，各个单格电池之间由连接条串联起来。连接条由铅浇铸而成，多跨接在电池盖上。

6. 极柱

极柱分为正接线柱和负接线柱。正接线柱刻有"＋"号，涂为红色；负接线柱刻有"－"号，涂为绿、白、黄等色。

三、交流发电机的功用与组成

交流发电机是汽车中除蓄电池外的另一个重要电源，在发动机运转及汽车行驶的大部分时间里，由交流发电机向各用电设备供电，同时还向蓄电池充电。

普通汽车交流发电机一般由三相同步交流发电机和硅二极管整流器组成，现多为内调式交流发电机。内调式交流发电机除三相同步交流发电机和硅二极管整流器外，发电机内部还装有集成电路调节器。

1. 三相同步交流发电机

三相同步交流发电机主要由定子总成、转子总成、前端盖与后端盖、电刷与电刷架、风扇及带轮等组成。

（1）定子总成

定子总成又称电枢，用来产生三相交流电。它由定子铁心和三相绕组组成。

（2）转子总成

转子总成是用来产生磁场的，由转子轴、爪形磁极、励磁绕组、磁轭、滑环等组成。

（3）端盖

端盖的作用是支撑转子，封闭内部结构，便于安装与调整 V 带的松紧程度。

（4）电刷与电刷架

电刷的作用是与滑环接触，将直流电引入励磁绕组。电刷由石墨制成。

（5）风扇

风扇的作用是在发电机工作时强制进行抽风冷却。

（6）带轮

带轮通过 V 带将发电机的转矩传给转子。

2. 整流器

整流器的作用是将定子绕组产生的三相交流电变为直流电。它由六只硅二极管、正散热板、后端盖（或负散热板）组成，接成三相桥式整流电路。二极管有正极管和负极管两种。

四、调节器的功用与组成

发电机在对用电设备供电和向蓄电池充电时，都要求其电压稳定。因此，必须对发电机的输出电压进行调节，使之保持在某一数值上基本不变。调节器的作用就是在发电机转速变化时，自动改变励磁电流的大小，使发电机输出电压保持不变。

调节器分为触点式和电子式两类，触点式又有双级式和单级式之分，电子式又分为晶体管式与集成电路式。

五、点火系的功用与组成

1. 功用

点火系的功用是将电源供给的 12 V 低压电变为 15～30 kV 的高压电，并根据发动机的工作顺序与点火时间的要求，适时、准确地将高压电送到各缸火花塞，产生电火花，点燃可燃混合气，使发动机工作。

2. 组成

点火系主要由电源（蓄电池和发电机）、点火线圈、分电器总成、电容器、附加电阻、火花塞、点火开关等部件组成。

（1）电源

蓄电池点火系的电源是蓄电池组和交流发电机，其功用是向点火系提供点火电压。

（2）点火线圈

点火线圈的功用有两个，一是升压，在断电器的配合下，将电源提供的 12 V 低压电升至1 000 V以上的高压电；二是储能，蓄电池组点火系属电感储能式点火系，电源提供的电能首先由点火线圈以磁场能的形式储存在点火线圈内，点火时将磁场能转变为火花的热能释放出去。

(3) 分电器总成

1) 断电器。断电器的作用是控制点火线圈一次侧电路的通断，配合点火线圈完成升压任务。同时还起控制点火时刻的作用。

2) 配电器。配电器的作用是将点火线圈产生的高压电按点火顺序，在点火时刻送至相应汽缸的火花塞上。

3) 点火提前角调节器。在分电器总成中，点火提前角调节器有离心式调节器和真空式调节器两种。

(4) 电容器

电容器附装在分电器外壳上，与断电器触点并联。其作用是减小断电器断开的电火花，防止触点烧蚀，提高二次电压。

(5) 附加电阻

附加电阻的作用是改善点火特性。

(6) 火花塞

火花塞装在汽缸盖上，其功用是在保证汽缸密封的同时将高压电引入燃烧室，产生电火花。

(7) 点火开关

点火开关的作用是接通或切断低压电路。

六、起动机的功用与组成

1. 功用

起动机的功用就是将蓄电池的电能转变为机械能，产生转矩，起动发动机。

2. 组成

起动机一般由直流串励式电动机、传动机构和控制装置等部分组成。

七、起动机的分类

1. 按控制装置分类

(1) 直接操纵式起动机（已淘汰）。

(2) 电磁操纵式起动机。

2. 按传动机构啮合方式分类

（1）惯性啮合式起动机。

（2）移动电枢啮合式起动机。

（3）强制啮合式起动机。

八、电喇叭

电喇叭是用电磁控制金属膜片振动而发声的装置。

九、电动刮水器

刮水器用来清除风窗玻璃上的雨水、雪或尘土，以确保驾驶员能有良好的视线。电动刮水器由微型直流电动机驱动，通过联动机构，使刮水器的刮水片在风窗玻璃的外表面来回摆动。其驱动部分由一个微型直流电动机、蜗轮箱装在一起并固定在底板上，蜗轮的旋转运动由曲柄、连杆和摆杆等机构变成左右往复摆动，刮水臂装在摆杆轴上。

十、汽车空调

汽车空调主要由压缩机、冷凝器、储液干燥器、膨胀阀和蒸发器组成。

1. 压缩机

压缩机是汽车空调系统中最主要的部件，它的功用是：把蒸发器中吸收热量后产生的低温、低压制冷剂蒸气吸入后进行压缩，升高其压力和温度之后送往冷凝器，使制冷剂在冷却循环中进行循环，由蒸发器吸收的热量在通过冷凝器时散发。目前汽车采用的空调压缩机主要有往复式和旋转式两种。

2. 冷凝器

冷凝器是一种热交换器，其作用是将压缩机排出的高温、高压气态制冷剂的热量吸收并散发到车外空气中，用冷凝风扇强制循环车外空气进行冷却，使气态制冷剂变为高温、高压的液态制冷剂。为了保证良好的通风散热性，冷凝器一般安装在水箱前面且与水箱在同一垂直平面内，中型客车安装在车身两侧或车身后侧，并用高速冷凝风扇提高散热能力。常用的冷凝器有管片式和管带式两种。

3. 储液干燥器

储液干燥器的功用是：

（1）吸收系统中制冷剂中的水分。

（2）随时向循环系统提供所需的制冷剂，同时补偿系统的微量渗漏。

（3）储液干燥器中的过滤装置随时清除系统中的杂质、污物，防止其进入制冷剂中而堵塞膨胀阀。

4. 膨胀阀

膨胀阀安装于蒸发器的入口处，膨胀阀主要由阀体、膜片、推力杆、球阀、调节弹簧、毛细管和感温包等组成。按平衡方式不同，膨胀阀分为内平衡式和外平衡式两种结构。

5. 蒸发器

蒸发器的作用是当膨胀阀流出的低温、低压制冷剂进入蒸发器后，从由鼓风机吹来的暖气流中吸收大量的热量而沸腾，转变成制冷剂蒸气，使流过散热器的气流冷却，从而达到车内降温的目的。目前车用空调采用的蒸发器有管片式、管带式和层叠式三种。

十一、电动窗

由电力驱动的车窗玻璃升降器称为电动窗，电动窗由车窗、车窗升降器、电动机、开关等装置组成。车窗电动机分为永磁式和双绕组串励式两种。电动窗系统装有两套控制开关，一套为总开关，由驾驶员控制每个车窗的升降；另一套分装在每个车窗中部，为分开关，可由乘客进行操纵。总开关与分开关的关系是：总开关与分开关互不干涉，均可独立地控制各车窗玻璃的升降。

辅导练习题

一、判断题（下列判断正确的请在括号内打"√"，错误的打"×"）

1. 汽车蓄电池与发电机并联，同属于汽车的高压电源。（　）
2. 发电机的端电压高于蓄电池的电压时，蓄电池将一部分电能转变为化学能储存起来。（　）
3. 蓄电池的极板有正极板与负极板两种，正、负极板均由极柱和活性物质组成。（　）
4. 蓄电池的电解液由专用盐酸和蒸馏水配制而成。（　）
5. 交流发电机是汽车上一个重要的用电设备。（　）
6. 发电机在发动机各种运转状态下都不能向蓄电池充电。（　）
7. 调节器的作用是在发电机转速变化时，自动改变励磁电流的大小，使电动机输出电压保持不变。（　）
8. 调节器分为触点式和电子式两类。（　）
9. 断电器触点闭合时，高压电路接通。（　）
10. 高压电路的电源是点火线圈的二次绕组，负载为火花塞间隙。（　）

11. 直接操纵式起动机被现代汽车广泛采用。（ ）
12. 起动机一般由交流串励式电动机、传动机构和控制装置等部分组成。（ ）
13. 冷凝器是汽车空调系统中最主要的部件。（ ）
14. 电喇叭是用电磁控制金属膜片振动而发声的装置。（ ）

二、单项选择题（下列每题有4个选项，其中只有1个是正确的，请将其代号填在横线空白处）

1. 汽车蓄电池与发电机并联，同属于汽车的_____。
   A. 低压电源 B. 高压电源
   C. 用电设备 D. 辅助设备

2. 当发动机处于低速运转，发电机的端电压低于蓄电池的电压时，由_____向用电设备供电。
   A. 发动机 B. 蓄电池
   C. 起动机 D. 发电机

3. 当发电机过载时，蓄电池和发电机_____向用电设备供电。
   A. 两者之一 B. 都不
   C. 同时 D. 以上选项都不对

4. 发动机起动时，蓄电池可向起动机提供高达_____A的电流。
   A. 100～200 B. 100～300
   C. 200～300 D. 200～600

5. 蓄电池的正极板为_____。
   A. 二氧化铅 B. 海绵状铅
   C. 青灰色 D. 红色

6. 蓄电池的负极板为_____。
   A. 二氧化铅 B. 海绵状铅
   C. 深棕色 D. 红色

7. 蓄电池的电解液通常由专用_____和蒸馏水配制而成。
   A. 硫酸 B. 盐酸
   C. 醋酸 D. 硝酸

8. 负极板的颜色是_____。
   A. 青灰色 B. 橘红色
   C. 深棕色 D. 灰色

9. 三相同步交流发电机的组成部分中用来产生磁场的选项是_____。

A. 转子总成 B. 定子总成
C. 电刷 D. 电刷架

10. 三相同步交流发电机的组成部分中称为电枢的是_____。
    A. 转子总成 B. 定子总成
    C. 电刷 D. 电刷架

11. 在发动机运转及汽车行驶的大部分时间里，由_____向用电设备供电。
    A. 电动机 B. 起动机
    C. 交流发电机 D. 蓄电池

12. 发动机高速运转时由_____向蓄电池充电。
    A. 分电器 B. 起动机
    C. 电动机 D. 交流发电机

13. 下列选项中能在发电机转速变化时自动改变励磁电流的大小，使发电机输出电压保持不变的是_____。
    A. 整流器 B. 调节器
    C. 蓄电池 D. 电容器

14. 触点式调节器可分为_____。
    A. 内搭铁式和外搭铁式 B. 晶体管式和集成电路式
    C. 单级式和双级式 D. 电子式和多级式

15. 现代汽车上广泛使用电子式调节器，根据与发电机配套励磁绕组的搭铁形式不同，可分为_____。
    A. 内搭铁式和外搭铁式 B. 晶体管式和集成电路式
    C. 单级式和双级式 D. 触点式和多级式

16. 电子式调节器都是根据发电机端电压的变化，使_____及时地导通或截止，进一步控制大功率三极管饱和导通与截止，接通或切断发电机励磁电流，使发电机端电压不变。
    A. 二极管 B. 稳压管
    C. 电阻器 D. 电容器

17. 点火系的功用是将电源供给的_____V低压电变为上千伏的高压电。
    A. 6 B. 12
    C. 24 D. 36

18. 点火线圈的功用有两个，一是_____，二是储能。
    A. 降压 B. 升压
    C. 通电 D. 断电

19. 将点火线圈产生的高压电按点火顺序，在点火时刻送至相应汽缸的火花塞上的元件是_____。

  A. 配电器   B. 电容器

  C. 分电器   D. 电阻器

20. 用来减小断电器断开的电火花，防止触点烧蚀，提高二次电压的元件是_____。

  A. 配电器   B. 电容器

  C. 断电器   D. 电阻器

21. 起动机的功用是将_____的电能转变为机械能，产生转矩，起动发动机。

  A. 蓄电池   B. 发电机

  C. 电容器   D. 点火线圈

22. 现代汽车较多采用的起动机是_____。

  A. 直接操纵式起动机   B. 惯性啮合式起动机

  C. 强制啮合式起动机   D. 移动电枢啮合式起动机

23. 在使用过程中须靠人力或电磁力拉动拨叉，强制使驱动齿轮轴向移动进入啮合或退出啮合的起动机是_____。

  A. 直接操纵式起动机   B. 惯性啮合式起动机

  C. 强制啮合式起动机   D. 移动电枢啮合式起动机

24. 起动机一般所用的电动机是_____。

  A. 直流并励式电动机   B. 直流串励式电动机

  C. 交流并励式电动机   D. 交流串励式电动机

25. 车用电喇叭上的触点为_____，喇叭继电器的触点为常开式。

  A. 常闭式   B. 常开式

  C. 半开半闭式   D. 处于任意状态

26. 电动刮水器一般由_____驱动。

  A. 微型直流电动机   B. 微型交流电动机

  C. 微型蓄电池   D. 微型发动机

27. 汽车空调最重要的组成部件是_____。

  A. 冷凝器   B. 压缩机

  C. 储液干燥器   D. 蒸发器

28. 用来吸收空调系统中制冷剂中水分的装置是_____。

  A. 蒸发器   B. 冷凝器

  C. 膨胀阀   D. 储液干燥器

三、多项选择题（下列每题的多个选项中，至少有 2 个是正确的，请将正确答案的代号填在横线空白处）

1. 对蓄电池的功用叙述正确的是_____。
   A. 发电机过载时，蓄电池协助发电机向用电设备供电
   B. 发电机转速和负载变化时，蓄电池能保持汽车用电系电压稳定
   C. 蓄电池相当于一个较大的电容器，能吸收电路中随时出现的瞬时高电压
   D. 蓄电池只能向起动机提供电流

2. 蓄电池可向_____供电。
   A. 起动机　　　　　　　　　　　　B. 电动机
   C. 点火系　　　　　　　　　　　　D. 仪表

3. 蓄电池的正、负极板由_____组成。
   A. 隔板　　　　　　　　　　　　　B. 极柱
   C. 栅架　　　　　　　　　　　　　D. 活性物质

4. 蓄电池的电解液由专用_____配制而成。
   A. 盐酸　　　　　　　　　　　　　B. 硫酸
   C. 盐水　　　　　　　　　　　　　D. 蒸馏水

5. 定子总成由_____组成。
   A. 定子铁心　　　　　　　　　　　B. 转子轴
   C. 滑环　　　　　　　　　　　　　D. 三相绕组

6. 对整流器叙述正确的是_____。
   A. 将定子绕组产生的三相交流电变为直流电
   B. 有六只硅二极管
   C. 有两只三极管
   D. 内部是三相桥式整流电路

7. 调节器可分为_____。
   A. 触点式　　　　　　　　　　　　B. 单级式
   C. 电子式　　　　　　　　　　　　D. 晶体管式

8. 电子式调节器根据与发电机配套励磁绕组的搭铁形式不同，可分为_____。
   A. 单级式　　　　　　　　　　　　B. 双级式
   C. 内搭铁式　　　　　　　　　　　D. 外搭铁式

9. 蓄电池组点火系电路包括_____。
   A. 短路　　　　　　　　　　　　　B. 断路

C. 高压电路   D. 低压电路

10. 点火线圈的功用有_____。
    A. 升压   B. 降压
    C. 放能   D. 储能

11. 起动机一般由_____组成。
    A. 直流串励式电动机   B. 直流并励式电动机
    C. 传动机构   D. 控制装置

12. 起动机按控制装置可分为_____。
    A. 直接操纵式起动机   B. 间接操纵式起动机
    C. 电磁操纵式起动机   D. 机械操纵式起动机

13. 汽车采用的空调压缩机主要有_____。
    A. 往复式   B. 旋转式
    C. 平衡式   D. 非平衡式

14. 汽车空调的蒸发器主要有_____。
    A. 管片式   B. 管带式
    C. 层叠式   D. 单片式

参考答案及说明

一、判断题

1. ×。汽车蓄电池与发电机并联，同属汽车的低压电源。

2. √。

3. ×。蓄电池的极板有正极板与负极板两种，正、负极板均由栅架和活性物质组成。

4. ×。蓄电池的电解液由专用硫酸和蒸馏水配制而成。

5. ×。交流发电机是汽车中除蓄电池外的另一个重要电源。

6. ×。交流发电机是汽车中除蓄电池外的另一个重要电源，在发动机运转及汽车行驶的大部分时间里，由交流发电机向各用电设备供电，同时还向蓄电池充电。

7. ×。调节器的作用就是在发电机转速变化时，自动改变励磁电流的大小，使发电机输出电压保持不变。

8. √。

9. ×。在低压电路中断电器触点闭合时，低压电路接通。

10. √。

11. ×。直接操纵式起动机已被淘汰。

12. ×。起动机一般由直流串励式电动机、传动机构和控制装置等部分组成。

13. ×。压缩机是汽车空调系统中最主要的部件。

14. √。

二、单项选择题

1. A。汽车蓄电池与发电机并联，同属汽车的低压电源。

2. B。发动机处于低速运转，发电机的端电压低于蓄电池的电压时，由蓄电池向用电设备供电。

3. C。发电机过载时，蓄电池协助发电机向用电设备供电。

4. D。发动机起动时，蓄电池可向起动机提供高达200～600 A的电流。

5. A。一般铅蓄电池的栅架由铅锑合金浇铸而成，正极板为二氧化铅（PbO_2），呈深棕色；负极板为海绵状铅（Pb），呈青灰色。

6. B。一般铅蓄电池的栅架由铅锑合金浇铸而成，正极板为二氧化铅（PbO_2），呈深棕色；负极板为海绵状铅（Pb），呈青灰色。

7. A。蓄电池的电解液由专用硫酸和蒸馏水配制而成。

8. A。负极板为海绵状铅（Pb），呈青灰色。

9. A。转子总成是用来产生磁场的。

10. B。定子总成又称电枢，用来产生三相交流电。它由定子铁心和三相绕组组成。

11. C。交流发电机是汽车中除蓄电池外的另一个重要电源，在发动机运转及汽车行驶的大部分时间里，由交流发电机向各用电设备供电，同时还向蓄电池充电。

12. D。发动机高速运转时由交流发电机向蓄电池充电。

13. B。调节器的作用就是在发电机转速变化时，自动改变励磁电流的大小，使发电机输出电压保持不变。

14. C。调节器分为触点式和电子式两类，触点式又有双级式和单级式之分，电子式又分为晶体管式与集成电路式。

15. A。现代汽车上广泛使用电子式调节器，根据与发电机配套励磁绕组的搭铁形式不同，可分为内搭铁式和外搭铁式。

16. B。电子式调节器的种类虽然繁多，但基本工作原理相同，都是根据发电机端电压的变化，使稳压管及时地导通或截止，进一步控制大功率三极管饱和导通与截止，接通或切断发电机励磁电流，使发电机端电压不变。

17. B。点火系的功用是将电源供给的12 V低压电变为15～30 kV的高压电，并根据发动机的工作顺序与点火时间的要求，适时、准确地将高压电送到各缸火花塞，产生电火花，点燃可燃混合气，使发动机工作。

18．B。点火线圈的功用有两个，一是升压，二是储能。

19．A。配电器的作用是将点火线圈产生的高压电按点火顺序，在点火时刻送至相应汽缸的火花塞上。

20．B。电容器附装在分电器外壳上，与断电器触点并联。其作用是减小断电器断开的电火花，防止触点烧蚀，提高二次电压。

21．A。起动机的功用就是将蓄电池的电能转变为机械能，产生转矩，起动发动机。

22．C。强制啮合式起动机靠人力或电磁力拉动拨叉，强制使驱动齿轮轴向移动进入啮合或退出啮合。现代大多数汽车起动机采用这种方式。

23．C。强制啮合式起动机靠人力或电磁力拉动拨叉，强制使驱动齿轮轴向移动进入啮合或退出啮合。

24．B。起动机一般由直流串励式电动机、传动机构和控制装置等部分组成。

25．A。喇叭的触点为常闭式，喇叭继电器的触点为常开式。

26．A。电动刮水器由微型直流电动机驱动，通过联动机构，使刮水器的刮水片在风窗玻璃的外表面来回摆动。

27．B。压缩机是汽车空调系统中最主要的部件。

28．D。储液干燥器的功用之一是吸收系统中制冷剂中的水分。

三、多项选择题

1．ABC。发动机起动时，蓄电池向起动机提供强大的起动电流（一般高达 200～600 A）。同时还向点火系、仪表等供电。

2．ACD。发动机起动时，蓄电池向起动机提供强大的起动电流（一般高达 200～600 A）。同时还向点火系、仪表等供电。

3．CD。蓄电池的极板有正极板与负极板两种，正、负极板均由栅架和活性物质组成。

4．BD。蓄电池的电解液由专用硫酸和蒸馏水配制而成。

5．AD。定子总成又称电枢，用来产生三相交流电。它由定子铁心和三相绕组组成。

6．ABD。整流器的作用是将定子绕组产生的三相交流电变为直流电。它由六只硅二极管、正散热板、后端盖（或负散热板）组成，接成三相桥式整流电路。

7．AC。调节器分为触点式和电子式两类。

8．CD。现代汽车上广泛使用电子式调节器，根据与发电机配套励磁绕组的搭铁形式不同，可分为内搭铁式和外搭铁式。

9．CD。蓄电池组点火系电路包括低压电路和高压电路。

10．AD。点火线圈的功用有两个，一是升压，二是储能。

11. ACD。起动机一般由直流串励式电动机、传动机构和控制装置等部分组成。
12. AC。起动机按控制装置可分为直接操纵式起动机和电磁操纵式起动机。
13. AB。目前汽车采用的空调压缩机主要有往复式和旋转式两种。
14. ABC。目前车用空调采用的蒸发器有管片式、管带式和层叠式三种。

第十一章 汽车电子控制装置

考核要点

基础知识考核范围	考核要点	重要程度
汽车常用传感器的基础知识	温度传感器的类型与功用	熟悉
	空气流量传感器和压力传感器的类型与功用	掌握
	转速和位置传感器的类型与功用	掌握
	氧传感器的类型与功用	掌握
车用电控元件的基本知识	ECU的功用与组成	掌握
执行元件的基本知识	执行元件的基本知识	熟悉

重点复习提示

一、传感器的概念

在各种信号中，电信号能很容易地被放大、反馈、滤波及进行运算和存储处理，还可以长距离传送等。因此，要实现对非电量（如位置、温度、压力、变形等）的控制，必须先捕捉各种非电信号，然后转变成与之对应的电信号，这个将非电信号转换为另一种可测电信号的过程称为传感。它是系统的首要环节。完成这一功能的电子器件称为传感器。其转换步骤为：来自外界的信号→传感器→电信号。

二、温度传感器的类型与功用

温度传感器有绕线电阻式、热敏电阻式、扩散电阻式、半导体晶体管式和金属芯式等，其中较为常用的是热敏电阻式温度传感器。

热敏电阻式温度传感器由壳体、热敏元件、引线、填料、接线端子等组成。热敏元件（热敏电阻）是一个电阻器，灵敏度很高，其本身阻值随着温度的变化按照一定的规律变化。

三、空气流量传感器的类型与功用

空气流量传感器是测量发动机进气量的装置,它将吸入的空气量转换成电信号传给电子控制单元(ECU),作为决定喷油量的基本信号之一。

根据测量原理不同,空气流量传感器可分为翼板式、热线式及热膜式等几种。

1. 翼板式空气流量传感器

翼板式空气流量传感器安装在汽油机上,位于空气滤清器和节气门之间,其功能是检测发动机的进气量,并把检测结果转换成电信号再输送到 ECU。

2. 热线式空气流量传感器

热线式空气流量传感器为质量流量型,现在已经广泛应用。

3. 热膜式空气流量传感器

热膜式空气流量传感器也是近年被广泛采用的。与热线式空气流量传感器在结构上不同的是,热膜式空气流量传感器的发热体是热膜。另外,分析电路也比热线式简单。其工作原理与热线式空气流量传感器相同。

四、压力传感器的类型与功用

车用压力传感器主要是指进气歧管压力(真空吸力)传感器,进气歧管压力传感器能依据发动机的负荷状态测出进气歧管内绝对压力的变化,并转换成电压信号与转速信号一起输送给计算机,作为决定喷油器基本喷油量的依据。

根据信号产生原理,进气歧管压力传感器分为半导体压敏电阻式、电容式、膜盒传动的可变电感式和表面弹性波式等几种。目前,在汽车电控系统中应用较广泛的是半导体压敏电阻式和电容式进气歧管压力传感器。

五、转速和位置传感器的类型与功用

转速传感器常用的是发动机转速传感器和车轮转速传感器。位置传感器主要是曲轴位置传感器和节气门位置传感器。

1. 功用

发动机转速传感器用来检测发动机工作时的转速信号,并以此作为控制系统进行各项控制参数运算的主要依据。

车轮转速传感器用来检查汽车行驶速度,向 ECU 输入车速信号,控制发动机转速,实现超速断油控制。在发动机与自动变速器共用一个控制系统时,还是自动变速器的主控信号。

曲轴位置传感器在发动机工作时提供曲轴所在的位置信号，即活塞到达压缩行程上止点前一定角度时产生的信号，并以此作为控制系统实现控制的基准。

节气门位置传感器的功用是检测节气门的开度状态，如怠速、全开及部分打开。它将节气门打开的角度转换成电压信号送给ECU，以便在节气门不同开度状态下控制喷油量。

2. 类型

（1）发动机转速传感器与曲轴位置传感器

发动机转速传感器与曲轴位置传感器常采用相同的结构形式，有磁脉冲式、光电式和霍尔效应式等几种。传感器有的安装在曲轴前端，有的安装在凸轮轴前端，还有的安装在飞轮上或分电器内部。

（2）车轮转速传感器

常用的车轮转速传感器有舌簧开关型和光电耦合型等几种形式。

1）舌簧开关型车轮转速传感器。舌簧开关型车轮转速传感器主要由舌簧开关、转子和装在转子上的永久磁铁组成。

2）光电耦合型车轮转速传感器。光电耦合型车轮转速传感器装在组合仪表内，由带切槽的转子和光电耦合器组成。

（3）节气门位置传感器

节气门位置传感器安装在节气门体上。

节气门位置传感器有线性输出和开关量输出两种形式。

六、氧传感器的类型与功用

1. 功用

氧传感器用来检测排气中氧的含量，并向ECU输入空燃比的反馈信号，进行喷油量的闭环控制，使空燃比控制在理论值范围内。

2. 类型

（1）氧化锆型氧传感器

常见的车用氧化锆型氧传感器的结构主要由锆管、铂电极及护罩等组成。

氧传感器的输出特性与排气温度有关，当排气温度低于一定值（约300℃）时，氧传感器的输出特性不稳定，因此氧传感器应安装在排气温度较高的位置。所以，有些车型还装有排气温度传感器，当排气温度传感器的信号达到一定值后，ECU才开始根据氧传感器的信号进行空燃比反馈修正，即发动机开始闭环运行。

（2）氧化钛型氧传感器

氧化钛型氧传感器是利用高纯度的二氧化钛（TiO_2）材料的电阻随排气中氧含量的变

化而变化的特性制成的。

七、ECU 的功用与组成

电子控制单元（Electronic Control Unit，ECU）简称电控单元，是一种电子综合控制装置，又称车用计算机，它包括硬件和软件两部分。硬件是计算机系统中所有实际装置的总称，它由输入回路、A/D 转换器（模/数转换器）、微型计算机和输出回路四部分组成。

1. 电控单元的功用

(1) 接收各种传感器或其他装置输入的信号，给传感器提供参考（基准）电压（有 2，5，9 和 12 V 等）；将输入的信号转变为微型计算机所能接收的信号。

(2) 存储、计算、分析及处理信息；计算出输出值所用的程序；存储该车型的特点参数；存储运算中的数据和故障信息。

(3) 运算分析。根据信息参数求出执行命令数值；将输出信号与标准值对比，查出故障。

(4) 输出执行命令。把弱信号变为强的执行命令；输出故障信息。

(5) 自诊断和自修正功能。

2. 电控单元的组成

(1) 输入回路

输入回路是由传感器到 ECU 之间的信号传输通道。

(2) A/D 转换器（模/数转换器）

由传感器输入的模拟信号往往是连续变化的模拟量，如温度、压力、流量、位移量等。

(3) 微型计算机

微型计算机由中央处理器（CPU）、存储器、输入/输出装置等组成。

1) 中央处理器（CPU）。CPU 是电子控制单元的核心，它是运算器与控制器的总称。其功用是读出命令并执行数据处理任务，既可通过接口向系统的各个受控部分发出指令，同时又可对整个控制系统所需的参数进行检测、数据处理、控制运算和逻辑判断。

CPU 由进行数据算术运算和逻辑运算的运算器、暂时存储数据的寄存器、按照程序进行各部件之间信号传送及控制的控制器等组成。

2) 存储器。存储器的功用是记忆存储程序和数据，一般由几个只读存储器（Read Only Memory，ROM）和随机存储器（Random Access Memory，RAM）组成。

ROM 是读出专用存储器，存储内容一次写入后就不能改变，但可以调出使用。随机存储器（RAM）既能读出也能写入数据，并记忆在任意地址上，但是切断电源后，存储的数据就要丢失。所以 RAM 只适用于暂时保留过程中的数据。

3) 输入/输出装置。输入/输出装置的功用是根据 CPU 的命令，在外部传感器和执行器之间执行数据传送任务,一般称为 I/O 接口。

(4) 执行器

车用执行器是汽车电子控制系统的输出装置。执行器是受 ECU 控制并具体执行某项控制功能的装置。执行器又称为执行元件、执行机构或执行装置。一般是由 ECU 控制执行器电磁线圈的搭铁回路,也有的是由 ECU 控制的某些电子控制电路。在汽车电子控制系统中,执行器主要有下列 16 种形式:电磁喷油器;点火控制器(点火模板);进气控制阀;二次空气喷射阀;活性炭罐排泄电磁阀;车速控制电磁阀;自动变速器挡位电磁阀;增压器释压电磁阀;废气再循环(EGR)阀;急速控制阀、急速电动机;汽油泵继电器;冷却风扇继电器;空调压缩机继电器;自诊断显示与报警装置;故障备用程序启动和仪表显示器。

八、电磁喷油器

电磁喷油器是发动机电控燃油喷射系统执行机构中的一个关键部件,其功用是根据发动机从 ECU 送来的喷油脉冲信号,将计量精确的燃油喷入进气歧管中。对电磁喷油器的要求是动态流量范围大,抗堵塞性能和燃油雾化性能好。目前应用的主要有轴针式、球阀式和片阀式三种。按电磁线圈阻值的大小,电磁喷油器可分为高阻抗型和低阻抗型两种。

九、电磁继电器

普通电磁继电器由电磁铁和触点组成。

当线圈中通入一定的电流或电压时,电磁铁产生电磁力,使衔铁带动活动触点与固定常开触点接通,与固定常闭触点断开。

当线圈电流切断时,由于电磁力消失,衔铁就在弹簧的作用下迅速回位,从而使活动触点与固定常开触点断开,而与固定常闭触点闭合。利用触点的开、闭,就可实现对电路的控制。

十、步进电动机

步进电动机的转子用永久磁铁制成,N 极和 S 极在圆周上相间排列,形成 8 对磁极,定子有 A 和 B 两个,上下叠置,内绕 A 和 B 两级线圈。

辅导练习题

一、判断题(下列判断正确的请在括号内打"√",错误的打"×")

1. 正温度系数热敏电阻在环境温度升高时其阻值减小,反之则增大。 ( )

2. 较为常用的温度传感器是半导体温度传感器。（ ）
3. 根据测量原理不同，空气流量传感器可分为翼板式、热线式及热膜式等几种。
   （ ）
4. 翼板式空气流量传感器通常安装在电动机上。（ ）
5. 车用压力传感器主要是指排气管压力传感器。（ ）
6. 电容式压力传感器输出信号的频率与进气歧管内的绝对压力成正比。（ ）
7. 节气门位置传感器有线性输入和开关量输入两种形式。（ ）
8. 节气门位置传感器的功用是检测节气门的开度状态。（ ）
9. 氧化钛型氧传感器有三个二氧化钛元件。（ ）
10. 氧传感器用来检测进气中氧的含量。（ ）
11. ECU 包括硬件和软件两部分。（ ）
12. 符号 RAM 表示只读存储器。（ ）
13. 步进电动机的转子用电磁铁制成。（ ）
14. 目前应用的电磁喷油器主要有轴针式、球阀式和片阀式三种。（ ）

二、单项选择题（下列每题有 4 个选项，其中只有 1 个是正确的，请将其代号填在横线空白处）

1. 将非电信号转换为可测电信号的电子器件是_____。
   A. 放大器　　　　　　　　　　　B. 传感器
   C. 继电器　　　　　　　　　　　D. 整流器
2. 用来检查发动机冷却液的温度、进气温度和排气温度，作为燃油喷射及点火正时的修正信号的传感器是_____。
   A. 空气流量传感器　　　　　　　B. 温度传感器
   C. 氧传感器　　　　　　　　　　D. 压力传感器
3. 较为常用的温度传感器是_____。
   A. 绕线电阻式　　　　　　　　　B. 半导体管式
   C. 扩散电阻式　　　　　　　　　D. 热敏电阻式
4. 热敏电阻式传感器的_____在环境温度降低时其阻值升高；反之，其阻值降低。
   A. 负温度系数热敏电阻　　　　　B. 正温度系数热敏电阻
   C. 填料　　　　　　　　　　　　D. 壳体
5. 空气流量传感器的测量项目是_____。
   A. 进气量　　　　　　　　　　　B. 排气量
   C. 燃油量　　　　　　　　　　　D. 混合气量

6. 翼板式空气流量传感器一般安装在_____上。
   A. 电动机
   B. 发电机
   C. 起动机
   D. 汽油机

7. 热膜式空气流量传感器的发热体是_____。
   A. 热线
   B. 热膜
   C. 冷线
   D. 卷簧

8. 空气流量传感器将_____转换为电信号传给电子控制单元。
   A. 吸入的混合气量
   B. 吸入的空气量
   C. 排出的气体量
   D. 废气量

9. 车用压力传感器主要是指_____压力传感器。
   A. 排气管
   B. 排气歧管
   C. 进气管
   D. 进气歧管

10. 进气歧管压力传感器能依据_____状态测出进气歧管内绝对压力的变化，并转换成电压信号与转速信号一起输送给计算机。
    A. 发动机的负荷
    B. 发动机的转速
    C. 进气
    D. 排气

11. 半导体压力传感器的硅膜片，一面接触的是真空室压力，一面接触的是_____压力。
    A. 空气
    B. 燃油
    C. 排气管
    D. 进气歧管

12. 压力传感器的目的是控制_____。
    A. 进气量
    B. 排气量
    C. 喷油量
    D. 温度

13. 光电耦合型车轮转速传感器可装在_____。
    A. 组合仪表内
    B. 凸轮轴前
    C. 分电器内
    D. 飞轮上

14. 因磁脉冲式转速传感器的转子有24个凸齿，故分电器轴转一圈产生_____个脉冲信号。
    A. 12
    B. 24
    C. 36
    D. 48

15. 磁脉冲式转速与曲轴位置传感器安装在_____。
    A. 分电器内
    B. 凸轮轴前

C. 曲轴前　　　　　　　　　　　　D. 飞轮上
16. 曲轴位置传感器在发动机工作时提供活塞到达_____一定角度时产生的信号。
　　A. 进气行程上止点前　　　　　　　B. 进气行程下止点后
　　C. 压缩行程上止点前　　　　　　　D. 压缩行程下止点后
17. 氧化锆型氧传感器的输出特性与_____有关。
　　A. 排气温度　　　　　　　　　　　B. 排气压力
　　C. 气体中氧含量　　　　　　　　　D. 气体中二氧化碳含量
18. 氧化锆型氧传感器应安装在_____的位置。
　　A. 进气温度较高　　　　　　　　　B. 进气温度较低
　　C. 排气温度较高　　　　　　　　　D. 排气温度较低
19. 氧化钛型氧传感器具有_____个二氧化钛元件。
　　A. 2　　　　　　　　　　　　　　 B. 4
　　C. 6　　　　　　　　　　　　　　 D. 8
20. 氧化钛型氧传感器是利用高纯度的二氧化钛材料的电阻随排气中_____的变化而变化的特性制成的。
　　A. 二氧化碳含量　　　　　　　　　B. 硫化氢含量
　　C. 二氧化硫含量　　　　　　　　　D. 氧含量
21. 下列选项中_____是汽车的电子综合控制装置。
　　A. 仪表　　　　　　　　　　　　　B. 发电机
　　C. ECU　　　　　　　　　　　　　 D. 转换器
22. _____是汽车电子控制系统的输出装置。
　　A. 执行器　　　　　　　　　　　　B. A/D 转换器
　　C. ROM　　　　　　　　　　　　　 D. I/O 装置
23. 下列选项中具有自诊断和自修正功能的是_____。
　　A. RAM　　　　　　　　　　　　　 B. ROM
　　C. ECU　　　　　　　　　　　　　 D. A/D 转换器
24. ROM 表示_____。
　　A. 只读存储器　　　　　　　　　　B. 随机存储器
　　C. 中央处理器　　　　　　　　　　D. 转换器
25. 下列选项中_____是发动机电控燃油喷射系统执行机构中的一个关键部件。
　　A. ECU　　　　　　　　　　　　　 B. 电磁继电器
　　C. 电磁喷油器　　　　　　　　　　D. A/D 转换器

26. 普通电磁继电器由_____和触点组成。
　　A. 铁心　　　　　　　　　　　B. 衔铁
　　C. 电磁铁　　　　　　　　　　D. 永久磁铁
27. 步进电动机的转子用_____制成。
　　A. 钢　　　　　　　　　　　　B. 铁
　　C. 电磁铁　　　　　　　　　　D. 永久磁铁
28. 步进电动机定子爪极的极性是_____。
　　A. 正极　　　　　　　　　　　B. 负极
　　C. 不变的　　　　　　　　　　D. 可变的

三、多项选择题（下列每题的多个选项中，至少有2个是正确的，请将正确答案的代号填在横线空白处）

1. 热敏电阻按其阻值随温度变化的关系不同可分为_____。
　　A. 零系数　　　　　　　　　　B. 正温度系数
　　C. 负温度系数　　　　　　　　D. 组合系数
2. 车用温度传感器用来检查_____温度。
　　A. 冷却液　　　　　　　　　　B. 进气
　　C. 排气　　　　　　　　　　　D. 尾气
3. 根据测量原理不同，空气流量传感器可分为_____。
　　A. 电阻式　　　　　　　　　　B. 翼板式
　　C. 热线式　　　　　　　　　　D. 热膜式
4. 热线式空气流量传感器根据结构不同可分为_____。
　　A. 主流量方式　　　　　　　　B. 次流量方式
　　C. 旁通流量方式　　　　　　　D. 单线方式
5. 进气歧管压力传感器分为_____。
　　A. 半导体压敏电阻式　　　　　B. 电容式
　　C. 可变电感式　　　　　　　　D. 表面弹性波式
6. 目前，在汽车电控系统中应用较广泛的进气歧管压力传感器是_____。
　　A. 半导体压敏电阻式　　　　　B. 电容式
　　C. 可变电感式　　　　　　　　D. 表面弹性波式
7. 常用的转速传感器是_____。
　　A. 发动机转速传感器　　　　　B. 车轮转速传感器
　　C. 曲轴位置传感器　　　　　　D. 节气门位置传感器

8. 常用的车轮转速传感器有_____。
   A. 磁脉冲式　　　　　　　　　　B. 霍尔式
   C. 舌簧开关型　　　　　　　　　D. 光电耦合型
9. 氧化锆型氧传感器主要由_____组成。
   A. 锆管　　　　　　　　　　　　B. 二氧化钛元件
   C. 铂电极　　　　　　　　　　　D. 护罩
10. 下列选项中对氧传感器的功用叙述正确的是_____。
    A. 用来检测进气中氧的含量　　　B. 用来检测排气中氧的含量
    C. 进行喷油量的开环控制　　　　D. 进行喷油量的闭环控制
11. 电控单元包括_____。
    A. 硬件　　　　　　　　　　　　B. 软件
    C. 转换器　　　　　　　　　　　D. 执行器
12. 微型计算机由_____组成。
    A. A/D 转换器　　　　　　　　　B. CPU
    C. 存储器　　　　　　　　　　　D. I/O 装置
13. 按电磁线圈阻值的大小，电磁喷油器可分为_____。
    A. 轴针式　　　　　　　　　　　B. 球阀式
    C. 高阻抗型　　　　　　　　　　D. 低阻抗型
14. 普通电磁继电器由_____组成。
    A. 铁心　　　　　　　　　　　　B. 触点
    C. 电磁铁　　　　　　　　　　　D. 永久磁铁

参考答案及说明

一、判断题

1. ×。正温度系数热敏电阻在环境（或介质）温度升高时其阻值增大，反之则减小。

2. ×。温度传感器有绕线电阻式、热敏电阻式、扩散电阻式、半导体晶体管式和金属芯式等，其中较为常用的是热敏电阻式温度传感器。

3. √。

4. ×。翼板式空气流量传感器安装在汽油机上。

5. ×。车用压力传感器主要是指进气歧管压力（真空吸力）传感器。

6. √。

7. ×。节气门位置传感器有线性输出和开关量输出两种形式。

8. √。

9. ×。氧化钛型氧传感器有两个二氧化钛元件。

10. ×。氧传感器用来检测排气中氧的含量，并向 ECU 输入空燃比的反馈信号。

11. √。

12. ×。存储器的功用是记忆存储程序和数据，一般由几个只读存储器（Read Only Memory，ROM）和随机存储器（Random Access Memory，RAM）组成。

13. ×。步进电动机的转子用永久磁铁制成。

14. √。

二、单项选择题

1. B。将非电信号转换为另一种可测电信号的过程称为传感。完成这一功能的电子器件称为传感器。

2. B。车用温度传感器用来检查发动机冷却液的温度、进气温度和排气温度，作为燃油喷射及点火正时的修正信号。

3. D。温度传感器有绕线电阻式、热敏电阻式、扩散电阻式、半导体晶体管式和金属芯式等，其中较为常用的是热敏电阻式温度传感器。

4. A。负温度系数热敏电阻在环境（或介质）温度降低时其阻值升高；反之，其阻值降低。

5. A。空气流量传感器是测量发动机进气量的装置，它将吸入的空气量转换成电信号传给电子控制单元（ECU），作为决定喷油量的基本信号之一。

6. D。翼板式空气流量传感器安装在汽油机上，位于空气滤清器和节气门之间，其功能是检测发动机的进气量，并把检测结果转换成电信号再输送到 ECU。

7. B。热膜式空气流量传感器的发热体是热膜。

8. B。空气流量传感器是测量发动机进气量的装置，它将吸入的空气量转换成电信号传给电子控制单元（ECU），作为决定喷油量的基本信号之一。

9. D。车用压力传感器主要是指进气歧管压力（真空吸力）传感器，进气歧管压力传感器能依据发动机的负荷状态测出进气歧管内绝对压力的变化，并转换成电压信号与转速信号一起输送给计算机，作为决定喷油器基本喷油量的依据。

10. A。进气歧管压力传感器能依据发动机的负荷状态测出进气歧管内绝对压力的变化，并转换成电压信号与转速信号一起输送给计算机。

11. D。半导体压力传感器的硅膜片，一面接触的是真空室压力，一面接触的是进气歧管压力。

12. C。车用压力传感器主要是指进气歧管压力（真空吸力）传感器，进气歧管压力传感器能依据发动机的负荷状态测出进气歧管内绝对压力的变化，并转换成电压信号与转速信号一起输送给计算机，作为决定喷油器基本喷油量的依据。

13. A。光电耦合型车轮转速传感器装在组合仪表内，由带切槽的转子和光电耦合器组成。

14. B。由于转速传感器的转子有24个凸齿，分电器轴转一圈，即曲轴旋转720°时，感应线圈产生24个交流信号。所以一个脉冲相当于30°曲轴转角。利用30°转角的时间，再由ECU均分30等份，即产生曲轴转角的1°信号。

15. A。磁脉冲式转速与曲轴位置传感器安装在分电器内，分为上、下两部分，上部分产生G信号，下部分产生Ne信号。两个信号的产生均是利用带有轮齿的转子旋转时，使信号发生器感应线圈内的磁通变化，从而在感应线圈上产生交变的感应电动势信号。

16. C。曲轴位置传感器在发动机工作时提供曲轴所在的位置信号，即活塞到达压缩行程上止点前一定角度时产生的信号，并以此作为控制系统实现控制的基准。

17. A。氧化锆型氧传感器的输出特性与排气温度有关，当排气温度低于一定值（约300℃）时，氧传感器的输出特性不稳定，因此氧传感器应安装在排气温度较高的位置。

18. C。氧化锆型氧传感器应安装在排气温度较高的位置。

19. A。氧化钛型氧传感器是利用高纯度的二氧化钛（TiO_2）材料的电阻随排气中氧含量的变化而变化的特性制成的。它有两个二氧化钛元件，一个是具有多孔性、用来感测排气中含氧量的二氧化钛陶瓷；另一个是实心二氧化钛陶瓷，用做加热调节及补偿温度的误差。

20. D。氧化钛型氧传感器是利用高纯度的二氧化钛（TiO_2）材料的电阻随排气中氧含量的变化而变化的特性制成的。

21. C。电子控制单元（Electronic Control Unit，ECU）简称电控单元，是一种电子综合控制装置。

22. A。车用执行器是汽车电子控制系统的输出装置。执行器是受ECU控制并具体执行某项控制功能的装置。

23. C。电控单元（ECU）具有自诊断和自修正功能。

24. A。存储器的功用是记忆存储程序和数据，一般由几个只读存储器（Read Only Memory，ROM）和随机存储器（Random Access Memory，RAM）组成。

25. C。电磁喷油器是发动机电控燃油喷射系统执行机构中的一个关键部件。

26. C。普通电磁继电器由电磁铁和触点组成。

27. D。步进电动机的转子用永久磁铁制成。

28. D。步进电动机定子爪极的极性是可以变换的，由ECU内三极管控制各相定子绕组的电压脉冲决定。

三、多项选择题

1. BC。热敏元件（热敏电阻）是一个电阻器，灵敏度很高，其本身阻值随着温度的变化按照一定的规律变化。热敏电阻按照其阻值随温度变化的关系不同，可分为正温度系数（Positive Temperature Coefficient）和负温度系数（Negative Temperature Coefficient）两种。

2. ABC。车用温度传感器用来检查发动机冷却液的温度、进气温度和排气温度，作为燃油喷射及点火正时的修正信号。

3. BCD。根据测量原理不同，空气流量传感器可分为翼板式、热线式及热膜式等几种。

4. AC。热线式空气流量传感器根据结构不同可分为主流量方式和旁通流量方式。

5. ABCD。根据信号产生原理，进气歧管压力传感器分为半导体压敏电阻式、电容式、膜盒传动的可变电感式和表面弹性波式等几种。

6. AB。目前，在汽车电控系统中应用较广泛的是半导体压敏电阻式和电容式进气歧管压力传感器。

7. AB。转速传感器常用的是发动机转速传感器和车轮转速传感器。位置传感器主要是曲轴位置传感器和节气门位置传感器。

8. CD。常用的车轮转速传感器有舌簧开关型和光电耦合型等几种形式。

9. ACD。常见的车用氧化锆型氧传感器的结构主要由锆管、铂电极及护罩等组成。

10. BD。氧传感器用来检测排气中氧的含量，并向 ECU 输入空燃比的反馈信号，进行喷油量的闭环控制，使空燃比控制在理论值范围内。

11. AB。电子控制单元（Electronic Control Unit，ECU）简称电控单元，是一种电子综合控制装置，又称车用计算机，它包括硬件和软件两部分。

12. BCD。微型计算机由中央处理器（CPU）、存储器、输入/输出装置等组成。

13. CD。按电磁线圈阻值的大小，电磁喷油器可分为高阻抗型和低阻抗型两种。

14. BC。普通电磁继电器由电磁铁和触点组成。

第十二章　安全生产与环保知识

考 核 要 点

基础知识考核范围	考核要点	重要程度
安全生产操作规程	汽车维修作业的安全操作规程	熟悉
	钳工与电工作业的安全操作规程	熟悉
安全防火知识	火灾隐患与急救知识	掌握
环境保护知识	车辆急救知识	掌握
	汽车排放物的危害	掌握

重点复习提示

一、汽车维修作业的安全操作规程

1. 发动机发动时的安全操作规程

(1) 发动机发动前应首先检查油底壳（机油盘）内的机油；散热器内的冷却液；换挡杆是否在空挡位置，并拉紧驻车制动器。

(2) 每一辆被调整及被试验的汽车，应具有完好的起动装置。如用手摇柄起动发动机时，手指应在手摇柄的一侧，自下向上提动，注意反转伤人。

(3) 在车间内起动发动机进行检查及调整时，如有必要，应将排气管接出室外。

(4) 在发动机运转中进行工作应注意安全，防止风扇叶片打伤人体。

(5) 发动机起动后，应及时检查各仪表的工作情况是否正常。

2. 车底工作时的安全操作规程

(1) 正在进行车底修理作业的汽车，应挂上"正在修理"的标志牌。

(2) 在车底下工作时，不要直接躺在地上，应尽量使用卧板。

(3) 用千斤顶顶车时，千斤顶应放置平稳，人应在车的外侧位置；架车前，应先找好架车工具（架车凳），禁止使用砖头、木块或其他容易破碎的物体。

(4) 凡用千斤顶顶起卸下车轮的汽车，不许在其车上或车下工作。用千斤顶使车轮放下时，打开液压开关要缓慢，打开前应检查周围是否有障碍物和可能压着自己的危险。

(5) 在装配总成时，不得采用不正确的操作方法（如用手试探螺孔、锁孔等），以免轧断手指。

(6) 当试验发动机时，不得在车下工作。

3. 使用乙基汽油时的安全操作规程

(1) 在修理车间和保养场所内，必须有充分的通风，使汽油气体容易排出散失。

(2) 修理汽油箱前，应用煤油或纯汽油仔细地清洗几次，以消除其中可能有毒的沉淀物。在疏通化油器量孔及各汽油道时，应尽量避免用嘴吹，可用压缩空气或气筒打气吹通。

(3) 对存放乙基汽油的地方和油桶应标明"有毒"字样。

4. 使用蓄电池时的安全操作规程

(1) 搬动蓄电池时要轻拿轻放，不可歪斜，以免电解液泼溅到衣服或皮肤上，引起腐烂或烧伤。

(2) 检查电解液密度和液面高度时，使仪器稍微离开电解液注口即可，不要将仪器提得过高，以免电解液滴溅到身上或其他物件上。

(3) 禁止将油料容器及各种金属物放在蓄电池壳体上。

(4) 在配制电解液时应使用陶瓷或玻璃容器，将硫酸慢慢倒入水中，绝对禁止将水倒入硫酸中。

二、钳工作业的安全操作规程

1. 工作前应掌握所用量具、刃具的使用方法与维护方法，保证量具、刃具的精度和测量的准确性；并对所需用各种工具检查一遍，避免发生意外事故。使用电动工具时应戴绝缘手套，检查工具接线是否良好，确保安全用电。

2. 使用砂轮机时的注意事项：

(1) 砂轮的旋转方向应正确，使磨屑向下方飞离砂轮。

(2) 启动时待砂轮旋转正常后再进行磨削。

(3) 磨削时要防止刀具或工件对砂轮产生剧烈撞击或施加太大压力，砂轮表面跳动严重时应及时用修整器修理。

(4) 砂轮的搁架与砂轮间的距离一般应保持在 3 mm 以内，否则容易造成磨削件被轧入的事故。

(5) 操作者尽量不要站在砂轮对面，应站在其侧面或斜侧面位置，与砂轮平面形成一定角度。

三、电工作业的安全操作规程

1. 人身安全的防护

（1）从事电工操作时，各项劳动防护用品必须完备。

（2）电工登高操作时离不开梯子，宜采用竹木结构的梯子（尤其是在检修操作时）。一般情况下，不宜采用金属结构的梯子。

2. 停电检修规程

（1）断开检修段的电源总开关并验明检修段确实无电。

（2）临时进行相间短路并接地，严禁约时送电。

（3）检修完毕恢复送电时，必须先在每个检修点进行逐一检查，检查检修质量是否合格，是否存在漏修，检修工具和器具是否撤清，零角废料是否清除，各点检修人员是否全部撤离。当上述各项检查无异时，才可告知每一用电部门或具体用电人员开始送电，才可摘下警告牌，装上熔断器插盖，合上电源总开关。

3. 杆上安全操作的注意事项

（1）杆上物品必须吊取，防止坠下各种物品。

（2）正确掌握腰带的使用方法和与电杆的扣套方法，防止腰带束得过高或滑出杆顶。

（3）保险绳应加套在横担空螺孔内或抱箍的螺栓上。

（4）人体应保持平衡。

（5）防止人体触及上层带电架空线。

四、火灾隐患与预防

1. 汽油罐

汽油是一种极易爆炸和燃烧的燃料，通常装在一个合格的汽油罐里。罐外涂有红色标记，并有合格的出油口和通风口。

2. 小型汽油罐

小型汽油罐可用于存放多种燃料和油类，这种容器主要用于存放爆炸性的材料，所以，数量少的燃料、油类或者其他可燃液体应存放在合适的小型汽油罐内，然后再将这些小容器存放在防爆橱内。

使用汽油罐还应注意以下几项内容：

（1）在汽油罐罐顶预留 7% 左右的空间以容许汽油在高温时膨胀。否则，汽油在膨胀时会产生泄漏而引起严重事故。

（2）不要在车间存放汽油，应把它们存放在车库或通风好的棚里以及离车间和住宅较远的建筑物里。

(3) 在搬运过程中不要翻转汽油罐。

(4) 不要长时间保存只剩一部分汽油的汽油罐，因为汽油罐会释放出蒸气并造成事故。

(5) 在不加油或不倒油时，应盖好加油口、出油口和通风口。

3. 密闭容器

在汽车维修车间里有许多油污的抹布，可能会自燃起火。鉴于以上危险，应把有油污的抹布存放在密闭容器里。

4. 灭火器

在使用和管理方面应遵循以下基本原则：

(1) 不要把灭火器放在离可能发生火灾点太近的地方。

(2) 把灭火器放在靠近门的地方，以便能方便拿到。

(3) 拉开开关前，在保证自己不受伤的前提下应尽可能靠近火源。因为灭火剂会很快释放尽，大多数小型干粉灭火器只能释放 8~25 s。

(4) 在自己身后保留一个门或其他逃脱出口，一旦火势无法控制，可以很容易地逃脱。

(5) 灭火器要专物专用，定期保养，检查存放地点是否适当，机件是否损坏，灭火剂是否过期。

(6) 灭火器应设置在明显的地方，必要时还应设立标志牌，以便取用。消防器材附近不能堆放杂物，以保持道路畅通。

一般来说，按着火的材料划分火灾的级别，主要有以下四种等级的火灾：

1) A 级火灾。火灾起于普通可燃物，如木料、纸张、纺织品、布料等。这类火灾通常需要冷却并熄灭。

2) B 级火灾。火灾起于可燃液体，如润滑油、机油、汽油、涂料、油漆和其他液体。这类火灾需隔绝空气并用覆盖层盖熄。

3) C 级火灾。火灾起于电子设备故障，如电动机、开关和电线。这类火灾需用绝缘的灭火剂扑灭。

4) D 级火灾。火灾起于可燃金属存在的地方，如锂、钠、钾、钛和锆等。应用特殊灭火剂盖熄或覆盖阻燃物熄灭。这类火灾在汽车维修企业中并不常见。

5. 水

水是天然灭火剂，是无色、无味、无臭的不燃液体，在灭火中起冷却降温作用，适用于 A 级火灾。

6. 卤代烷灭火剂

卤代烷灭火剂是由卤素原子取代烷烃分子中的部分氢原子或全部氢原子后得到的一类有

机化合物的总称。适应的火灾类型有：城市煤气、液化气；有机溶剂类，如醇、酮、酯、苯等；电气设备火灾。

五、火灾安全急救常识

1. 发生 A 级火灾时可用冷却灭火法，一般把凉水洒在燃烧物上，降低温度直至熄灭。

2. 发生 B 级火灾的可燃液体是比水轻而又不溶于水的有机化合物，如汽油、轻柴油等，可用泡沫或干粉灭火器扑救。起火初期燃烧面积不大或燃烧物不多时，也可用二氧化碳或"1211"灭火器扑救，但不能用水扑救。

3. 发生 C 级火灾时应首先切断电源。

4. 为了最大限度地减少损失，防止火势蔓延和扩大，应对火场的物资进行疏散。急于疏散的物资有：易燃、易爆物资，如汽油、柴油、油桶、充装气体的钢瓶等；重要文件和昂贵物资，如档案资料、高级仪器等。

六、车辆急救知识

1. 车辆突然熄火

(1) 利用惯性靠边停车，检查是否缺油，有无油管堵塞、渗漏及破裂现象。

(2) 尝试再次起动，若不成功，应检查电路系统。

2. 侧滑不稳

(1) 若为制动引起侧滑，应立即松抬制动踏板，迅速向侧滑的方向转动转向盘，并及时回转方向，即可有效制止侧滑。

(2) 若为转向或擦撞引起的侧滑，不可以踩制动踏板，而应利用上述方法制止侧滑。

(3) 若是在良好路面上出现侧滑，应检查车轮定位。

3. 行驶中轮胎爆坏

(1) 极力控制方向，使车辆尽可能保持直线行驶，并在此情况下轻踩制动踏板，使车辆缓慢减速并停靠在适当位置。

(2) 利用备用轮胎及工具进行换胎。

4. 制动失效、失灵

(1) 调整制动鼓和制动蹄片的间隙。

(2) 检查制动气压。若气压不够，应检查气管、压缩机阀片及气室膜片有无破裂。

5. 转向失控

(1) 检查两前轮的气压是否一致，不一致时应充气至相同气压。

(2) 用手摸两前轮轮毂的温度，若有一侧发烫，则应检查车轮的轮毂轴承是否过紧，制动是否发咬,并予以调整及排除。

(3) 检查钢板弹簧是否折断,装载的货物是否两侧轻重不一。

(4) 测量两侧的轴距是否相等。

(5) 若以上检查均正常,则应检查前轴、车架是否变形,前轮定位是否正确。

七、汽车排放物的危害

汽车所排放的污染物主要有 CO(一氧化碳)、HC(碳氢化合物)、NO_x(氮氧化物)、光化学烟雾、微粒。其对环境的影响主要有两个方面,一是环境污染的重要因素,二是参与形成光化学烟雾,进一步恶化空气质量。污染物种类不同,对人体健康的危害也有所不同。

1. 一氧化碳(CO)

一氧化碳与血液中的血红蛋白结合,形成碳氧血红蛋白,从而使这部分血红蛋白失去输送氧气的能力,造成血液输氧能力下降,导致人体缺氧。

2. 碳氢化合物(HC)

碳氢化合物可以使人的骨髓功能减弱,血小板减少,刺激眼、鼻、呼吸道,危害植物,也是形成光化学烟雾的因素。

3. 氮氧化物(NO_x)

氮氧化物由 96%~98%的一氧化氮(NO)和 2%~4%的二氧化氮(NO_2)构成,其中 NO_2 危害眼睛、呼吸道和肺;NO_x 使纤维、塑料、橡胶、电子材料提前老化,并参与形成光化学烟雾。

4. 光化学烟雾

光化学烟雾由臭氧(O_3)、多种过氧化物及多种游离基组成,强烈刺激眼睛、呼吸道,诱发癌症,危害作物,腐蚀金属、橡胶,降低空气能见度。

5. 微粒

微粒由碳粒、铅氧化物和多种高分子氧化物构成,其中铅可以损害心、肺、造血系统,降低智力;碳烟中的有害物质致癌,降低空气能见度,附着在固定表面,影响美观,腐蚀金属。

八、汽车排放法规与标准

我国汽车专业的汽车排放法规和标准分为国家标准和地方标准两种。

我国 1981 年开始制定标准,于 1983 年发布了国家汽车排放标准 GB 3842~3847—83,该标准执行时间为 1984 年 4 月 1 日。我国于 1999 年 3 月 10 日正式发布了四项汽车国家标准,并于 2000 年 1 月 1 日起实施。这四项标准分别是《汽车排污物限值及测试方法》

(GB 14761—1999)、《压燃式发动机和装用压燃式发动机的车辆排气污染物排放限值及测试方法》(GB 17691—1999)、《压燃式发动机和装用压燃式发动机的车辆排气可见污染物排放限值及测试方法》(GB 3847—1999)、《汽车用发动机净功率测试方法》(GB/T 17692—1999)。前三项是有关汽车排污的强制性国家标准,采用了欧洲经济委员会汽车排放体系标准 (ECE),至此我国新车排放要求达到欧洲 20 世纪 90 年代初期水平。新标准适用于在我国境内行驶的汽油车、柴油车、液化石油气车及压缩天然气车。

对于在用车排气污染物排放应符合 GB 18285—2000《在用汽车排气污染物限值及测试方法》,本标准于 2001 年 7 月 1 日实施,是在用车排放检测的依据。

另外,按照我国政府的要求,2004 年 7 月 1 日全国实行机动车排放达到欧Ⅱ排放标准,2005 年 7 月 1 日北京实施欧Ⅲ排放标准。2008 年左右,北京、上海等一些主要城市要执行欧Ⅳ排放标准。

九、提高环保意识,加强汽车排放污染防治

现阶段我国防治汽车排放污染有以下几种方法:

1. 旧车淘汰,规定使用年限。我国规定:"机动车报废年限为 15 年。"淘汰原有的化油器汽车,避免由于发动机老化而产生的低效率和高污染。
2. 采用电喷技术,提高汽、柴油质量。
3. 推广使用新能源清洁汽车。

辅导练习题

一、判断题(下列判断正确的请在括号内打"√",错误的打"×")

1. 在配制蓄电池的电解液时应使用金属容器。　　　　　　　　　　　　(　　)
2. 修理汽油箱之前,应用煤油或纯汽油清洗几次。　　　　　　　　　　(　　)
3. 钻削时要戴手套接近旋转体。　　　　　　　　　　　　　　　　　　(　　)
4. 电工登高作业时宜使用结实的金属结构的梯子。　　　　　　　　　　(　　)
5. 对于由可燃液体引起的 B 级火灾,通常需要冷却并熄灭。　　　　　　(　　)
6. 被围困在浓烟区的人要用短呼吸法匍匐穿过浓烟区。　　　　　　　　(　　)
7. 若在行驶中轮胎爆坏须快速停车。　　　　　　　　　　　　　　　　(　　)
8. 在行车中若遇因转向或擦撞引起的侧滑要立即踩下制动踏板。　　　　(　　)
9. 碳氢化合物主要导致人体缺氧。　　　　　　　　　　　　　　　　　(　　)
10. 我国规定:"机动车报废年限为 15 年。"　　　　　　　　　　　　　(　　)

二、单项选择题（下列每题有4个选项，其中只有1个是正确的，请将其代号填在横线空白处）

1. 下列选项中对蓄电池操作正确的是_____。
   A. 配制电解液时将水倒入硫酸中
   B. 配制电解液时应将硫酸倒入水中
   C. 检查电解液用的仪器应远离电解液注口
   D. 蓄电池壳上可以放置较轻的物体

2. 下列选项中对发动机发动前做法不正确的是_____。
   A. 放开驻车制动器　　　　　　　　B. 检查冷却液
   C. 换挡开关在空挡位置　　　　　　D. 检查油底壳

3. 有关车底工作不正确的是_____。
   A. 不要直接躺在地上　　　　　　　B. 不准对发动机进行起动检查
   C. 不准用手试探螺孔　　　　　　　D. 不准拉紧驻车制动器

4. 下列对乙基汽油有关说法不正确的是_____。
   A. 有毒　　　　　　　　　　　　　B. 无毒
   C. 在修理车间须通风　　　　　　　D. 避免人体接触

5. 使用砂轮机正确的做法是_____。
   A. 启动后即可进行磨削
   B. 砂轮的搁架要贴紧砂轮
   C. 操作者尽量不要站在砂轮对面
   D. 砂轮的旋向应使磨屑向上方飞离砂轮

6. 有关錾削叙述正确的是_____。
   A. 不得錾削淬火的工件　　　　　　B. 不用戴眼镜
   C. 錾子头部需要淬火　　　　　　　D. 一般情况使用高速钢制作錾子

7. 电工登高操作时最好使用_____结构的梯子。
   A. 铁架　　　　　　　　　　　　　B. 钢架
   C. 杨木　　　　　　　　　　　　　D. 竹木

8. 有关电工杆上作业不正确的是_____。
   A. 杆上物品必须吊取
   B. 人体应保持平衡
   C. 腰带不能束得过高
   D. 可以借助上层带电架空线以保持身体平衡

9. 对灭火器使用正确的选项是_____。
   A. 应将灭火器放在离可能发生火灾最近的地方
   B. 不要把灭火器放在靠近门口的地方
   C. 拉开灭火器开关前应使自己尽可能远离火源
   D. 灭火器要专物专用，定期保养

10. 起于电子设备故障的火灾属于_____级火灾。
    A. A   B. B
    C. C   D. D

11. A级火灾发生时可用_____灭火法。
    A. 冷却   B. 二氧化碳
    C. 绝缘的灭火剂   D. 特殊灭火剂盖熄

12. C级火灾发生时可用_____灭火法。
    A. 冷却   B. 二氧化碳
    C. 绝缘的灭火剂   D. 特殊灭火剂盖熄

13. 车辆出现侧滑不稳的原因不包括_____。
    A. 制动   B. 转向
    C. 路面   D. 缺油

14. 转向失控时不必检查的项目是_____。
    A. 两前轮胎压   B. 钢板弹簧是否折断
    C. 两侧轴距是否相等   D. 蓄电池的电解液

15. 当车辆突然熄火时不正确的做法是_____。
    A. 尝试再次起动   B. 检查电路系统
    C. 利用惯性靠边停车   D. 下车用力推行

16. 制动失效时不正确的检查选项是_____。
    A. 调整制动鼓   B. 检查制动气压
    C. 调整制动蹄片的间隙   D. 检查车胎

17. 光化学烟雾主要由_____和多种游离基组成。
    A. CO   B. HC
    C. O_3 D. NO

18. 我国规定汽车的报废年限为_____年。
    A. 8   B. 10
    C. 15   D. 50

19. 北京实施欧Ⅲ排放标准的时间是_____。
    A. 2008年7月1日   B. 2007年7月1日
    C. 2005年7月1日   D. 2004年7月1日
20. 我国政府要求全国实行机动车排放达到欧Ⅱ排放标准的时间是_____。
    A. 2004年7月1日   B. 2005年7月1日
    C. 2006年7月1日   D. 2007年7月1日

三、多项选择题（下列每题的多个选项中，至少有2个是正确的，请将正确答案的代号填在横线空白处）

1. 对蓄电池使用正确的选项是_____。
   A. 搬动蓄电池时要轻拿轻放   B. 蓄电池壳体上只能放置金属物体
   C. 配制电解液时可使用陶瓷容器   D. 配制电解液时不能将硫酸倒入水中
2. 对乙基汽油使用正确的是_____。
   A. 避免与皮肤接触   B. 对皮肤无害
   C. 修理车间要密封   D. 修理车间要通风
3. 下列选项中对锉削操作正确的是_____。
   A. 不能用嘴吹锉屑   B. 锉过的表面不得用手摸
   C. 不得敲、拍锉刀以去除锉屑   D. 锉刀不可沾油、沾水
4. 停电检修时正确的操作是_____。
   A. 断开检修段的电源总开关   B. 约时送电
   C. 挂警告牌   D. 清除零角废料
5. 下列选项中能引起B级火灾的是_____。
   A. 木料   B. 机油
   C. 油漆   D. 钠
6. 有关火灾急救叙述正确的是_____。
   A. 在火灾发生时应立即判断是哪级火灾   B. 发生A级火灾时可用冷却灭火法
   C. 发生B级火灾时可用冷却灭火法   D. 发生C级火灾时要先切断电源
7. 当车辆转向失控时应检查的项目是_____。
   A. 两前轮的气压是否一致   B. 钢板弹簧是否折断
   C. 两侧轴距是否相等   D. 车轮定位情况
8. 若车辆突然熄火，应检查的项目是_____。
   A. 是否缺油   B. 油管
   C. 电路   D. 车轮定位

9. 汽车排放的污染物主要有_____。

    A. 一氧化碳   B. 碳氢化合物

    C. 光化学烟雾   D. 氮氧化物

10. 我国汽车专业的汽车排放法规和标准分为_____。

    A. 行业标准   B. 企业标准

    C. 国家标准   D. 地方标准

参考答案及说明

一、判断题

1. ×。在配制电解液时应使用陶瓷或玻璃容器。

2. √。

3. ×。钻削时严禁戴手套接近旋转体。

4. ×。电工登高作业时宜使用竹木结构的梯子。

5. ×。A级火灾起于普通可燃物，如木料、纸张、纺织品、布料等。这类火灾通常需要冷却并熄灭。B级火灾起于可燃液体，如润滑油、机油、汽油、涂料、油漆和其他液体。这类火灾需隔绝空气并用覆盖层盖熄。

6. √。

7. ×。行驶中轮胎爆坏应极力控制方向，使车辆尽可能保持直线行驶，并在此情况下轻踩制动踏板，使车辆缓慢减速并停靠在适当位置。

8. ×。若为转向或擦撞引起的侧滑，不可以踩制动踏板。

9. ×。一氧化碳与血液中的血红蛋白结合，形成碳氧血红蛋白，从而使这部分血红蛋白失去输送氧气的能力，造成血液输氧能力下降，导致人体缺氧。碳氢化合物可以使人的骨髓功能减弱，血小板减少，刺激眼、鼻、呼吸道，危害植物，也是形成光化学烟雾的因素。

10. √。

二、单项选择题

1. B。在配制电解液时应使用陶瓷或玻璃容器，将硫酸慢慢倒入水中，绝对禁止将水倒入硫酸中。因为将水倒入硫酸中时，温度急剧升高，会产生大量的蒸气，使硫酸四处飞溅，烧伤人体皮肤，甚至使容器炸裂，造成事故。

2. A。发动机发动前应首先检查油底壳（机油盘）内的机油；散热器内的冷却液；换挡杆是否在空挡位置，并拉紧驻车制动器。

3. D。在车底下工作时，如不是修理制动系统，应拉紧驻车制动器，并用三角木塞住车轮。

4. B。乙基汽油（汽油中加有四乙基铅）是含铅且具有毒性的汽油，当乙基汽油沾到破损的皮肤上或被吸入人体中时，就有可能引起中毒。

5. C。操作者尽量不要站在砂轮对面，应站在其侧面或斜侧面位置，与砂轮平面形成一定角度。

6. A。不得錾削淬火的工件，錾子头部不得淬火。

7. D。电工登高操作时离不开梯子，宜采用竹木结构的梯子（尤其是在检修操作时）。一般情况下，不宜采用金属结构的梯子。

8. D。防止人体触及上层带电架空线。

9. D。灭火器要专物专用，定期保养，检查存放地点是否适当，机件是否损坏，灭火剂是否过期。

10. C。C 级火灾起于电子设备故障，如电动机、开关和电线。这类火灾需用绝缘的灭火剂扑灭。

11. A。A 级火灾起于普通可燃物，如木料、纸张、纺织品、布料等。这类火灾通常需要冷却并熄灭。

12. C。C 级火灾起于电子设备故障，如电动机、开关和电线。这类火灾需用绝缘的灭火剂扑灭。

13. D。当车辆在泥泞、湿滑路面紧急制动或猛转方向时，由于车轮抱死或轮胎受力失衡，汽车失去横向稳定性，易产生侧滑，行驶方向失控。

14. D。对于转向失控应检查两前轮的气压是否一致；轮毂轴承是否过紧；钢板弹簧是否折断；轴距是否相等以及前轴、车架是否变形等。

15. D。利用惯性靠边停车，检查是否缺油，有无油管堵塞、渗漏及破裂现象。尝试再次起动，若不成功，应检查电路系统。

16. D。调整制动鼓和制动蹄片的间隙。检查制动气压。若气压不够，应检查气管、压缩机阀片及气室膜片有无破裂。

17. C。光化学烟雾由臭氧（O_3）、多种过氧化物及多种游离基组成。

18. C。我国规定："机动车报废年限为 15 年。"

19. C。2005 年 7 月 1 日北京实施欧Ⅲ排放标准。

20. A。按照我国政府的要求，2004 年 7 月 1 日全国实行机动车排放达到欧Ⅱ排放标准。

三、多项选择题

1. AC。搬动蓄电池时要轻拿轻放，不可歪斜，以免电解液泼溅到衣服或皮肤上，引起腐烂或烧伤。禁止将油料容器及各种金属物放在蓄电池壳体上。在配制电解液时应使用陶瓷或玻璃容器，将硫酸慢慢倒入水中，绝对禁止将水倒入硫酸中。因为将水倒入硫酸中时，温度急剧升高，会产生大量的蒸气，使硫酸四处飞溅，烧伤人体皮肤，甚至使容器炸裂，造成事故。

2. AD。乙基汽油（汽油中加有四乙基铅）是含铅且具有毒性的汽油，当乙基汽油沾到破损的皮肤上或被吸入人体中时，就有可能引起中毒。在修理车间和保养场所内，必须有充分的通风，使汽油气体容易排出散失。

3. ABCD。锉削时，不能用嘴吹锉屑，锉过的表面不得用手摸，锉刀不可沾油、沾水，不得敲、拍锉刀以去除锉屑。

4. ACD。临时进行相间短路并接地，严禁约时送电。

5. BC。B级火灾起于可燃液体，如润滑油、机油、汽油、涂料、油漆和其他液体。这类火灾需隔绝空气并用覆盖层盖熄。

6. ABC。发生B级火灾的可燃液体是比水轻而又不溶于水的有机化合物，如汽油、轻柴油等，可用泡沫或干粉灭火器扑救。起火初期燃烧面积不大或燃烧物不多时，也可用二氧化碳或"1211"灭火器扑救，但不能用水扑救。

7. ABCD。车辆转向失控应做以下检查：

（1）检查两前轮的气压是否一致，不一致时应充气至相同气压。

（2）用手摸两前轮轮毂的温度，若有一侧发烫，则应检查车轮的轮毂轴承是否过紧，制动是否发咬，并予以调整及排除。

（3）检查钢板弹簧是否折断，装载的货物是否两侧轻重不一。

（4）测量两侧的轴距是否相等。

（5）若以上检查均正常，则应检查前轴、车架是否变形，前轮定位是否正确。

8. ABC。若车辆突然熄火，应利用惯性靠边停车，检查是否缺油，有无油管堵塞、渗漏及破裂现象。尝试再次起动，若不成功，应检查电路系统。

9. ABCD。汽车所排放的污染物主要有CO（一氧化碳）、HC（碳氢化合物）、NO_x（氮氧化物）、光化学烟雾、微粒。

10. CD。我国汽车专业的汽车排放法规和标准分为国家标准和地方标准两种。

第十三章 质量管理知识

考 核 要 点

基础知识考核范围	考核要点	重要程度
汽车维修企业全面质量管理的概念	全面质量管理的概念和特点	掌握
汽车维修企业质量管理基本方法	质量管理的基本方法	掌握
汽车维修质量评价与控制	汽车维修质量的评价与控制	熟悉
汽车维修人员的职业道德	职业道德的要求	熟悉

重点复习提示

一、全面质量管理的概念

全面质量管理（Total Quality Control）简称TQC，这一概念最早是由美国质量管理专家于20世纪50年代末60年代初提出的。就维修质量而言，所谓全面质量管理，就是维修企业为了保证和提高维修质量，企业全体职工同心协力，综合运用管理技术、专业技术和科学方法所进行的系统的维修质量管理活动的总称。

二、全面质量管理的特点

全面质量管理，反映着质量管理的全面性、管理方法的综合性。其核心是一个"全"字，同其他的质量管理形式相比较，其特点可归纳为"三全一多（综合）"。"三全一多（综合）"即全面的、全过程的、全员的质量管理，质量管理的方法是多种多样的。

1. 全面的质量管理

"全面的质量"是指广义的质量，包括产品质量和工作质量。全面的质量管理是把质量成本和效益统一起来的质量管理。

2. 全过程的质量管理

全过程是指产品或服务质量的产生、形成和实现的过程。

3. 全员的质量管理

产品的质量是人制造出来的，参与企业生产的每一个人的工作质量都直接或间接地影响产品质量，为了保证和提高产品质量，就要求上至经理，下至工人，都做好本职工作，人人关心质量，全员参与质量管理。

4. 全面质量管理方法的多样性

全面质量管理的管理方法不是单一的、机械的，它不仅与以往的单纯事后检查不同，而且与统计质量管理也不相同，它要求把改善经营管理，革新生产技术和数理统计等结合起来，综合运用质量管理的科学方法，形成质量管理方法体系，全面管好质量。

三、汽车维修质量管理的方法

1. 制订质量管理计划

维修质量指标一般用合格率表示。合格率是指维修合格的车辆在维修车辆总数中所占的比重。其计算公式是：

$$合格率=(合格辆次/维修总辆次)\times 100\%$$

维修合格率不是指所修车辆本身的状况，而是反映车辆在整个维修过程中的质量水平。一般情况下，维修过程中的工作质量越好，合格率越高；反之，合格率就要相对降低。因此，利用合格率指标可以综合反映企业生产中的质量好坏，从而引起足够的重视，不断改进管理，提高质量。

2. 建立质量分析制度

进行质量分析的重要步骤就是要了解情况，搞好调查研究。全面掌握达到质量标准的规律，总结经验，鼓励先进，为进一步改善和提高质量奠定基础。

质量分析的方法，可从企业内部和企业外部两个方面进行。

四、全面质量管理的基本工作方法

全面质量管理的基本工作方法就是 PDCA 循环法。

根据管理也是一个过程的理论，按计划（Plan）、实施（Do）、检查（Check）、处理（Action）四个阶段顺序进行的管理工作循环，称为 PDCA 循环。

1. P 阶段，即计划阶段。
2. D 阶段，即实施阶段。
3. C 阶段，即检查阶段。
4. A 阶段，即总结阶段。

五、汽车维修质量的评价

汽车在修理过程中,其修理质量取决于汽车修理工艺规程、工艺设备、修理生产的组织和生产技术准备工作的完善程度以及修理工作人员的劳动素质等。

汽车维修质量的好坏,取决于设计、制造、使用诸因素和修理生产过程的组织与管理水平,也取决于修竣车的使用条件。

六、汽车修理质量的控制

为了保证汽车和总成的修理质量,应分段对总成和整车修理质量进行管理和控制。

质量管理的第一阶段是获取有关被管理对象的信息。

质量管理的第二阶段是分析有关工艺规程的执行情况,收集和分析信息。

质量管理的第三阶段是制定和修改有关技术措施和管理措施。

质量管理的第四阶段是贯彻执行修改后的技术措施或管理措施。

质量管理的这四个阶段是对汽车修理过程实行全面质量控制的主要内容。它是以企业各部门、各人为主体,以数理统计方法为基础而建立的整个全面质量管理系统。

辅导练习题

一、判断题(下列判断正确的请在括号内打"√",错误的打"×")

1. 全面质量管理这一概念最早由法国质量管理专家提出。 (   )
2. 全面质量管理的特点为"三全一多(综合)"。 (   )
3. A 阶段是全面质量管理的基本工作方法的计划阶段。 (   )
4. 全面质量管理的基本工作方法就是 PDCA 循环法。 (   )
5. 汽车维修质量可以通过质量指标来评价。 (   )
6. 影响汽车维修质量的主要因素是 B 类因素。 (   )

二、单项选择题(下列每题有 4 个选项,其中只有 1 个是正确的,请将其代号填在横线空白处)

1. 全面质量管理是由_____质量管理专家提出的。
   A. 中国　　　　　　　　　　　　B. 美国
   C. 法国　　　　　　　　　　　　D. 英国
2. 全面质量管理的提出时间是_____。
   A. 20 世纪 50 年代初　　　　　　B. 20 世纪 50 年代末

C. 20世纪60年代末 D. 20世纪70年代末

3. 全面质量管理的特点是_____。
   A. 全面的 B. 全过程的
   C. 全员的 D. 三全一多

4. 全面质量管理的英义缩写是_____。
   A. TQC B. TCQ
   C. CTQ D. CQT

5. 汽车维修企业的生命线是_____。
   A. 维修计划 B. 维修方法
   C. 维修管理 D. 维修质量

6. 全面质量管理的基本工作方法中属于计划阶段的是_____。
   A. A B. C
   C. D D. P

7. 全面质量管理的基本工作方法中属于实施阶段的是_____。
   A. A B. C
   C. D D. P

8. 全面质量管理的基本工作方法中属于总结阶段的是_____。
   A. A B. C
   C. D D. P

9. 汽车维修质量可以通过_____来评价。
   A. 返修率 B. 合格率
   C. 质量分析 D. 质量指标

10. 维修质量指标一般用_____来表示。
    A. 返修率 B. 合格率
    C. 质量指标 D. 质量分析

11. 用排列图法所确定的质量影响因素中表示主要因素的是_____。
    A. A类因素 B. B类因素
    C. C类因素 D. 一般因素

12. 用排列图法所确定的质量影响因素中表示一般因素的是_____。
    A. A类因素 B. B类因素
    C. C类因素 D. 以上选项都不对

三、多项选择题（下列每题的多个选项中，至少有 2 个是正确的，请将正确答案的代号填在横线空白处）

1. 全面质量管理的特点是"三全一多"，其中的"三全"指的是_____。
   A. 全面　　　　　　　　　　　B. 全员
   C. 全过程　　　　　　　　　　D. 全方位

2. 全面质量管理方法是_____。
   A. 单一的　　　　　　　　　　B. 机械的
   C. 综合的　　　　　　　　　　D. 多样的

3. 全面质量管理的基本工作方法包括_____。
   A. 计划　　　　　　　　　　　B. 实施
   C. 检查　　　　　　　　　　　D. 处理

4. 企业的质量分析应当是_____。
   A. 偶尔的　　　　　　　　　　B. 局部的
   C. 经常的　　　　　　　　　　D. 全面的

5. 影响质量的因素有_____。
   A. A 类因素　　　　　　　　　B. B 类因素
   C. C 类因素　　　　　　　　　D. D 类因素

6. 汽车修理质量取决于_____。
   A. 汽车修理工艺规程　　　　　B. 汽车修理工艺设备
   C. 汽车修理场地条件　　　　　D. 修理工作人员的劳动素质

参考答案及说明

一、判断题

1. ×。全面质量管理（Total Quality Control）简称 TQC，这一概念最早是由美国质量管理专家于 20 世纪 50 年代末 60 年代初提出的。

2. √。

3. ×。A 阶段，即总结阶段。P 阶段，即计划阶段，是循环的第一阶段。

4. √。

5. √。

6. ×。影响质量的因素分为 A，B，C 三类：A 类因素是指累积频率为 0~80% 的因素，为主要因素；B 类因素是指累积频率为 80%~90% 的因素，为次要因素；C 类因素是指累积频率为 90%~100% 的因素，为一般因素。

二、单项选择题

1. B。全面质量管理（Total Quality Control）简称 TQC，这一概念最早是由美国质量管理专家于 20 世纪 50 年代末 60 年代初提出的。

2. B。全面质量管理（Total Quality Control）简称 TQC，这一概念最早是由美国质量管理专家于 20 世纪 50 年代末 60 年代初提出的。

3. D。全面质量管理，反映着质量管理的全面性、管理方法的综合性。其核心是一个"全"字，同其他的质量管理形式相比较，其特点可归纳为"三全一多（综合）"。

4. A。全面质量管理（Total Quality Control）简称 TQC。

5. D。汽车维修质量是维修企业的生命线。维修质量的好坏是企业管理的综合反映，它关系着企业的生存和发展。不断提高维修质量是企业管理的头等大事。

6. D。P 阶段，即计划阶段，是循环的第一阶段。

7. C。D 阶段，即实施阶段。在这一阶段要按照第一阶段制定的目标和措施计划去实施、执行，为实现质量目标而努力。

8. A。A 阶段，即总结阶段。把成功的经验和失败的教训加以归纳总结，把成功的经验加以肯定纳入标准，予以推广。

9. D。汽车维修质量可以通过修理后汽车性能的量化指标，即质量指标来评价。

10. B。维修质量指标一般用合格率表示。

11. A。影响质量的因素分为 A，B，C 三类：A 类因素是指累积频率为 0~80% 的因素，为主要因素。

12. C。影响质量的因素分为 A，B，C 三类：A 类因素是指累积频率为 0~80% 的因素，为主要因素；B 类因素是指累积频率为 80%~90% 的因素，为次要因素；C 类因素是指累积频率为 90%~100% 的因素，为一般因素。

三、多项选择题

1. ABC。全面质量管理，反映着质量管理的全面性、管理方法的综合性。其核心是一个"全"字，同其他的质量管理形式相比较，其特点可归纳为"三全一多（综合）"。"三全一多（综合）"即全面的、全过程的、全员的质量管理，质量管理的方法是多种多样的。

2. CD。全面质量管理的管理方法不是单一的、机械的，它不仅与以往的单纯事后检查不同，而且与统计质量管理也不相同，它要求把改善经营管理，革新生产技术和数理统计等结合起来，综合运用质量管理的科学方法，形成质量管理方法体系，全面管好质量。

3. ABCD。全面质量管理的基本工作方法就是 PDCA 循环法。按计划（Plan）、实施（Do）、检查（Check）、处理（Action）四个阶段顺序进行的管理工作循环，称为 PDCA

循环。

4．CD。企业的质量分析应当是经常的、全面的。

5．ABC。影响质量的因素分为A，B，C三类：A类因素是指累积频率为0～80％的因素，为主要因素；B类因素是指累积频率为80％～90％的因素，为次要因素；C类因素是指累积频率为90％～100％的因素，为一般因素。

6．ABD。汽车在修理过程中，其修理质量取决于汽车修理工艺规程、工艺设备、修理生产的组织和生产技术准备工作的完善程度以及修理工作人员的劳动素质等。

第十四章 相关法律法规知识

考 核 要 点

基础知识考核范围	考核要点	重要程度
劳动法常识	劳动法常识	掌握
合同法常识	合同法常识	掌握
质量管理法	基本概念	熟悉
消费者权益保护法	基本概念	熟悉

重点复习提示

一、劳动法常识

广义的劳动法是指调整劳动关系及与劳动关系密切联系的其他社会关系的法律规范的总称。它既包括国家最高权力机关颁布的劳动法律，也包括其他调整劳动关系的法律、法规。狭义的劳动法仅指《中华人民共和国劳动法》（以下简称《劳动法》）。该法于1994年7月5日经全国人民代表大会常务委员会通过，并于1995年1月1日起开始施行。《劳动法》共十三章107条，它以宪法为依据，全面规定了用人单位应遵守的劳动标准和行为规范，明确了法律责任和监督检查职责，是我国第一部全面调整劳动关系、规范劳动行为的基本法律，是制定其他劳动法律规范的重要依据。

二、劳动者的权利和义务

根据《劳动法》规定，劳动者既享有一定的权利，又要履行一定的义务。权利和义务是统一和互为条件的，没有无权利的义务，也没有无义务的权利。

三、劳动合同制度

劳动合同是用人单位与劳动者个人确立劳动关系，明确双方权利与义务的协议。建立劳动关系应当订立劳动合同,劳动合同依法订立即具有法律约束力,当事人必须履行劳动合同规定的义务。

订立劳动合同遵循的是平等自愿、协商一致和依法订立的原则。订立劳动合同要经过要约和承诺两个阶段,要约由提出合同建议一方提出,承诺是另一方完全接受,承诺后合同即告成立。

劳动合同的内容包括劳动合同期限、工作内容、劳动保护和劳动条件、劳动报酬、劳动纪律、劳动合同终止的条件、违反劳动合同的责任及双方认为应当规定的其他事项。

四、劳动保护制度和社会保险制度

1. 劳动保护制度

劳动保护制度包括劳动安全卫生制度及对女职工和未成年工的特殊保护制度。

未成年工是指已满16周岁未满18周岁的劳动者。《劳动法》规定,不得安排未成年工从事矿山井下、有毒有害、国家规定的第四级体力劳动强度的劳动和其他禁忌从事的劳动。

2. 社会保险制度

社会保险制度是指国家或社会对劳动者在年老、失业、患病、工伤、生育等情况下给予物质帮助和补偿的一种制度。

五、劳动争议的处理

我国劳动争议是指劳动关系当事人在执行劳动法或履行劳动合同和集体合同时发生的纠纷。用人单位与劳动者发生劳动争议,当事人可以依法申请调解、仲裁、提起诉讼,也可以协商解决。解决劳动争议应当根据合法、公正、及时处理的原则,依法维护劳动争议当事人的合法权益。

劳动争议发生后,当事人一方要求仲裁的,可以向劳动争议仲裁委员会申请仲裁。对仲裁不服的,可向人民法院起诉。

六、合同法概述

1. 合同与合同法的概念

合同也称契约,是指平等主体的自然人、法人、其他组织之间设立、变更、终止民事权利义务关系的协议。

合同法是我国社会主义法律体系的重要组成部分,是调整合同关系的法律,是规定合同的订立、主要条款和履行的法律,是调整平等主体的自然人、法人、其他组织之间设立、变更、终止民事权利义务关系的法律规范的总称。《中华人民共和国合同法》(以下简称《合同法》）于1999年3月15日经第九届全国人民代表大会第二次会议通过，于1999年10月1日起施行。该法对合同的概念、合同法调整的范围、合同法的基本原则、合同的订立、合同的效力、合同的履行、合同的变更和转让、合同权利义务的终止、合同的种类以及违约责任都做了明确的规定，是我国第一部统一的、较为完备的合同法典。

2. 合同的法律特征及合同法的基本原则

合同的设立、变更和终止是合同双方当事人为追求特定债权债务关系的法定状态而实施法律行为的结果。因此，合同是一种民事法律行为。合同是由当事人在平等基础上意思表示一致而成立的，并且依法成立的合同具有法律约束力。合同一旦成立，当事人就必须严格按照合同内容履行义务。

《合同法》规定，合同当事人应遵守平等原则、自愿原则、公平原则、诚实信用原则和遵守法律与社会公德原则。

七、合同的订立

1. 合同的主体、形式及内容

《合同法》规定，当事人订立合同，应当具有相应的民事权利能力和民事义务能力。可见，只有具备法定资格条件，才可以成为合格的合同订约主体。在民事法律关系中，自然人、法人、其他组织是合同主体，同时也是订约个体。

合同的形式是合同内容的载体。当事人订立合同可采用书面形式、口头形式和其他形式。

书面形式是合同的主要形式，是通过文字来表达当事人所订合同内容的合同形式。当事人可以通过合同书，信件和数据电文（包括电报、传真、电子数据交换和电子邮件）等形式来确立合同关系。

合同的内容也叫做合同的条款，是确定合同双方当事人权利义务关系的根本依据，也是判断合同是否有效的客观依据。《合同法》第12条规定，合同内容由当事人约定，一般包括以下条款：

（1）当事人的名称或者姓名和住所。

（2）标的。

（3）数量。

（4）质量。

（5）价款或者报酬。

（6）履行期限、地点和方式。

（7）违约责任。

(8) 解决争议的方法。

当事人可以参照各类合同的示范文本订立合同。

2. 合同的订立

合同的订立过程，就是当事人双方依法对合同内容进行协商，取得一致意见的过程。它包括要约和承诺两大程序。

要约是一方当事人向对方提出订立合同的建议和要求，即希望与他人订立合同的意思表示。该意思表示应符合以下要求：

(1) 内容具体确定。

(2) 表明经受要约人承诺，要约人即受该意思表示约束。

(3) 要约到达受要约人时生效，不得任意撤回、撤销或变更。

承诺是受要约人同意要约的意思表示。承诺必须由受要约人或其代理人做出，其内容必须与要约的内容一致，并且在要约规定的期限内到达要约人。否则，承诺没有法律效力。

八、合同的效力

合同的效力即合同的法律约束力，就是合同的法律效力。《合同法》规定：依法成立的合同自成立时生效；法律、行政法规规定应当办理批准、登记手续生效的，依照其规定。

九、合同的履行

合同的履行就是合同双方当事人为了实现订立合同的目的而做出合同约定的行为，也就是按照合同约定的主要内容全面完成各自承担的义务。双方当事人在履行合同过程中应遵守全面履行和诚实信用的履行原则，切实完成合同义务。

十、合同的变更、转让和终止、解除

《合同法》第77条规定了合同变更的一般条件：当事人协商一致，可以变更合同。法律、行政法规规定变更合同应当办理批准、登记手续，手续齐备方可变更。

合同的转让是指合同当事人一方依法将其合同全部或部分权利和义务转让给第三人的行为。合同的转让可分为合同权利的转让、合同义务的转让和合同权利义务的一并转让三种情况。合同的转让和合同的变更最主要的区别在于：合同转让是合同主体发生变更，但不致改变合同的内容；合同变更则是只对合同的内容进行非实质变更，合同主体不变。

合同的终止即合同的权利义务终止，是指合同当事人双方终止合同关系，合同确立的权利义务关系消灭。《合同法》第91条规定了终止合同权利义务的情形。

合同的解除是指合同有效成立后，因当事人一方的意思表示或者双方的协议，使基于合同发生的民事权利义务关系归于消灭的行为。合同解除的方式有协商解除、约定解除、法定解除三种。

十一、产品质量法概述

1. 产品质量及产品质量法

产品质量是指产品能够满足社会需要的某种属性或特征。产品质量法是调整在生产、流通和消费过程中因产品质量所发生的经济关系的法律规范的总和。1993年2月22日第七届全国人民代表大会常务委员会第十三次会议通过了《中华人民共和国产品质量法》（以下简称《产品质量法》）。

2. 产品质量责任和义务

产品质量责任是指生产者或者销售者因为生产或销售了有瑕疵和缺陷的产品，使用户、消费者或其他人人身和财产遭受损失时承担的赔偿义务。

产品质量义务是指产品生产者或销售者为了确保自己的产品达到法定的质量标准，依照《产品质量法》以及其他一些有关法律、法规的要求，必须为一定质量行为或者不为一定质量行为，以满足对方利益需要的责任。

十二、产品质量的监督管理

1. 产品质量管理体制

国务院产品质量监督管理部门（国家技术监督局）负责全国产品的监督管理工作。国务院有关部门在各自的职责范围内负责产品质量监督管理工作。县级以上地方人民政府管理产品质量监督管理工作的部门负责本行政区域内的产品质量监督管理工作。县级以上地方人民政府有关部门在各自的职责范围内负责产品质量监督管理工作。

2. 产品质量管理标准

《产品质量法》对产品质量管理有以下标准：
(1) 国家及行政标准。
(2) 企业质量体系认证制度。
(3) 产品质量认证制度。
(4) 产品质量监督检查规定。

十三、消费者权益保护法的概念

消费包括生产资料的消费和生活资料的消费。1993年10月31日第八届全国人民代表大会常务委员会第四次会议通过了《中华人民共和国消费者权益保护法》（以下简称《消费者权益保护法》），这是我国制定的第一部保护消费者权益的专门法律。主要内容是规定消费者的权利、经营者的义务、国家对消费者合法权益的保护、消费者组织、争议的解决和法律责任等。

辅导练习题

一、判断题（下列判断正确的请在括号内打"√"，错误的打"×"）

1. 劳动合同一经订立即具有法律约束力，当事人必须履行劳动合同规定的义务。
（　　）
2. 未成年工是指不满 16 周岁的劳动者。（　　）
3. 合同主体不能作为合同订约的个体。（　　）
4. 合同的形式是合同内容的载体。（　　）
5. 《消费者权益保护法》是在 1998 年通过的。（　　）
6. 只要违法行为未给消费者造成损失，就不应予以惩罚。（　　）

二、单项选择题（下列每题有 4 个选项，其中只有 1 个是正确的，请将其代号填在横线空白处）

1. 现行《劳动法》共_____条。
   A. 100　　　　　　　　　　　　B. 107
   C. 110　　　　　　　　　　　　D. 150
2. 关于《劳动法》中的权利和义务叙述不正确的是_____。
   A. 相互统一　　　　　　　　　　B. 互为条件
   C. 没有无权利的义务　　　　　　D. 只有无义务的权利
3. 订立劳动合同要经过要约和_____两个阶段。
   A. 承诺　　　　　　　　　　　　B. 放弃
   C. 讨论　　　　　　　　　　　　D. 执行
4. 在_____基础上订立的劳动合同不予法律支持。
   A. 平等自愿　　　　　　　　　　B. 协商一致
   C. 依法订立　　　　　　　　　　D. 众人胁迫
5. 合同的行为属于_____行为。
   A. 刑事法律　　　　　　　　　　B. 民事法律
   C. 个人　　　　　　　　　　　　D. 社会
6. 在民事法律关系中不是合同主体的是_____。

A. 自然人　　　　　　　　　　　B. 法人
C. 其他组织　　　　　　　　　　D. 未成年人

7. 合同内容的载体是＿＿＿＿＿＿。
  A. 合同的主体　　　　　　　　　B. 合同的订立
  C. 合同的形式　　　　　　　　　D. 合同的解除

8. 合同的内容是由＿＿＿＿＿＿约定的。
  A. 代理人　　　　　　　　　　　B. 当事人
  C. 旁观者　　　　　　　　　　　D. 合同建议的提出者

9. 《中华人民共和国产品质量法》的通过时间是＿＿＿＿＿＿。
  A. 1991年2月22日　　　　　　　B. 1992年2月22日
  C. 1993年2月22日　　　　　　　D. 1994年2月22日

10. 国家对消费者进行保护的前提和基础是＿＿＿＿＿＿。
  A. 消费者的权利　　　　　　　　B. 消费者的义务
  C. 消费者的生活资料　　　　　　D. 消费者的生产资料

11. 《消费者权益保护法》不包括消费者的＿＿＿＿＿＿权。
  A. 安全　　　　　　　　　　　　B. 知情
  C. 劳动　　　　　　　　　　　　D. 自主选择

12. 《消费者权益保护法》规定经营者的义务不包括＿＿＿＿＿＿义务。
  A. 接受教育　　　　　　　　　　B. 接受监督
  C. 提供商品和服务真实信息　　　D. 出具购货凭证

三、多项选择题（下列每题的多个选项中，至少有2个是正确的，请将正确答案的代号填在横线空白处）

1. 《劳动法》中权利和义务的关系是＿＿＿＿＿＿。
  A. 相辅相成的　　　　　　　　　B. 互为条件的
  C. 相互统一的　　　　　　　　　D. 互相矛盾的

2. 劳动保护制度包括＿＿＿＿＿＿制度。
  A. 劳动报酬　　　　　　　　　　B. 劳动安全卫生
  C. 对女职工保护　　　　　　　　D. 对未成年工保护

3. 当事人订立合同可采用的形式有＿＿＿＿＿＿。
  A. 书面形式　　　　　　　　　　B. 口头形式
  C. 电报　　　　　　　　　　　　D. 信件

4. 合同的订立过程包括＿＿＿＿＿＿。

A. 要约　　　　　　　　　　　　B. 承诺
　　C. 填写　　　　　　　　　　　　D. 签字

5. 可对产品质量进行监督管理的部门有_____。

　　A. 国家技术监督局

　　B. 县级以上地方人民政府的相应管理部门

　　C. 企业

　　D. 个人

6. 消费包括_____。

　　A. 食品的消费　　　　　　　　　B. 物品的消费
　　C. 生产资料的消费　　　　　　　D. 生活资料的消费

参考答案及说明

一、判断题

1. ×。劳动合同依法订立即具有法律约束力，当事人必须履行劳动合同规定的义务。

2. ×。未成年工是指已满16周岁未满18周岁的劳动者。

3. ×。在民事法律关系中，自然人、法人、其他组织是合同主体，同时也是订约个体。

4. √。

5. ×。1993年10月31日第八届全国人民代表大会常务委员会第四次会议通过了《中华人民共和国消费者权益保护法》（简称《消费者权益保护法》）。

6. ×。无论违法行为是否给消费者造成损失，都应予以相应惩罚。

二、单项选择题

1. B。《劳动法》共十三章107条。

2. D。权利和义务是统一和互为条件的，没有无权利的义务，也没有无义务的权利。

3. A。订立劳动合同遵循的是平等自愿、协商一致和依法订立的原则。订立劳动合同要经过要约和承诺两个阶段，要约由提出合同建议一方提出，承诺是另一方完全接受，承诺后合同即告成立。

4. D。订立劳动合同遵循的是平等自愿、协商一致和依法订立的原则。

5. B。合同的设立、变更和终止是合同双方当事人为追求特定债权债务关系的法定状态而实施法律行为的结果。因此，合同是一种民事法律行为。

6. D。在民事法律关系中，自然人、法人、其他组织是合同主体，同时也是订约个体。

7. C。合同的形式是合同内容的载体。当事人订立合同可采用书面形式、口头形式和其他形式。

8. B。合同内容由当事人约定。

9. C。1993年2月22日第七届全国人民代表大会常务委员会第十三次会议通过了《中华人民共和国产品质量法》。

10. A。消费者的权利是消费者利益在法律上的体现，是国家对消费者进行保护的前提和基础。

11. C。《消费者权益保护法》规定消费者的权利主要有：安全权（人身和财产不受损害）、知情权、自主选择权、公平交易权、请求赔偿权、依法结社权（成立社团）、获得有关商品知识权、维护尊严权、监督批评权等。

12. A。《消费者权益保护法》规定经营者主要有以下义务：履行法定和约定的义务，接受监督的义务，保证商品和服务安全的义务，提供商品和服务真实信息的义务，标明真实名称和标记的义务，出具购货凭证或者服务单据的义务，保证质量的义务，履行"三包"的义务，不得侵犯消费者人格权的义务等。

三、多项选择题

1. BC。权利和义务是统一和互为条件的，没有无权利的义务，也没有无义务的权利。

2. BCD。劳动保护制度包括劳动安全卫生制度及对女职工和未成年工的特殊保护制度。

3. ABCD。合同的形式是合同内容的载体。当事人订立合同可采用书面形式、口头形式和其他形式。书面形式是合同的主要形式，是通过文字来表达当事人所订合同内容的合同形式。当事人可以通过合同书，信件和数据电文（包括电报、传真、电子数据交换和电子邮件）等形式来确立合同关系。

4. AB。合同的订立过程，就是当事人双方依法对合同内容进行协商，取得一致意见的过程。它包括要约和承诺两大程序。

5. ABC。国务院产品质量监督管理部门（国家技术监督局）负责全国产品的监督管理工作。国务院有关部门在各自的职责范围内负责产品质量监督管理工作。县级以上地方人民政府管理产品质量监督管理工作的部门负责本行政区域内的产品质量监督管理工作。县级以上地方人民政府有关部门在各自的职责范围内负责产品质量监督管理工作。

6. CD。消费包括生产资料的消费和生活资料的消费。

第二部分 模 拟 试 卷

基础知识考核模拟试卷

一、判断题（下列判断正确的请在括号内打"√"，错误的打"×"）

1. 工件尺寸是游标卡尺尺身读出的整毫米数＋游标刻度。（   ）
2. 纯铜的外观颜色呈黄色。（   ）
3. 三视图的投影规律：主、俯视图长对正；主、左视图高平齐；俯、左视图宽相等。简称"长对正、高平齐、宽相等"。（   ）
4. 二极管长时间正常工作所允许通过的最大平均反向电流叫做最大整流电流。（   ）
5. 汽车上采用的液压传动装置按工作原理分为动力式和容积式两种。（   ）
6. 车轮平衡机用来检测和修理汽车的动、静平衡。（   ）
7. 汽车通常由发动机、底盘、车身和电气设备四大部分组成。（   ）
8. 四行程汽油机完成一个工作循环具有两个有效行程和两个辅助行程。（   ）
9. 驻车制动装置通常由驾驶员用脚操纵。（   ）
10. 对于双管路制动传动装置，当其中一套管路发生制动失效时，另一套管路仍能继续工作，使汽车仍具有一定的制动能力。（   ）
11. 断电器触点闭合时，高压电路接通。（   ）
12. 符号 RAM 表示只读存储器。（   ）
13. 普通电磁继电器由电磁铁和触点组成。（   ）
14. 节气门位置传感器有线性输入和开关量输入两种形式。（   ）
15. 电容式压力传感器输出信号的频率与进气歧管内的绝对压力成正比。（   ）
16. 在配制蓄电池的电解液时应使用金属容器。（   ）
17. 汽车维修质量合格率不是指所修车辆本身的状况，而是反映车辆在整个修理过程中的质量水平。（   ）
18. 职业道德是指从事一定职业的人们在长期的职业活动中形成的一种行为规范。（   ）

二、单项选择题（下列每题有4个选项，其中只有1个是正确的，请将其代号填在横线空白处）

1. 游标卡尺是一种能直接测量工件_____的中等精度量具。
   A. 长度、宽度、深度、直径　　　　B. 长度、宽度、粗糙度、直径
   C. 长度、宽度、角度、直径　　　　D. 宽度、深度、角度、直径

2. 通常每种千分尺的测量范围是_____mm。
   A. 15　　　　　　　　　　　　　　B. 25
   C. 35　　　　　　　　　　　　　　D. 45

3. 百分表是一种比较性测量仪器，主要用于测量工件的_____。
   A. 公差值　　　　　　　　　　　　B. 偏差值
   C. 实际值　　　　　　　　　　　　D. 极值

4. 使用砂轮机时，砂轮的旋转方向应使磨屑向_____飞离砂轮。
   A. 右侧　　　　　　　　　　　　　B. 左侧
   C. 上方　　　　　　　　　　　　　D. 下方

5. 下列选项中属于金属材料工艺性能的是_____。
   A. 韧性　　　　　　　　　　　　　B. 塑性
   C. 强度　　　　　　　　　　　　　D. 淬透性

6. 钢是一种含碳量小于_____的铁碳合金。
   A. 2.0%　　　　　　　　　　　　　B. 2.11%
   C. 3.0%　　　　　　　　　　　　　D. 3.11%

7. 我国工业纯铝的牌号是按_____来编制的。
   A. 密度　　　　　　　　　　　　　B. 熔点
   C. 纯度　　　　　　　　　　　　　D. 导电性

8. 国产汽油的牌号是按照_____的高低来划分的。
   A. 凝点　　　　　　　　　　　　　B. 熔点
   C. 密度　　　　　　　　　　　　　D. 辛烷值

9. 国家标准规定图样上的文字应采用_____。
   A. 黑体　　　　　　　　　　　　　B. 楷体
   C. 短仿宋体　　　　　　　　　　　D. 长仿宋体

10. 通常所说的三视图不包括_____。
    A. 主视图　　　　　　　　　　　　B. 俯视图
    C. 右视图　　　　　　　　　　　　D. 左视图

11. _____是允许尺寸的变动量。
    A. 尺寸公差　　　　　　　　　　B. 形状公差
    C. 位置公差　　　　　　　　　　D. 偏差
12. 国家标准规定了_____种配合基准制。
    A. 1　　　　　　　　　　　　　　B. 2
    C. 3　　　　　　　　　　　　　　D. 4
13. 电荷有规则的定向移动形成_____。
    A. 电流　　　　　　　　　　　　B. 电压
    C. 导体　　　　　　　　　　　　D. 半导体
14. 电阻率为 10^{10} Ω·m 的物体是_____。
    A. 导体　　　　　　　　　　　　B. 半导体
    C. 金属　　　　　　　　　　　　D. 绝缘体
15. 电容器充、放电的快慢取决于_____。
    A. Q/U　　　　　　　　　　　　B. Q/I
    C. IR　　　　　　　　　　　　　D. RC
16. _____是常用来制作永久磁铁的磁性材料。
    A. 硬磁材料　　　　　　　　　　B. 软磁材料
    C. 矩磁材料　　　　　　　　　　D. 顺磁材料
17. 正弦交流电三要素不包括_____。
    A. 周期　　　　　　　　　　　　B. 最大值
    C. 角频率　　　　　　　　　　　D. 初相位
18. 晶体三极管具有_____个PN结。
    A. 1　　　　　　　　　　　　　　B. 2
    C. 3　　　　　　　　　　　　　　D. 4
19. 液压系统的执行元件通常指的是_____。
    A. 液压泵和液压缸　　　　　　　B. 液压泵和液压马达
    C. 液压缸和液压马达　　　　　　D. 液压缸和液压阀
20. 中高压泵的额定压力是_____MPa。
    A. 0～2.5　　　　　　　　　　　B. 2.5～8
    C. 8～16　　　　　　　　　　　　D. 16～32
21. 下列选项中不属于液压传动优点的是_____。
    A. 易实现过载保护　　　　　　　B. 无级调速

C. 易实现精确的定比传动　　　　　　　D. 良好的润滑

22. 减压回路是对_____进行减压。
    A. 主油路　　　　　　　　　　　　　B. 某一支路
    C. 所有油路　　　　　　　　　　　　D. 增压油路

23. 2.5 t以下的各种小轿车、面包车适宜选用的举升器是_____。
    A. 液压式举升器　　　　　　　　　　B. 电动式举升器
    C. 气动式举升器　　　　　　　　　　D. 移动式举升器

24. _____平衡机按静平衡原理工作。
    A. 就车式　　　　　　　　　　　　　B. 离车式
    C. 气压式　　　　　　　　　　　　　D. 液压式

25. 一般清洗用的化学溶液可采用_____与热水的混合溶液。
    A. 酒精　　　　　　　　　　　　　　B. 碱面
    C. 稀酸　　　　　　　　　　　　　　D. 中性肥皂

26. 适合拆装油底壳、变速器等的放油螺栓的扳手是_____。
    A. 方扳手　　　　　　　　　　　　　B. 套筒扳手
    C. 钩形扳手　　　　　　　　　　　　D. 内六角扳手

27. 普通级轿车的排量为_____L。
    A. <1.0　　　　　　　　　　　　　　B. 1.0～1.6
    C. 1.6～2.5　　　　　　　　　　　　D. 2.5～4.0

28. 载货汽车的类别代号是_____。
    A. 1　　　　　　　　　　　　　　　　B. 2
    C. 3　　　　　　　　　　　　　　　　D. 4

29. 汽车装配与行驶的主体是_____。
    A. 发动机　　　　　　　　　　　　　B. 底盘
    C. 车身　　　　　　　　　　　　　　D. 电气设备

30. 悬架属于车辆_____的组成部分。
    A. 转向系　　　　　　　　　　　　　B. 传动系
    C. 制动系　　　　　　　　　　　　　D. 行驶系

31. 运动型轿车和方程式赛车多采用的布置形式是_____。
    A. 发动机后置后轮驱动　　　　　　　B. 发动机中置后轮驱动
    C. 发动机前置前轮驱动　　　　　　　D. 发动机前置后轮驱动

32. 最大爬坡度是车辆在_____时的最大爬坡能力。

A. <5 t
B. >5 t
C. 空载
D. 满载

33. 消声器属于_____。
 A. 点火系统
 B. 冷却系统
 C. 供给系统
 D. 起动系统

34. 压缩比是_____。
 A. 汽缸总容积与燃烧室容积之比
 B. 汽缸总容积与汽缸工作容积之比
 C. 汽缸工作容积与燃烧室容积之比
 D. 汽缸总容积与汽缸排量之比

35. 四行程柴油机的进气行程进入到汽缸内的是_____。
 A. 柴油
 B. 汽油
 C. 纯空气
 D. 可燃混合气

36. 四行程汽油机和柴油机具有相同的_____。
 A. 混合气形成方式
 B. 压缩比
 C. 着火方式
 D. 工作行程数

37. 用来打开或封闭气道的是_____。
 A. 气门
 B. 气门导管
 C. 气门座
 D. 气门弹簧

38. 进气门的气门间隙通常是_____ mm。
 A. 0.10～0.20
 B. 0.25～0.30
 C. 0.30～0.35
 D. 0.40～0.45

39. 传动形式符号 4×2 表示汽车共有_____个驱动轮。
 A. 1
 B. 2
 C. 3
 D. 4

40. 汽车传动系最终将发动机输出的动力传递给了_____。
 A. 离合器
 B. 变速器
 C. 差速器
 D. 驱动轮

41. 下列关于离合器的功用叙述不正确的是_____。
 A. 保证汽车平稳起步
 B. 便于变速器顺利换挡
 C. 承担整车的大部分载荷
 D. 防止传动系过载

42. 自动变速器的组成部分中不包括_____。
 A. 拨叉
 B. 液压泵
 C. 控制系统
 D. 液力变矩器

43. 下列选项中不属于汽车驱动桥组成部分的是_____。
    A. 半轴   B. 离合器
    C. 差速器   D. 主减速器

44. 汽车车桥通过下列选项中的_____与车架相连。
    A. 车轮   B. 半轴
    C. 悬架   D. 传动轴

45. 一般主销内倾角不大于_____。
    A. 4°   B. 8°
    C. 12°   D. 15°

46. 用于汽车行驶时减速或停车的装置是_____。
    A. 紧急制动装置   B. 安全制动装置
    C. 驻车制动装置   D. 行车制动装置

47. 蓄电池的正极板为_____。
    A. 二氧化铅   B. 海绵状铅
    C. 青灰色   D. 红色

48. 发动机高速运转时由_____向蓄电池充电。
    A. 分电器   B. 起动机
    C. 电动机   D. 交流发电机

49. 三相同步交流发电机的组成部分中称为电枢的是_____。
    A. 电刷   B. 电刷架
    C. 定子总成   D. 转子总成

50. 点火线圈的功用有两个,一是_____,二是储能。
    A. 升压   B. 降压
    C. 接通电路   D. 切断电路

51. 电动刮水器一般由_____驱动。
    A. 微型交流电动机   B. 微型直流电动机
    C. 微型发动机   D. 蓄电池

52. 汽车空调组成部件中用做热交换器的是_____。
    A. 蒸发器   B. 膨胀阀
    C. 冷凝器   D. 储液干燥器

53. 空气流量传感器是用来测量_____的。
    A. 进气量   B. 排气量

C. 空气量 D. 燃油量

54. 磁脉冲式转速与曲轴位置传感器安装在_____。
   A. 曲轴前 B. 飞轮上
   C. 凸轮轴前 D. 分电器内

55. 氧化锆型氧传感器的输出特性与_____有关。
   A. 气体中二氧化碳含量 B. 气体中氧含量
   C. 排气温度 D. 排气压力

56. 汽车的电子综合控制装置是_____。
   A. ECU B. 发电机
   C. 仪表 D. 转换器

57. 汽车电子控制系统的输出装置是_____。
   A. 输入回路 B. 执行器
   C. A/D 转换器 D. 微型计算机

58. ROM 表示_____。
   A. 随机存储器 B. 只读存储器
   C. 中央处理器 D. 转换器

59. 电工登高操作时最好使用_____结构的梯子。
   A. 铁架 B. 钢架
   C. 杨木 D. 竹木

60. 由可燃金属引发的火灾属于_____级火灾。
   A. A B. B
   C. C D. D

61. C级火灾发生时可采用的灭火法是_____。
   A. 冷却 B. 二氧化碳
   C. 绝缘的灭火剂 D. 特殊灭火剂盖熄

62. 汽车排放物中_____不仅使人的骨髓功能减弱，血小板减少，而且也是形成光化学烟雾的因素。
   A. CO B. NO_x
   C. HC D. 微粒

63. 全面质量管理的英文缩写是_____。
   A. TCQ B. TQC
   C. CTQ D. CQT

64. 对全面质量管理方法的特点描述恰当的是_____。
    A. 单一性
    B. 机械性
    C. 专一性
    D. 多样性

65. 汽车维修质量可通过_____来评价。
    A. 返修率
    B. 合格率
    C. 质量分析
    D. 质量指标

66. 全面质量管理的基本工作方法中属于总结阶段的是_____。
    A. A
    B. C
    C. D
    D. P

三、多项选择题（下列每题的多个选项中，至少有2个是正确的，请将正确答案的代号填在横线空白处）

1. 游标卡尺按功能可分为_____。
    A. 普通游标卡尺
    B. 特殊游标卡尺
    C. 游标深度尺
    D. 游标宽度尺

2. 有内胎充气轮胎通常由_____组成。
    A. 内胎
    B. 外胎
    C. 橡胶密封层
    D. 垫带

3. 根据孔、轴配合的松紧程度不同，配合可分为_____。
    A. 间隙配合
    B. 过盈配合
    C. 过渡配合
    D. 松配合

4. 电路的三种状态是_____。
    A. 通路
    B. 短路
    C. 闭路
    D. 断路

5. 节流调速回路包括_____。
    A. 进油节流调速回路
    B. 回油节流调速回路
    C. 旁路节流调速回路
    D. 容积节流调速回路

6. 可用于拆卸齿轮的拉器有_____。
    A. 两爪拉器
    B. 三爪拉器
    C. 圆锥滚子轴承拉器
    D. 通用拉器

7. 底盘的组成部分包括_____。
    A. 传动系
    B. 行驶系
    C. 转向系
    D. 制动系

8. 柴油机燃料供给系统的组成部分包括_____。
   A. 燃油供给装置 B. 空气供给装置
   C. 混合气形成装置 D. 废气排出装置

9. 汽车悬架主要由_____组成。
   A. 横向推力杆 B. 导向机构
   C. 弹性元件 D. 减振器

10. 前轮定位包括的参数有_____。
    A. 主销后倾 B. 主销内倾
    C. 车轮外倾 D. 前轮前束

11. 起动机的功用是_____。
    A. 将电能转换为机械能 B. 将机械能转换为电能
    C. 产生转矩 D. 起动发动机

12. 电控单元 ECU 包括_____。
    A. 软件 B. 硬件
    C. RAM D. ROM

13. 车用温度传感器用来检查_____温度。
    A. 冷却液 B. 进气
    C. 排气 D. 尾气

14. 根据测量原理不同，空气流量传感器可分为_____。
    A. 电阻式 B. 翼板式
    C. 热线式 D. 热膜式

15. 电控单元 ECU 中的硬件由_____组成。
    A. 输入回路 B. A/D 转换器
    C. 微型计算机 D. 输出回路

16. 燃烧后可引起 B 级火灾的物质是_____。
    A. 汽油 B. 油漆
    C. 木料 D. 电线

基础知识考核模拟试卷参考答案及说明

一、判断题

1. ×。测量工件时将游标卡尺尺身上的整毫米数和从游标上读出的毫米小数值相加，即得被测工件的尺寸。

2. ×。纯铜的外观颜色呈紫红色，故称紫铜。

3. √。

4. ×。二极管长时间正常工作所允许通过的最大平均正向电流叫做最大整流电流，使用时如果超过该值，将会烧坏二极管。

5. √。

6. ×。车轮平衡机有汽车车轮就车式平衡机和离车式平衡机之分，都用来检测与调准汽车车轮的动、静平衡，以保证车轮运转安全、平稳，减少轴承磨损。

7. √。

8. ×。四行程汽油机完成一个工作循环具有一个有效行程和三个辅助行程。

9. ×。驻车制动装置用于使停驶的汽车驻留在原地不动，通常由驾驶员用手操纵。

10. √。

11. ×。在低压电路中断电器触点闭合时，低压电路接通。

12. ×。存储器的功用是记忆存储程序和数据，一般由几个只读存储器（Read Only Memory，ROM）和随机存储器（Random Access Memory，RAM）组成。

13. √。

14. ×。节气门位置传感器有线性输出和开关量输出两种形式。

15. √。

16. ×。在配制电解液时应使用陶瓷或玻璃容器。

17. √。

18. √。

二、单项选择题

1. A。游标卡尺是一种能直接测量工件内、外直径，宽度，长度或深度的中等精度量具。

2. B。千分尺按照测量范围不同可以分为0～25，25～50，50～75，75～100和100～

125 mm 等多种不同规格,但每一种千分尺的测量范围均为 25 mm。

3. B。百分表是一种比较性测量仪器,主要用于测量工件的偏差值,如零件平面度误差、直线度误差、跳动误差、汽缸圆度误差、圆柱度误差以及配合间隙等。

4. D。使用砂轮机时,砂轮的旋转方向应使磨屑向下方飞离砂轮。

5. D。金属材料的力学性能包括强度、硬度、塑性、韧性和疲劳强度。金属材料的工艺性能包括可铸性、可锻性、可焊性、切削性、延展性、耐磨性和淬透性。

6. B。钢是含碳量小于 2.11% 的铁碳合金,是使用最广泛的金属材料。

7. C。我国工业纯铝的牌号是按其纯度来编制的,如 L1,L2,L3 等,"L" 为 "铝" 字的汉语拼音字首,编号数字越大,纯度越低。

8. D。国产汽油的牌号是按照辛烷值的高低来划分的。

9. D。为了提高图样和技术文件上字体的清晰、美观程度,国家标准规定汉字应写成长仿宋体。

10. C。将物体放在三投影面体系中,用正投影方法,分别得到三个投影,即物体的三视图。V 面上的投影称为主视图;H 面上的投影称为俯视图;W 面上的投影称为左视图。

11. A。对零件的尺寸规定一个恰当的允许尺寸的变动量,即尺寸公差(简称公差)。

12. B。国家标准中规定了基孔制和基轴制两种配合制度。

13. A。电荷有规则的定向移动形成电流。

14. D。根据电阻率可知是绝缘体。

15. D。电容器充电或放电的快慢取决于充、放电电路中的电阻与电容的乘积 RC,而充、放电时间的长短与电压的大小无关。

16. A。硬磁材料不容易被磁化,也不容易失磁,如碳钢、铝镍钛合金等,常用来制作永久磁铁、扬声器的磁钢等。

17. A。交流电的大小和方向取决于交流电的最大值(I_m,U_m,E_m),角频率 ω 和初相位(φ_i,φ_u,φ_e)这三个物理量,因此把这三个量称为交流电的三要素。

18. B。在一块半导体材料上制作出三个区,构成两个 PN 结,并分别从三个区中引出三条引线,再封装在管壳里就构成了一个三极管。

19. C。液压系统的执行元件通常有两种,即液压缸和液压马达。

20. C。液压泵按其压力的大小可分为超高压泵(额定压力超过 32 MPa)、高压泵(额定压力为 16～32 MPa)、中高压泵(额定压力为 8～16 MPa)、中压泵(额定压力为 2.5～8 MPa)和低压泵(额定压力为 0～2.5 MPa)等。

21. C。液压油在管道中输送时压力损失较大,压力信号反应也比电信号慢,不能远距离输送,由于油有压缩性以及油管可能会产生弹性变形或泄漏等原因,液压传动的传动比不太精确。

22. B。减压回路的作用是使液压系统的某一支路获得低于系统主油路工作压力的压力油。

23. A。液压式举升器用于自重在2.5 t以下的各种小轿车、面包车及轻型货车的举升。

24. A。就车式平衡机按静平衡原理工作。

25. D。一般清洗用的化学溶液可采用中性肥皂与热水的混合溶液。

26. A。方扳手用于扭转四棱柱头部的螺栓,如油底壳、变速器等的放油螺栓。

27. B。轿车按发动机排量分为微型轿车(排量在1.0 L以下)、普通级轿车(排量为1.0~1.6 L)、中级轿车(排量为1.6~2.5 L)、中高级轿车(排量为2.5~4.0 L)、高级轿车(排量在4.0 L以上)。

28. A。载货汽车的类别代号是1。

29. B。底盘是汽车装配与行驶的主体。

30. D。行驶系的作用是将汽车各总成及部件连成一个整体,并对全车起支撑作用,以保证汽车正常行驶。行驶系由车架、前桥、驱动桥的壳体、车轮、悬架等组成。

31. B。发动机中置后轮驱动(MR)是目前大多数运动型轿车和方程式赛车所采用的布置形式。

32. D。最大爬坡度是车辆满载时的最大爬坡能力(%)。

33. C。供给系统主要包括油箱、油泵、燃油滤清器、化油器(或电喷装置)、空气滤清器、进气管、排气管、消声器等。

34. A。压缩比(ε)是指汽缸总容积与燃烧室容积的比值。

35. C。四行程柴油机在进气行程进入汽缸的不是混合气,而是纯空气。

36. D。四行程汽油机和柴油机工作时具有相同的工作行程数。

37. A。气门是用来打开或封闭气道的。

38. B。通常进气门的气门间隙是0.25~0.30 mm。

39. B。汽车的驱动形式通常用全部的车轮数乘以驱动轮数来表示。例如,4×2表示汽车共有四个车轮,两个是驱动轮。

40. D。汽车传动系的基本功用是将发动机输出的动力传递给驱动车轮。

41. C。离合器的功用是使发动机与传动系逐渐接合,保证汽车平稳起步;暂时切断发动机与传动系的联系,便于变速器顺利换挡;防止传动系过载。

42. A。自动变速器主要由液力变矩器、齿轮变速器、液压泵、控制系统等几部分组成。

43. B。一般汽车的驱动桥主要由主减速器、差速器、半轴和驱动桥壳组成。

44. C。车桥通过悬架与车架（或承载式车身）相连，其两端安装车轮。

45. B。一般主销内倾角不大于8°。主销内倾是由制造前轴时使主销孔向内倾斜而获得的。

46. D。汽车制动系一般包括两套独立的制动装置，一套是行车制动装置，用于汽车行驶时减速或停车；另一套是驻车制动装置，用于使停驶的汽车驻留在原地不动。

47. A。一般铅蓄电池的栅架由铅锑合金浇铸而成，正极板为二氧化铅（PbO_2），呈深棕色；负极板为海绵状铅（Pb），呈青灰色。

48. D。交流发电机是汽车中除蓄电池外的另一个重要电源，在发动机运转及汽车行驶的大部分时间里，由交流发电机向各用电设备供电，同时还向蓄电池充电。

49. C。定子总成又称电枢，用来产生三相交流电，它由定子铁心和三相绕组组成。

50. A。点火线圈的功用有两个，一是升压，二是储能。

51. B。电动刮水器由微型直流电动机驱动，通过联动机构，使刮水器的刮水片在风窗玻璃的外表面来回摆动。

52. C。冷凝器是一种热交换器，其作用是将压缩机排出的高温、高压气态制冷剂的热量吸收并散发到车外空气中，用冷凝风扇强制循环车外空气进行冷却，使气态制冷剂变为高温、高压的液态制冷剂。

53. A。空气流量传感器是测量发动机进气量的装置，它将吸入的空气量转换成电信号传给电子控制单元（ECU），作为决定喷油量的基本信号之一。

54. D。磁脉冲式转速与曲轴位置传感器安装在分电器内。

55. C。氧化锆型氧传感器的输出特性与排气温度有关，当排气温度低于一定值（约300℃）时，氧传感器的输出特性不稳定，因此氧传感器应安装在排气温度较高的位置。

56. A。电子控制单元（Electronic Control Unit，ECU）简称电控单元，是一种电子综合控制装置，又称车用计算机，它包括硬件和软件两部分。

57. B。车用执行器是汽车电子控制系统的输出装置。执行器是受ECU控制并具体执行某项控制功能的装置。

58. B。存储器的功用是记忆存储程序和数据，一般由几个只读存储器（Read Only Memory，ROM）和随机存储器（Random Access Memory，RAM）组成。

59. D。电工登高操作时离不开梯子，宜采用竹木结构的梯子（尤其是在检修操作时）。一般情况下，不宜采用金属结构的梯子。

60. D。D级火灾起于可燃金属存在的地方，如锂、钠、钾、钛和锆等。

61. C。C级火灾起于电子设备故障，如电动机、开关和电线。这类火灾需用绝缘的灭火剂扑灭。

62. C。碳氢化合物（HC）可以使人的骨髓功能减弱，血小板减少，刺激眼、鼻、呼吸道，危害植物，也是形成光化学烟雾的因素。

63. B。全面质量管理（Total Quality Control）简称 TQC。

64. D。全面质量管理，反映着质量管理的全面性、管理方法的综合性。其核心是一个"全"字，同其他的质量管理形式相比较，其特点可归纳为"三全一多（综合）"。"三全一多（综合）"即全面的、全过程的、全员的质量管理，质量管理的方法是多种多样的。

65. D。汽车维修质量可以通过修理后汽车性能的量化指标，即质量指标来评价。

66. A。A 阶段，即总结阶段。把成功的经验和失败的教训加以归纳总结，把成功的经验加以肯定纳入标准，予以推广。

三、多项选择题

1. AB。游标卡尺按照功能不同可以分为普通游标卡尺、游标深度尺等；按照分度值可以分为 0.10，0.02 和 0.05 mm 等几种。

2. ABD。有内胎充气轮胎由外胎、内胎和垫带组成。

3. ABC。基本尺寸相同的、相互结合的孔和轴的公差带之间的关系称为配合。根据松紧程度不同，配合可分为间隙配合、过盈配合和过渡配合。

4. ABD。电路通常有通路、断路（开路）和短路三种状态。

5. ABC。根据节流阀在回路中的装设位置不同，节流调速回路有三种基本形式，即进油节流调速回路、回油节流调速回路和旁路节流调速回路。

6. ABD。两爪拉器主要用于拆卸发动机曲轴正时齿轮、曲轴带轮、风扇带轮、凸轮轴正时齿轮及其他位置尺寸合适的齿轮和轴承、凸缘等圆盘形构件。三爪拉器主要用于拆卸各种齿轮及其他轴承、凸缘等圆盘形构件。圆锥滚子轴承拉器主要用于主减速器主动锥齿轮轴承的拆卸。通用拉器可用于拆卸曲轴正时齿轮、传动带盘、转向盘、圆锥滚子轴承、变速器齿轮和其他位置尺寸合适的零件。

7. ABCD。底盘由传动系、行驶系、转向系和制动系四大部分组成。

8. ABCD。柴油机燃料供给系统由燃油供给装置、空气供给装置、混合气形成装置及废气排出装置组成。

9. BCD。现代汽车的悬架尽管有各种不同的结构形式，但是一般都由弹性元件、减振器和导向机构三部分组成。

10. ABCD。前轮定位包括主销后倾、主销内倾、车轮外倾和前轮前束四个参数。

11. ACD。起动机的功用就是将蓄电池的电能转变为机械能，产生转矩，起动发动机。

12. AB。电子控制单元（Electronic Control Unit，ECU）简称电控单元，是一种电子综合控制装置，又称车用计算机，它包括硬件和软件两部分。

13. ABC。车用温度传感器用来检查发动机冷却液的温度、进气温度和排气温度，作为燃油喷射及点火正时的修正信号。

14. BCD。根据测量原理不同，空气流量传感器可分为翼板式、热线式及热膜式等几种。

15. ABCD。电子控制单元（Electronic Control Unit，ECU）简称电控单元，是一种电子综合控制装置，又称车用计算机，它包括硬件和软件两部分。硬件是计算机系统中所有实际装置的总称，它由输入回路、A/D转换器（模/数转换器）、微型计算机和输出回路四部分组成。

16. AB。B级火灾起于可燃液体，如润滑油、机油、汽油、涂料、油漆和其他液体。这类火灾需隔绝空气并用覆盖层盖熄。